观海文丛——华东师范大学外语学院学者文库

# 话语指示 文化语境 指示方式

## ——美国话语指示的文化语用学探究

何刚 温婷 王春荣 等著

南开大学出版社

天 津

**图书在版编目(CIP)数据**

话语指示 文化语境 指示方式:美国话语指示的文化语用学探究 / 何刚等著. —天津:南开大学出版社,2021.6

(观海文丛. 华东师范大学外语学院学者文库)
ISBN 978-7-310-06117-4

Ⅰ.①话… Ⅱ.①何… Ⅲ.①英语-话语语言学-研究-美国 Ⅳ.①H310.1

中国版本图书馆 CIP 数据核字(2021)第 113541 号

话语指示 文化语境 指示方式——
美国话语指示的文化语用学探究
HUAYU ZHISHI WENHUA YUJING ZHISHI FANGSHI
— MEIGUO HUAYU ZHISHI DE WENHUA YUYONGXUE TANJIU

### 南开大学出版社出版发行
出版人:陈　敬
地址:天津市南开区卫津路 94 号　　邮政编码:300071
营销部电话:(022)23508339　营销部传真:(022)2350854e2
http://www.nkup.com.cn

北京虎彩文化传播有限公司印刷　全国各地新华书店经销
2021 年 6 月第 1 版　　2021 年 6 月第 1 次印刷
230×155 毫米　16 开本　26.25 印张　2 插页　365 千字
定价:130.00 元

如遇图书印装质量问题,请与本社营销部联系调换,电话:(022)23508339

　　本书为国家社科基金项目"当代美国英语的文化语境指示方式研究"（项目编号：10BYY090）的学术成果之一（英文书名为 *Utterance Deixis, Cultural Context and Cultural Modes of Deictic Expressions—A Cultural Pragmatic Exploration of Deixis in American Utterances*）。

**项目参研人：**

| | | |
|---|---|---|
| 温婷 | 博士/副教授 | （东北财经大学国际商务外语学院） |
| 李笋 | 博士/学院领导 | （北京工业大学） |
| 胡漫 | 博士/讲师 | （上海理工大学） |
| 黄莉菁 | 副教授/硕士 | （中共上海市委党校） |
| 黄鸣 | 教授 | （成都大学外语学院） |
| 袁谦 | 副教授 | （华中农业大学） |
| 赵文 | 博士/讲师 | （上海工程技术大学） |
| 李文 | 副教授 | （福建闽南师范大学外语学院） |
| 刘韶华 | 博士/副教授 | （新疆师范大学/华东师范大学） |
| 贾艳丽 | 博士/副教授 | （泰山学院外国语学院） |
| 王亚楠 | 博士/讲师 | （新疆师范大学/华东师范大学） |
| 王春荣 | 博士/讲师 | （上海政法学院） |
| 刘雯雯 | 硕士 | （企业员工） |
| 林盈盈 | 硕士 | （英语教师） |
| 肖颖 | 硕士 | （英语教师） |
| 潘梦姝 | 硕士/干部 | （上海市科学技术委员会） |
| 叶思霞 | 硕士/管理干部 | （温州医科大学） |
| 马星星 | 硕士 | （中学教师） |
| 吕丽盼 | 讲师/博士 | （上海师范大学） |
| 刘祺祎 | 硕士 | （携程总部员工） |
| 李宪博 | 博士生 | （华东师范大学思勉人文高等研究院） |

# 前　言

当代美国英语的文化语境指示方式研究，为国家社科基金项目（编号 10BYY090），是一项旨在揭示话语中的某些语言单位所依赖的深层文化信息的语用学研究。它是文化语用学的有机组成部分之一，是连接语言体系与文化语境的重要枢纽。这项具有创新意义的研究起源于语用学对指示语的考察，尤其是对话语中敬语（honorifics）的关注。但它的研究范围和深度已经大大超越了经典语用学对指示语的研究。

## 一、指示语的基本范畴及其文化延伸

指示语首先是一个功能范畴。从古希腊开始，它就是用来帮助现场听话者完成辨认物品所在、运动所向、心有所属的指向（pointing）任务的。指示就像用手指（最主要手段）来告诉听话者什么东西在什么方位、要向哪儿走、所指物或人与说话者的关系，有时，它也告诉对方说话人心里在想什么。在语言学研究中，指示语属于语言的"索引性"（indexical）反映。指示所要解决的是语句（话语）中某些成分的"语义待确定"问题。怎么确定？那就是把待确定成分放到一个可以感知到的语境之中，让它的语义得到确定。对于语境的感知和信息提取，应当从哪个地方出发呢？当然是从说话者自己对周围世界的感知出发。换句话说，说话者就是出发点和归属，所以称为"指示中心"（deictic center）。有了这个出发点，说话者就可以恰当地处置自己和听话者的远近亲疏，就可以根据自己的需要来拉开或缩短彼此位距（物理/心理距离）；也可以很好地把握过去与当下，更能有效地面对未来。指示是一种标识语境、引起听话者对情境中的相关信息加以关注或反射说话者的某种意识状态的有意识建构的话语现象，指示语也因此获得了从说话者中心出发而指向或显示语境、引导注意、映射主体以及执行说话者意向的功能特征。

　　文化指示语是执行说话者意向的话语文化功能单位。首先，说话者假设自己就是话语的文化指示中心（cultural deictic center），并从此圆点（同心圆）出发去提取情境相关的文化信息，或把听话人/解释者的注意引向某个或某些情境相关/敏感的文化特征，或是说话者自己的某种文化意识状态（如文化姿态）。这样做可以助力话语的特定人际目的的实现，同时也可能提升话语的言语行为层次，导向某个文化的目标。比如：

His angry words did not stop at attacking Ivanka and Jared, hours later Whedon tweeted "We have a *dictator*."

"Wow," he wrote. "We're *THAT* country now."

（Bitette N., 2017[①]）

这是一段出现在社交媒体推特上的愤怒攻击当选总统及其家属的话语。其中，推文作者惠顿（Whedon）先说："我们来了个独裁者。"几个小时之后，显然他怒气未消，接着又写道："我们的国家已经是**那种国家**了。"作者用大写凸显"that"，以表明其特殊用意。那么他究竟要把读者注意引向哪个国家呢？联想到写话者数小时前所说的"独裁者"（希特勒），他莫不是在暗示美国已经变成了二战时的纳粹德国了？也许吧。因此，从情境发生的前行话语（我们来了个独裁者）联想开始，指示代词"that"原本不确定的信息，伴以推文作者愤怒的情绪和"独裁"指责，带上了特定的、令人恐怖的法西斯主义色彩，无疑是要向广大的民众敲响文化的"警钟"，警惕特

---

　　① Bitette N. Director Joss Whedon under fire for comparing Ivanka Trump to a dog. [EB/OL]. [2017-01-25]. https://www.nydailynews.com/entertainment/gossip/joss-whedon-fire-comparing-ivanka-trump-dog-article-1.2955312

朗普把美国变成一个法西斯独裁的国家，这是一种站在全人类、文化和文明的高度发出的警示。

## 二、理解文化指示方式

　　文化指示是话语构成性因素，它本身不是言语行为，但它是建构话语、执行言语行为的重要方面。首先，文化指示通过语言形式提取文化资源库中的信息，并使所提取的信息成为话语所依赖的文化语境。这种凸显特定文化信息的成分，其实是服务于说话者在特定情境中的言语行为所需要的。其次，文化指示反映出说话者的强烈的文化意识——话语主体文化意识。简单地说，说话者在当时当地当事的情境下，是否意识到特定话语对文化的需要及相应的影响，这是十分重要的。构成话语特定成分的文化指示信息及指示语，首先是直接语境（情境）所需要的言语行为信息及话语成分，以满足现实的需要。在满足现实情境需要的同时，文化指示语提取的文化语境信息还可能起到提升话语层次和价值的作用，使之产生超越现实情境需要的、亲社会亲文化的功能。比如，当一个人说了一些听起来孩子气十足的话语时，对方问他"你今年都多大了？"，这个关于年龄的提问并不真正关心对方的年龄大小，而是通过凸显年龄隐含地指向对方与其年龄不符的说话方式（幼稚是文化不成熟的表现）。我们有时还说某人"说话不经过大脑"，隐含该话语没有经过脑子里的社会文化信息的处理就蹦了出来，暗示言语共同体心理（文化心理）对情境化言语行为的设定，显示出文化赋予情境的原型话语及行为类别，是理想认知模型的文化心理形态。

## 三、文化指示方式的形式可能性

　　文化指示为什么可能？

　　首先，直接语境的文化敏感性和敏感度是话语文化指示的形成理据。说写者在特定情境中意识到可能言语行为的高度文化敏感性，必然会不由自主地突显文化语境的支撑作用。其次，文化语境指示（指向或示意）通常可以通过指示代词或副词（这、那、这里、哪里）

来将情境特性引向文化语境，比如："我深深地爱着你，这片多情的土地。""这片土地"既是说话者站着的这片土地，也是借着它"转指"祖国。这和"This land is my land, this land is your land. This land is made for you and me.（这是我的土地，这是你的土地，这是为你我而建的土地）"异曲同工，表达说话者油然而生的"爱国"之情（一种具有文化凝聚力的情感）。再次，文化可以借助一些一般语义较为确定、文化信息不确定的语言单位（词、词组、句子、话语）来指向特定的"文化语境"。比如，用文化优选的语汇（光阴似箭、日月如梭；"Time and tide wait for no man，时不我待"）来引起人们对特定文化观念、主张、设定的联想，从而指向文化语境。最后，习以为常的成语、习惯语、谚语、格言、文化隐喻等等也可以指示文化，使话语整体及言语行为产生文化联想和情境化的文化功能。必须说明的是，文化指示的语言形式和语言系统描写的句法语义单位不同。句法语义单位描写具有明确的界限和形式标志（词、词组、短语、从句），而文化指示的形式或手段是一个集情境指向、文化指向或示意和语言手段于一身的话语功能单位，这种复合指示在大多数情况下无法单独确定语言单位的功能属性，须通过情境与文化语境的联想推理才能确定某一话语单位或整体的文化指向性。这是因为语言形式与文化语境信息的关系常常都不是简单的一一对应的关系，而是复杂的、由浅入深的、网络化的、层次化的关系。特定的话语结构或单位激活了特定的文化系统关联，提取了系统中彼此相关的特征或特征集，才使话语理解成为可能。因此，对于文化指示的形式观察，必须采取既尊重经典理论的词汇焦点观察法，同时又要依据文化指向和情境指向叠加与复合的观察法，甄别指示的各种手段。这就要求我们适度突破经典理论的视野局限，紧紧依靠文化系统提供的资源，做出符合话语文化信息存在实际的推断。

从上面的解释可以看出，文化指示方式的研究是一项多么复杂的工作，为了完成这项工作，需要各方面的努力和尝试。为此，我要在此书出版之际感谢很多机构和人们。首先，我要感谢中美两国政府合作运行的富布莱特高级研究子项目以及使我荣获此项目的评审专家们，因为是他们的眼光和决定为我带来了重访美国、与美国文化又一次亲密接触的机会。在长达一年的日日夜夜，我有机会深入思考美国、美国语言、美国人和他们的文化。同时我也要感谢直接和我工作的美国同行伊斯特万·凯西克斯（Istvan Kescskes）教授、罗伯特·桑德斯（Robert Sanders）教授和纽约州立大学奥尔巴尼校区的语言学研究生们，是他们的课堂讨论、课外活动使我有机会观察美国人的思维和行为方式。我和两位教授常常见面，详细讨论文化语用学的有关方面，尤其是指示形式问题。凯西克斯教授还专门组织了一次全校性的报告会，让我主讲美国话语的文化语用问题。和语言学、文化研究相关的教师和学生几乎都来了，报告以后还提出了好些有针对性的问题。桑德斯教授也肯定了我的解释方法。同样，奥尔巴尼大学图书馆的管理员们热情周到细致的帮助，使我获得了很多有用的资料和信息，文化指示形式的灵感突破就来自我和他们的交往。我还要感谢富布莱特基金会学友会奥尔巴尼分会的美国朋友。因为他们的热情，尤其是圣诞节、感恩节和其他重要文化活动的精心安排，使我们完全地浸入美国文化的氛围之中，接受它的全方位信息。我的朋友、来自波多黎各的美国人本杰明·库贝罗（Benjamin Cubero）不仅在我们需要时无私地照顾我们家的生活，经常让我和我的儿子搭他的顺风车到学校或超市，还常来我家和我讨论美国人的交往方式，总在我需要帮助的时候及时出现，大有美国版"宋公明"的模样。更为重要的是，当我决定申请国家社科基金项目时，他欣然接受邀请，加入研究团队，充当文化顾问，并经常对我进行文化提醒。当然，最应该感谢的是国家社科基金及有关专家，因为是他们批准并资助了这项研究（10BYY090），使我们有机会用将近五年的时间来比较系统和深入地探讨美国英语在话语层面上发生的、和美国文化语境的关联。必须特别提到的是我的访问学者和研究生们。他们是：华中农业大学的袁谦副教授、福建漳州闽南师范大学的李文副教授等；我曾经的博士生：温婷、李耸、赵文、刘韶华、王春荣、贾艳莉、吕丽盼、王亚楠；我曾经的硕士生：刘雯雯、林盈盈、马星星、潘梦姝、叶思霞、刘禛祎；还有我现在的博士生：思勉人文高等研究院的李宪博。感谢他们积极参与研究、写作以及后续的统稿与校对。没有他们的奉献，这项复杂而艰辛的研究计划不可能顺利收官，也不可能通过国家社科基金专家的验收。

最后，我们要感谢华东师范大学外语学院的出版资助和南开大学出版社的欣然接受，使其付梓。

当然，作为一项有所突破的研究，其中必然也有不够成熟、不够完善之处。由于团队成员在理论视角与表达风格上的差异，我们力求统一表述的尝试也不一定能够收到圆满的效果。所以，除了对其中的瑕疵负责之外，我希望本书的出版能够得到广大读者的批评和建议，以更好地提升我们的研究水平，推进整个文化语用学的深化与发展。

何刚

2021 年 2 月 20 日

于华东师范大学外语学院

# 目　录

## 第四编 解释——指示方式背后的深层原因

# 总　论　当代美国英语与美国文化语境的契合

## 0.1 本研究的关键词

"当代美国英语的文化语境指示方式研究"是一项关于语言和文化在话语结构层面体现的交互与契合的研究。这个表述告诉我们：本项研究既不是单一的语言研究，因为它不能把纷繁复杂的美国英语在有限的范围内进行清晰明白的一般语言学解释（语音、语法、词汇、语义等系统）；它也不是对美国文化进行一个全面而深入的系统处理，因为那是文化学者的任务。它是从文化语用学视角出发，到当代美国人的话语（以当代美国英语为主要载体）中（局部或整体）去寻找特定话语单位和美国文化的关联，并通过这样的关联来恰当地解释话语形式所承载的意义、功能以及文化价值。本研究涉及三个关键词：指示方式、当代美国英语、美国文化语境。这里需要进行简单的交代：第一个关键词，所谓"指示方式"（mode of indexing），表明这是一个和"指示语"有关的语用学的话题。它要研究的是经典语用学有关指示现象的各个范畴以及这些范畴在不同语境，尤其是文化语境中的扩展（形式、功能、意义、价值），它寻求的是对经典语用指示语的更深层面、更加本质性的、符合语用学特点的解释。同时，它也要研究随着语境复杂程度变化而带来的话语形式、结构的变化（Revere D. Perkins, 1992）；这显然不是一项抽象的理论探讨，而必须以特定范围中的特定对象为出发点或解释焦点而展开。那么这个范围和焦点又是什么呢？它就是当代美国英语。第二个关键词，所谓的"当代美国英语"，指的主要是当代美国范围内使用和观察到的（人际交往、会话、社会活动、演讲、谈话、报刊、电视、广告、网络）英语，典型汇集可见两个语料库：当代美国英语语料库（Corpus of Contemporary American English, COCA）和加州大学圣巴巴拉分校语言学系以约翰-杜波瓦教授团队（John Du Bois）研制的美国英语口语语料库（Corpus of Spoken American English, SB Corpus）。第一个语料库汇集各种语体（口语、书面语、新闻采访、脱口秀、学术、虚构文体各个方面）的话语，第二个语料库则主要是通过现场录音转写并标注的真实会话语料库。从语用学视角看，这两个语料库具有十分可靠的描写性和解释力。需要提及的还有美国出版的报刊，尤其是网络报纸的报道，也是可以获得真实语料的话语资源。无论是叙述还是直接引语，都可以反映出美国文化在美国人心灵上的烙印。当代美国英语既是美国英语的当代状态，又是真实反映美国传统文化和当代社会文化交锋的语言，因此是观察文化的可靠途径。第三个关键词就是"美国文化语境"。从语用学角度讲，文化语境是话语的建构或理解过程中所依赖的、受其限制的、解释所关联的美国文化信息。从微观上讲，特定情境中的话语所涉及的文化特征或文化事项是有限的，不是整个文化系统。但是，文化和一般物理世界不同的是，任何一个文化事项的存在和运行都不是孤立的，而是和别的文化事项相联系的。文化事项的存在也不像一般物理现象那样清晰、明显、泾渭分明、简单可变，而是常常和人们常见的生活、社会经验等交织在一起的，如冰山模型理论（Iceberg Model）所示，大多的文化事项都深深地埋藏在冰面之下，冰面之上则是我们可以清楚感知和观察的现象。文化语境的复杂性也可以传导到指示语之上，使文化指示方式变得异常复杂。文化语境是文化作用于言语交际的表现，即文化的情境渗透以及它对话语、言语行为、会话加以支持或限制的信息表征，是文化的情境化和具体化表现。这些表现一定会通过话语中那些意义或信息所具有的多重性和不确定性、亟待解释的部分，甚至通过整个话语、会话而获得指示。因此，文化指示方式的研究，可以使我们更好地、更为具体可感地研究和理解美国、美国人、美国文化。

## 0.2 文化指示方式研究的性质——话语和文化的界面

文化指示方式的研究，是着眼于特定文化的话语语用学研究。从语用学的角度看，指示语是探讨话语和语境联系的关键环节和基础部分。当话语中大多数单位的信息，尤其是话语核心成分的信息基本可以锁定的时候，某个或某些单位的信息不能通过话语内部的相互关联加以确定，理解者就自然要考虑是否可以从话语和说话者、听话者甚至第三者的关联，话语和某种其他虽未明说，但可以查找和锁定的外部信息中获得。比如：

例 1：

"*Now I* know what's on *your* minds. At least on the minds of *some* of you," Joe said jovially. Your *social life*. OK, let's talk about it. You'll have to work among *foreigners*, but *we* don't expect you to love 'em just because you work among 'em. *I* don't care where you go to work for *Uncle Sammy*, you'll be living with a gang of clean-cut Americans. And a lot of 'em are *single* people, so you won't be lonesome if you're not married.

（Burdick, Lederer, 2019: 69）

在这段话语中，有"now（现在）""I（说话者自己）""your（听话者）""some（有些人）"，说话者要说出的是此时此刻听话者（至少是一部分听话者）的心思。但是，说着说着，他又用了"we（我们）"，那么这个"我们"又指的是谁呢？显然，它不是指现场的说话者和听话者，因为，紧接着后面他又把听话者提了出来（**我们**并不指望

**你们**仅仅是因为和**他们**一起工作就爱上他们），这个"我们"的真正所指是包括说话者在内的组织者一方。不过再往后，说话者又转回到"I"（我），这又说明什么呢？从"我们"到"我"，前者代表的是组织者集体的态度，后者则是说话者个人的想法，通过指示语区别得清清楚楚。再往后，"foreigners"指谁？"foreigner"不仅指异种人，而且也要指这些人"异样的"文化身份。"Uncle Sammy"又是指什么呢？我们知道美国人喜欢用别名来指称谈论对象，"Uncle Sam（山姆大叔）"指的就是美国，可是，为什么说话者要说"Sammy"（昵称），这表明了说话者对美国亲切友好的文化态度（"Sammy"比"Sam"听起来更加"亲近"）。

从上述例子和分析可以粗略地看出：话语中部分单位所携带的信息，不是话语内部关系可以确定的。确定这些信息的唯一可能的途径，就是话语之外的主客观信息——语境信息。而这个主客观语境信息并不是所有时候都是那样直接可感，就像"Uncle Sammy"那样，你仅仅从直接的、可以观察到的情境特征集里面，并不能知道这个称谓形式指的是谁，因为，你无法从现场找出一个叫这个名字的人或物来。那么怎么办呢？你只能搜索自己的知识库。在你的知识库里，"Sam"和"Sammy"的区别显然不只是语言形式的区别，也就是说，形式的区别并不能真正告诉你各自的意义和价值。"Sam"本身也是由"Samuel"而来的缩写，但这并不是一个纯粹缩写的问题，而是一个人际之间亲密、亲近、友好关系或态度表达的约定，也是特定人群（文化共同体）生活方式的一个侧面。"Uncle Sam"是美国人对美国的昵称，有时还有点儿揶揄的味道，反映的是一种态度——文化心态。因此，语言所指示的语境，不总是一个简单、直观的现实，而是一个多侧面、多层次的现实（直接—即刻、社交—社会、文化、自然—虚拟）。作为对美国英语所涉及的文化语境指示方式的研究，本项目涉及的是语言—言语者—文化的界面，它不要求我们对特定形式进行纯粹语言学的研究，也不要求我们对美国文化进行全面、系统、深入的探讨，但是，它要解释的是：语言单位、话语乃至会话是如何在交际的动态过程中激活或调动文化信息（局部、具体、关联）支撑话语，为它的意义和交际功能提供理据的。
更为重要的是，通过这些形式，文化对于话语、言语行为、人际交
往的现实价值得以揭示，得到彰显、巩固和重建。界面研究和非界
面研究的最大区别就是：当你试图解释一方面现象时，你必须考虑
它和别的现象的关联，而非界面的研究只需要观察和分析一个现象
的内部状况。

## 0.3 研究的内容

作为文化特定的指示方式研究，当代美国英语的文化语境指示
方式研究主要涉及四个方面的内容：（1）指示和文化语境指示方式
的含义；（2）文化指示话语的语言层面和文化指示方式研究的话语
及以上层面；（3）文化指示方式的多功能解释；（4）文化指示方式
的主体性和客观性解释。

首先，当代美国英语的文化语境指示方式研究是在当代美国英
语的范围内来研究文化指示方式问题。我们第一个要搞清楚的是：
指示与指示方式的定义是什么。根据语用学的理解，指示是一种语
言和情境发生关联的结合部。作为一个话语单位，指示语（手段）
有指向，也有示意的意思，显示的是语言和情境是怎样关联的。指
示语或指示形式是复杂多样的，它有语言的成分（声音、词、词汇、
短语、超切分手段—重音、语调、音高），也有非言语形式（手指、
眼神聚焦、头部转动、咳嗽、清嗓子），更有两者并用、相互协同的
形式，这说明指示的含义十分丰富。有的情境下，你就不能用任何
语言。比如有人来了，你要告诉一个正在说他坏话、却全然不知对
方已悄然而至的人，你只能轻声咳嗽，示意正说坏话之人：他来了，
你不能继续说了。为了示意某人正在说的话可能不恰当，可能引起
麻烦，你甚至还会用腿去碰对方，甚至在桌子下面用脚轻碰对方的
脚，使对方注意到自己讲话的不合适。话语中的指示是指示语要研
究的典型形式，它所指示的情境特征或信息一般是比较直接、显而

易见的；如果遇到比较复杂的情境，比如，社会语境或文化语境，直接的指示形式可能无法准确指示，因为这些特征很多都不是单一存在的，而是系统的、关联的存在，很多文化信息只能意会，不能言传，所以，指示的形式就变得复杂多样了；有的文化语境只能在话语层面上来指称，有的则只能存在于话语的关联和背后。因此，指示方式的问题从来就不仅仅是一个语言形式问题，尽管形式特征十分重要。

其次，传统上的指示主要是一种确定某些句内单位或话语单位意义的方式，把指示放在一般的人际交往情境中来看，从说话者的视角出发，由此及彼，涉及的是词和一般物理—人际情境（时间—空间、距离、对象、移动路径、方向、人际距离、社会约定的称谓方式等），它也涉及说话者的自我站位、视角以及对听话者的态度——接纳、包容还是拒绝、排斥。然而，指示形式是随着语境的变化而变化的。语境的复杂化可能导致原有的形式的指示力度不足，同时，语言形式的指示明晰度也会随着语境的明晰度减弱而发生变化。当一个话语单位不足以满足情境指示的要求时，就会出现两个甚至两个以上的单位或形式来加以弥补（比如：the old Charlstonians were *left huddled* in *their crumbling* mansions *"too poor to paint and too proud to whitewash"*—p59 Charleston, South Carolina, in Charles Kuralt's America 指向老查尔斯镇房屋破败和镇民们太可怜却又太孤傲的文化心态）；当话语内部的指示不能满足情境指示需要时，就会由整个话语来担当此责任；当情境无须明确的指称形式或者不能明确指示（指称）时，暗指（高一层形式——话语、言语行为、对话结构、话题、换题）就将担此重任。因此，当语境类型（low-context, high-context 弱依赖语境、强依赖语境）发生变化、语境信息强弱变化等因素发生时，指示的形式也会由单一到复合、由简单到复杂、由话内到话外、由专用形式到兼用形式（整体话语、言语行为、会话结构、话题）、由明转暗、由显到隐。

例 2：

Hill (1995) argues that *Anglo-Americans* who do not speak Spanish may use *"mock Spanish"* forms like No problemo (cf. Spanish No problema) in their speech to directly index a <u>*jocular stance*</u>, but because it is ungrammatical the same form may *indirectly index* an identity that covertly defines itself over and against Spanish speakers (on this point, see further below). In both of these examples, the accretion of social meanings through repeated occurrence, *together with the denotational meaning of these linguistic forms, results in the formation of social stereotypes based on language: the demure middle-class Japanese woman, the laid-back Mexican.* Such stereotypes are not neutral but highly politicized. Attention to the semiotic processes through which language enters into power relations has become one of the most productive areas of research in linguistic anthropology via the study of language ideologies (Kroskrity, this volume). This issue is also closely tied to identity, for beliefs about language are also often beliefs about speakers.

（Bucholtz, Hall, 2004: 379）

这段话里讲不同的文化身份都可以通过什么样的语言形式来直接或间接得到指示。

文化指示是话语指示随语境形态变化的表现。从功能层面上讲，除了提供语境关联的信息之外，文化指示还可能负担着其他重要的文化功能。

例 3：

"What we're going to see in the *future* is *new opportunities* for people *to be plugged in and connected like **never before**,*" says Scott Campbell, assistant professor of communication studies at the University of Michigan, who studies the social implications of using mobile devices. "It can be a good thing. **But** I also see **new ways** *the* **traditional social fabric** *is getting somewhat* **torn apart**."

（Hendren, 2010）

很显然，说话者在预测未来的生活方式，在文化敏感词 "new"（新）、"opportunities"（机会）的帮助下，人们相互联系的新方式（前所未有的插线连接）被明指，但这并非要点所在。关键在于基于此种重要的人际交往（社交：面对面交际）的方式转变，作者看到传统社会结构正在被新的方式撕裂（new ways, traditional social fabric, getting ... torn apart），反映出有着高度文化意识（危机意识）的美国有识之士的焦虑、担忧和关切，反映出美国人善于反思、勤于反思的文化性格。因此，话语本身的指示信息之外，文化心态的映射便浮现出来。话语层面上的文化指示不仅提供语境信息，也可以反映话语者的文化心态；它还可以以特定的文化偏好或优选的形式为话语或行为提供支持。

例 4：

*Moving up On* News on Chicago-area business people who have been *hired, promoted, honored, elected or otherwise recognized*... Don Gillis has been <u>promoted</u> to president of the Heavy Civil Group at The Walsh Group. Gillis, who is currently a vice president and senior business group leader, will <u>step into</u> his *new* role in 2012.

（Wheeler, 2011）

这是一篇励志报道，作者通过反映美国人成功过程的一些关键词，将每个个体成功的事例一一呈现，尤其是通过动词的有序排列。我们知道，机会、抓住机遇、实现目标、获得成功，是竞争社会中的重要文化价值。在本段话语中，首先出现的短语 "moving up on"就非常具有文化的指示力，因为像美国这样一个对追求活力的社会，"向上走"而且不断攀高（moving up on, move on）是文化的主旋律。

接着就是几个关键词的排列（hired 受雇，promoted 升迁，honored 获得荣誉，elected 当选董事或董事局主席，or otherwise recognized 以别的方式获得广泛的认可）。接着开始举例，说唐·吉利斯（Don Gillis）从沃尔什集团公司旗下的民用重工公司副总被提升为董事长的例子。尤其值得注意的是，除文化关键词"提升"之外，本话语中还出现了"step into new role（进入新角色）"的隐喻，动词短语"step into"意即"步入"（走进某个空间），在本语境中，这个空间是隐喻式的，因为角色其实相当于一个拥有权力和自由度的社会或职业空间，所以可以大步迈进去。由低级职位升到高级职位，他便有了更多的选择和更大的发展空间，这当然是很多人梦寐以求、求之不得的好事，表明个人有多么成功。很显然，话语效果的取得，和这些生动形象的文化敏感动词对语境的映射和话语的指示分不开。文化指示语是文化信息在指示形式上的加载，无论是指示代词、动词、形容词、介词、副词以及它们相互构成的合成词、短语（insider, outsider, upload, download, software, hardware, outspoken, insight, vision, caretaker, care-take, partake, onslaught, onlooker, *ex*-wife, *ex*-president, *pro*-socialist, *counter*balance, *inter*vention, *trans*national, *intr*uder, *partner*ship, orientation, *us*-guys, *you*-guys, *them*-guys, proliferate, perfect, awesome, wonderful, cute, frank, reserved, deontic, phenomenal, open-minded, devotion, dedication, constructive, DIY, Gallop, FBI, CIA, anti-terrorism, diversity, ethnicity, feminism）都可从特定的角度或层面指向美国文化语境，使话语和行为带上强烈的美国色彩。

美国人给人们留下的印象是热情、友好、健谈、大方、开放、自主、自信、自豪、敢做敢为、见面熟等，这些可以从他们的问候方式和交往话语模式中观察到：光"What can I do for you?"（能为您做点啥？）还不够，还要"How can I help you, Sir /Madam /M'am？"（我一定可以帮助你，你看怎么帮？），听起来好热乎。"How are you doing today?"（您今天好么？），好像特别关心你似的。因此，只要一开口、一动笔，文化的信念、价值观、态度、理想等就会自觉或不自觉地浮现出来。

文化之所以可以被指示，离不开说话者和听话者的文化主体意识，当然也不可能脱离话语所触及的现实文化基础（情境的文化敏感度和关联度）。从文化主体性的角度看，任何被关联的文化信息都必须经过话语主体（听说者）大脑中的文化信息库和运算式的处理，也就是文化意识的梳理，使之变成符合主体语用意向的背景信息，支撑或驱动某一特定的言语行为。在这一过程中，主体的意向必须从单纯个人意向提升为文化相关的意向，同时，纯粹个人或社群的期待（expectation）也会提升为文化相关的期待；个人的、一般的含意更会通过文化推理而升华为文化特定的含意。主体的站位（stance）更是取决于文化相关的视角选取（perspective-taking）。

例 5：

（Goldwert, 2011）

从商家的角度来说，这就是一个推广自己美白产品的商品广告，一个基本的语境设定就是：人人都希望变得美白，并相信使用了"Dove（多芬）"以后，就可以如你所愿变得又白又美。这么美好的信息如何传递？于是，找来三个人，一个非洲裔（代表黑皮肤）、一个拉丁裔（代表泛浅白棕色）、一个欧洲裔（纯白色），然后，分别标以指示介词"before"（用之前）和"after"（用之后）示意，其深意不言自明。然而，不难看出，这是一则具有高度文化刺激性的广告，因为肤色、种族、黑白，无不触动美国人多元敏感的神经（文化意识）。对于一个多民族、崇尚个人主义、人人追求平等的美国社会，尤其是对于那些长期饱受歧视的族裔和种群而言，它就是种族歧视的表现。试看，从黑过渡到浅白、到美白，这个顺序隐含着一种深层的文化选择：黑色是不好的，不受人待见的；浅棕色泛白也不十分理想，只是比黑色好一点；只有纯白才是最好的，令人神往的，值得追求的。这是赤裸裸的白人至上意识的反映。这样的分析反映出了什么问题？它反映出接受者的视角问题。无论是话语的建构者抑或是理解者、解释者（情境之外者），受到自己的先有经验、知识、思维方式等的影响，都会选择某种特定的认识/理解视角，而这种高度主观性的选择，会进一步影响其自我定位（self-positioning）、站位（姿态——积极的/消极的/亲切的/冷漠的/建设性的/抑制性/破坏性的），并表现为某种情绪支配的言行。一般而言，个人主义为主导的文化多表现为自我中心的社会视角和人际视角，集体主义为主导的文化则多体现为相互关照的视角，说话做事自觉不自觉地选择对方视角（other-perspective），尽量充分地考虑对方的感受、情绪和心理承受力等。因此，主体在会话过程中并不是一直坚持某一视角，而是做出相应的、合乎情境的视角变换/转换（perspective-shift）。

　　当然，文化的指示也必须有其客观基础，那就是文化系统的客观实在性。不同于一般的物理实在和社会实在，文化实在是一种联想的、附加的信息存在。首先，文化信息是通过联想产生的，而不都是直接感知的信息，任何可以联想到文化的实在，都可以称为文化实在（比如：一个人、一件事、一幅图画、一次过程、一种音调、一个表情等）或载体；同样，文化之所以是可以联想的，又恰恰是因为文化（反映一个社团、人群、民族、国家的共同意识、传统、方式的信念、价值、态度、理想等）的信息必须附加在具体可感的实体（物理、人际关系、社会、时空、过程、语言单位、图标、记号、象征物等）之上。文化信息只有附着于现实情境，才能产生过程化的能量；同样，只有调用特定的文化信息，话语或过程才会因其文化的动力而产生现实的驱动力，帮助互动主体达成现实的或预期的文化目标。想想自然神的崇拜，我们便不难理解，一座座本来没有什么意义的山峦，一旦附加上了信仰的、宗教的信息，立刻灵气十足、灵光四射，成了仙山、圣境，从此便吸引了无数顶礼膜拜的人，宗教的价值和旅游的收益随之产生，推动这一方经济的繁荣。

同样重要的是：文化指示方式源于文化推理。它是通过文化语境关联发现话语构成成分、话语模块、言语行为、会话结构的文化语用信息，其目的是发现相关部分的深层文化隐含，发现文化语境作为话语背景、信息结构和行为支撑与解释、会话构型的深层原因。文化指示和话语预设也承载着重要的关系。

例 6：

| 29.395 | 31.780 | Michael: creative people generally] do |
| | | what they love [2 to do 2]. |
| 31.285 | 32.140 | Jim: [2(H)2] Yeah, |

（Santa Barbara Corpus）

很显然，迈克尔（Michael）的话语好像是在阐述一条真理。在这个话语中，"creative people"（有创意的人们）不仅指本情境中谈论的那些喜欢编写程序的人，更指向所有创新型人物的共同特征：做自己喜欢的事情。我们知道，美国文化特别强调创新，因为只有创造，才会有新的事物、新的气象，因循守旧是不行的。而指示文化之所以有可能，就是因为说话者预设了"创意人群"的存在。也就是说，在本话语中，文化预设（存在着一群锐意创新的人们）成了文化指示的基础。而这显然又是一种隐含的文化信念（通过推理获得）。又比如：

例 7：

| 4.270 | 7.282 | Patty: | ... I Just wanted to go over the |
| | | | changes in the schedule? |
| 7.415 | 8.443 | | ... (H) Um originally, |

（Santa Barbara Corpus）

根据这个情境，我们知道帕蒂（Patty）她们先前做了一个计划，然后又做了一些更改。美国人的时间观念和活动及效率紧密相连，所以他们特别爱做计划，而且喜欢把未来的事件和活动计划得十分详尽和周密，而且一定要写在纸上。这一点与他们对成功的理解也有关系。美国人相信，善于组织的人更容易成功，因此，妥善的自我管理，就是把自己近期（未来几天、一周、一个月、半年）要做的事情分别落实到时间节点，分出先后顺序，做到井然有序、忙而不乱。人们的相互交往也需要预约（appointment or date），事先不约好的访问和事情都会令对方不自在，会打乱对方的计划，这是非常不礼貌、不受欢迎的。无论是计划，还是计划中的变化，都是非常重要的，所以要确认、熟记于心，以免出错。因此，通过文化的推理，我们知道了计划有着美国文化的显著性（salience），因此，"the changes in the schedule（日程的变更）"不仅具有情境指向性，同样具有文化指示性，因为，变化和计划不仅是情境预设，也是文化预设。

## 0.4　文化语境指示方式的研究方法

文化指示方式的研究，是对特定文化语境在话语层面上（话语之中/话语之外）的体现方式的研究。很显然，这项研究的难度可想而知。首先，必须确定这个文化语境的形态。要做到这一点，我们必须了解文化人类学的两种基本方法："emic（本族意识法）"和"etic（族外观察法）"，以及当今文化研究的方法论趋势——混合的、科学对象描写法，以求对特定文化较为全面和科学的了解。同时，作为外国人研究美国文化语境的形态，必然要参照美国出版的、权威的美国文化专著和相关读物，尤其是美国人用于指导从别国来美学习、工作的有关人员的读物，包括电子文档。就话语的直接关联而言，文化语境并不代表文化的全部，而是被话语所处的直接情境激活的那一部分文化信息。那么，问题在于，怎样才能知道这个信息是不是具有文化的属性，或在多大程度上属于文化的。要回答上述问题，光靠对直接情境的描述显然是无济于事的，它需要了解情境所涉及的事项（信息点）与别的文化信息项（点）的关联，甚至要了解其与不同层次，乃至整个文化体系（系统语境）的关联，因此，要了解一个一个相关点，必须获得了解它的路径（path）和系统网络。比如：

例 8：

| 0.000 | 2.471 | Patrick: | ... (SNIFF)= . . (Hx)= %Ow. |
| 2.471 | 3.590 | Corinna: | . . Is he still a *virgin*? |
| 3.590 | 5.170 | Pattrick | ... [Uh], |
| 4.771 | 6.046 | Corinna: | [Just] out of cu[2riosity?], |
| 5.457 | 6.405 | Pattrick: | [2he bought a *hook2*]er. |

（Santa Barbara Corpus）

当科利娜（Corinna）问帕特里克（Pattrick）某人还是不是童子时，对方说"he bought a hooker.（他买过一次钓淫女/妓女。）"他为什么这样说？"Virgin"（童真）和"hooker"（钓淫女）之间有何关系？从概念上说，"a virgin"指的是没有和异性发生过关系的人（处男、处女）。可是，这个词具有很高的文化"赋值"，比生理更为重要的文化心理取向，而所谓的"hooker"听话者也一定清楚，在美国英语中，它是对"妓女"的非正式称谓，相当于汉语里的"鸡"。说他买了一个"钓淫女"，隐含的信息是"他可能已经失贞"。那么，重要的是，在文化层面上，"hooker"的意义是怎么确定的。一种解释是，它和美国南北战争期间好战的"Joe Hooker"将军手下那些品行不端的人有关；可是也有一种说法是：早在 1845 年的北卡罗来纳州就有 "If he comes by way of Norfolk he will find any number of pretty Hookers in the Brick row not far from French's hotel."（如果有人到诺佛克来，他会看到酒店附近一排红砖房之间到处都是花枝招展的招蜂引蝶之人。）一说。又比如：

例 9：

"I just never really got close enough to the guy," said Graeme McDowell, whose double bogey at No.1 widened the gap. *"He played **great** today and deserves his **win**. **Great** to have him **back** winning golf tournaments."*

（Shain, 2012）

从情境角度来讲，说话者谈论的是刚刚结束的高尔夫比赛中老虎伍兹的胜利，说话人自己虽然输了，但他为胜利者高兴，这是一种文化态度。指向这种文化态度的，不是局限于某个单一的词（great），而是说话者谈及情境事件的基调：他今天打得很棒，他配得上这场胜利。这种态度之所以具有文化的价值，是因为美国人在为人处事所采取的"积极、正面和潇洒的姿态"（to be positive）和对成就的重视（无论是自己胜利，还是他人胜利，都是值得祝贺和肯定的）。说得更远点，美国人的语用创新能力也可以从他们灵活的、随时可以根据需要而打破语言现行规则的表现（his win, his comeback, his *draught* 动词作名词用、语义概念的情境化转移；"I think he really just kind of nailed home his *comeback*," McDowell said.［我想他的回归之战相当完满］——语料来源同例 9）中得到印证。因此，文化指示通常是通过某一具体情境特征的指示激活文化系统信息而实现的。同样，确定某一语言形式（话语单位）是否指示了文化事项，也是必须通过文化体系作为过滤器而得以确定的。

　　语料库的方法就是通过语料库汇集的话语去寻找文化指示的形式特征和文化指示的实现方式。本研究主要依靠三个语料来源：①

自建的新鲜语料库（主要来自美国一些与日常生活相关、覆盖面相对较广的报刊的电子版：比如今日美国、纽约每日新闻、芝加哥论坛、华盛顿时报、洛杉矶时报、迈阿密时报等）；②杨百翰大学的"当代美国英语语料库"；③加州圣巴巴拉大学的"美国口语语料库"（SB Corpus）。方法之一，通过口语语料库，发现具有文化高敏性的语言形式（指示文化——美国人的思想观念、生活方式、过程、民族性、文化事实等）；方法之二，通过当代美国英语语料库（COCA）从频率和语境发生上去观察高敏形式的实际发生，价值和功能解释。这也是当今语用学研究的趋势和主流方法。当然，两个语料库和新鲜语料相互印证，也是比较可靠的研究方式。更为重要的是，通过建立与事实相对应的、包含在当代人物话语中有意无意的文化折射（指示），我们深刻地认识到美国英语是如何激活、承载、呈现和不断重构、创新美国主流文化的，文化指示方式研究的真正使命——揭示美国文化语境和美国英语的各种联系方式，使美国文化语用学建立在更为清晰、更可描述的基础之上。

美国英语文化指示方式的研究，瞄准的是当代美国英语构建的那些特殊的话语单位，并在这些单位里注入话语信息和情境功能所需要的文化语境信息支撑，在话语和文化之间架起一道道理解与释怀的彩虹，使文化推理不仅成为话语情境化信息（互动意向、行为、策略）的产生方式，同时，更助推文化体系对话语情境功能的价值提升，成为情境功能文化升华的必要途径和手段。其巨大贡献在于通过对微观话语形式背后主客观信息的文化赋值，找到看似遥远的两大系统——语言和文化——的契合点。文化是复杂的、多层的、网格化的信息结构和心理状态，它对人际交往中会话互动和言语行为的投射，也必然是若隐若现、变化无穷的。像美国文化这样的低语境（low-context）依存度的多元集合体（差异和主流并存），话语及话语单位如何指示文化语境，比那些高语境依存度（high-context）文化更具有显在性。所以，我们常常可以通过美国人挂在嘴边、体现在字里行间的那些名词、动词、形容词、介词、短语、成语、话语预制体、话语、常见喜好的言语行为、避讳的话语和行为，甚至会话的话题、话语权持有形式和分享形式，以及指示与象形（象似）、象征在不同层次的相互转化，来窥探当代美国英语的文化语境指示方式，这对经典语用指示语的研究而言，不仅仅是继承，更是突破和创新，因此，在理论上具有十分重要的意义。

## 参考文献

Bucholtz M., Hall K. Language and identity[A], in Alessandro Duranti[eds.] *A Companion to Linguistic Anthropology* [M]. New Jersey: Wiley- Blackwell, 2004.

Burdick E., Lederer W. J. *The Ugly American*[M]. New York: W. W. Norton & Company, 2019.

Goldwert L. Are new Dove ads racist? Critics say VisibleCare Body wash ads show white skin as desired 'after' [EB/OL]. [2011-05-25]. New York Daily News, https://www.nydailynews.com/life-style/new-dove-ads-racist-critics-visiblecare-body-wash-ads-show-white-skin-desired-article-1.142788.

Hall. E. T. Iceburg Model, *Beyond Culture*[M]. New York: Anchor Books Editionds, 1976.

Hendren L. 2010: The year technology replaced talking[EB/OL]. [2010-12-30]. 10 Tampa Bay, https://www.wtsp.com/article/news/2010-the-year-technology-replaced-talking/67-390116495.

Perkins. R. D. Chapter Three Cultural Complexity in Deixis, *Grammar & Culture*[M]. Amsterdam/Philadelphia: John Benjamins Publishing Company, 1992.

Shain J. With emphasis, Tiger Woods ends drought at Bay Hill [EB/OL]. [2012-03-26]. The Morgan Hill, https://morganhilltimes.com/with-emphasis-tiger-woods-ends-drought-at-bay-hill.

# 第一编　指示语
## ——当代美国英语与美国文化语境

# 第 1 章　指示语的由来、内涵及其语用性质

## 引言

　　"'Just because you're paying someone doesn't mean they're doing the job correctly', she wrote on *Friday*. *Three days later* she added, 'You can't rely on anyone but yourself. You have to *be on top of your own business affairs*. My fault ... lesson learned.'"（"你给了他们钱并不意味着他们做的工作是正确的"，她在周五写道。三天后，她又补充道："除了你自己，你不能依赖任何人。你要为你自己的事情负责。这是我从错误中吸取到的教训。"）这是一段摘自《纽约每日新闻网》（www. nydailynews. com）的新闻采访。在无任何语境铺垫的情况下，阅读时定会感到有些丈二和尚摸不着头脑。我们无法确定 "we" 和 "you" 代表的人或人群，不知 "Friday" 和 "three days later" 所指代的具体日期，更不会了解 "be on top of your own business affairs" 所隐含的文化内涵。对这种语言单位的理解体现了对语境的高度依赖性，是一种较普遍的语言现象，它体现了语言对语境的索引性（indexicality），因此，指示语有时也称为 "索引表达式"（indexical expressions）。从形式上来说指示语属于语言自身的结构，其中比较典型的有指示代词、第一人称和第二人称代词，如在采访节选中出现的 "we" 和 "you"，时间和空间副词如 "now" 和 "here" 等。作为一类重要的信息载体，指示语的作用不容小觑。指示语体现了

言语行为所在语境中的不同特征，因此人们对于话语的理解建立在对指示语与话语语境关系的分析上。因此代词"this"并不是在所有的情况下都指代同一个特定的事物，相反我们应该将其理解成一个变量 $x$，在不同的语境制约下 $x$ 指示不同的事物。由此可见，指示语的研究是语用学研究的重要组成部分。

　　本章将沿着时间轴来简明地梳理指示语研究的起源与发展，主要包括早期哲学家通过哲学途径对于指示语的探究，20 世纪到 21 世纪西方语言学家（C. S. Peirce, 1931; Benvenist, 2008; Jacobson, 1960; Levinson, 1983, 1992, 1994, 1996a, 1996b, 2000, 2004; Fillmore 1973, 1975, 1982; Anderson & Keenan 1985; Sidnell, 2009; Peter Auer, 2009；Hanks 2006; Kapitan, 2006; Kaplan, 1998 等等）在指示语研究方面的累累硕果及 2000 年迄今语言学家以新的视角对指示语的进一步发掘，本章只精选了一些主要学者的工作，以管窥指示语研究的脉络。其次将在总结与思考前人对指示语理解的基础上，探讨指示语的内涵及其重要语用性质。最后在本章结尾，将引入本书的关键性研究课题：文化指示语。

## 1.1 指示语的来源与发展

　　指示语（deixis）这一术语来自古希腊文，意思是指向或表明（pointing to or show）。早在古希腊时期，语法学家们就已经将称谓语和指示语区分开来，认为称谓语体现了事物的特性，且该事物具有固定的语义，而指示语的含义则需要借助对话语行为所在的语境，分析该指示语与语境中某一要素的映射。

　　早期研究指示语的哲学家倾向称其为"索引表达式"（indexical expressions）。他们最初研究的主要是句子的真值与某些自然语言表达之间的关系。在研究的过程中发现，假设句子含义等同于句子的真值条件，那么研究句子的含义，就要研究这个句子是在哪一个特定的环境下产生的，例如这句话是在什么时间什么地点出自谁之口等，这便是句子真值条件的语境依赖性（context-dependency）。语境对真值条件具有制约性，随着语境的变化，句子的真值也会随之而变。例如在这样一个句子中：

例 1：
*I*'m the first person who landed on the moon.

（笔者自拟）

当且仅当说话者与第一个登上月球的是同一人时才能为真。判断出该句的真值需要的不仅是历史史实，还需要将语境中的一部分——说话者考虑在内。

哲学家们对于这类具有语境依赖性的指示表达颇感兴趣，指示词、第一和第二人称代词，以及表示时态的语素如-ed 都在研究范围之内。皮尔斯（Peirce）第一个将这些语言结构命名为"索引符号"（indexical signs），指出这些符号是通过指示物与指示符号之间的既存关系来确定指示对象的。

哲学家们对于这一领域的研究兴趣主要源自这样两个问题：所有这些来自自然语言的指示表达是否可以化简为一种统一的表达形式？以及这样一类统一的、但仍具有语境依赖性的表达能否进一步被改述成固定不变的而又脱离语境制约的人工语言？在不断寻求答案的道路上，哲学家们各抒己见，围绕指示词而提出的见解和术语层出不穷。例如，罗素（Russell）认为所有这些来自自然语言的指示表达都是可以化简为一种统一的表达形式的，同时为指示词取了一个新的名字"自我中心特指词"（egocentric particulars）。他提出所有这些自我中心特指词都可以被转化成一类包含 *this* 的表达式，这样一类表达式体现的是主观经验。例如第一人称代词 *I* 可以被解释为"正在经历此事的人"。德国哲学家赖欣巴赫（Reichenbach）同样认为这两个问题的答案都是肯定的，同时提出了符号反身性（token-reflexivity）规则，即一个严格意义上的指示词作为符号都体现了符号反身性规则，等同于符号自身的语言意义，它可全部或部分地帮我们确定特定环境下的指示对象。基于这一原则，罗素提出的统一表达式便可继续被改述成固定不变而又脱离语境制约的人工语言，如 I 的意义可最终被改述成"正在说这个符号 I 的人"。同样，"today"这个符号指代的是"符号'today'被发出的那一天"，而"we"这一符号指代"一群包括说出这一符号'we'在内的人"。

总的来说，西方语言学家对指示语的研究主要集中在 20 世纪。早期的心理语言学家卡尔-比勒（K. Bühler）成为指示语研究的引导者。在他的指示语研究经典著作《语言理论》中，提出我—现在—这里这一主要指示系统构成了指示场（deictic field）。指示语的意义便是在这样一个指示场中变得丰满。同时他将指示语划分为最基本的三个基本范畴：时间指示、空间指示和人称指示语。此后莱文森（Levinson）又在他的《语用学》一书中在此分类基础上增加了两类：话语指示和社交指示。比勒对指示语的研究虽然只是初步的探索，但是为后期的指示语研究发展奠定了理论基础。之后的研究又将指示语的范围扩大化，词类上将不定冠词与定冠词这样的词划入指示语范围，同时强调指示语表示的不仅是指示词本身，还包括与客观事件之间的联系。指示语正式作为语用学的具体研究对象是由语言哲学家巴尔希勒尔提出的。在他的著作《指示词语》一书中，他强调了指示语与语境之间的紧密联系，脱离了语境的支持便无法确定指示语的意义。语言学家罗曼-雅各布森（Jacobson）的语言代码说也阐释了指示语的两层含义。第一，指示语作为象征符号它的发音便赋予其内在的语言意义；第二，指示语作为指示符号的意义，来源于客观言语事件中的指示物。雅各布森十分成功地将语言学理论运用于诗歌的分析欣赏中，他同时也是一位出色的诗歌评论家。

20 世纪 70 年代之后，莱昂斯（J. Lyons）、菲尔墨（C. Fillmore）和莱文森在指示语方面也进行了卓有成效的研究，进一步将指示语的内涵、分类和语用意义系统化。

莱昂斯认为语言的某些语法和词汇特征，能够将言语行为与言语行为所处的时间和空间坐标联系起来。拥有这样一种功用的语言手段，即语言本身就是指示语。菲尔墨对指示语的定义与莱昂斯的相似，强调必须将这类语言单位与言语行为所在的具体语境结合在一起，分析语境的具体特征如言语行为的参与者、言语行为发生的时间和空间等要素，才可确切领会指示语的含义。而莱文森（Levinson）的《语用学》一书在总结前人的指示语研究成果基础上，又提出了自己的质疑和见解。他在指示语这一章开头，便提出指示语现象是反映语言和语境间关系最明显的现象。

指示语具有自我中心性，即指示词在言语事件中对应的无须特殊标记的典型语境包括：中心人物是说话人，中心时间是话语发生的时间或说话者将其所想进行编码的时间（coding time or CT），中心地为话语发生的地点，语篇中心为说话者发出这一言语时所在的那一点以及社交中心为说话者的社会地位及身份，而听话人或其他指示对象的社会地位及身份皆与之相对。但并非所有的用法都是绝对的，这样的中心点也可能会发生转移至话语行为的其他参与者身上，莱昂斯将这一现象称作指示语映射现象。指示语映射现象牵涉到角度的转换，是理解指示语与语境间关系及指示语意义的重要过程。

菲尔墨还区分了指示语的两种用法，即手势用法（gestural usage）和象征用法（symbolic usage）。当指示语被当作手势用法时，我们只有调动我们身体的各种感官如听觉、视觉或者触觉来分析言语事件，从而找到指示对象。如：

例 2：

*He*'s not Jenny's husband, *he* is. *He* is Wendy's husband.

（笔者自拟）

说话者在说这句话时或是借助手势或是借助眼神来向听话者传达讯息，听话者为了分辨出指示语所表示的指示对象必须要调动视觉和观察力。若指示语被当作象征用法时，我们只需对言语事件语境下的时间、空间、言语行为参与者及其社会地位等基本参数有所了解便可弄清指示语的含义。如在这句话中：

例 3：

*This* city is very beautiful.

（笔者自拟）

对说话者所处的大概方位有基本了解便可清楚 *this* 所指代的对象。

莱文森于 2004 年在《指示语与语用学》一文中，对指示语研究中存在的一些悬而未决的问题进行了讨论。他在文章开头便对指示语（deixis）与索引性（indexicality）进行了区分，认为所有依赖语境的现象皆可贴上索引性的标签，它在语言的进化过程中起到了至关重要的作用，而指示语只是索引性中与人类语言相关的其中一种现象，这样的区分简明清晰地界定了指示语，划定了指示语的研究范围，并且突出了指示语的重要特性——语境依赖性。通过对人称代词、时间代词、空间代词等的指示分析，他指出尽管人类的语言种类是多样的，但是指示词类始终是人类多种语言的共性，是普遍存在的一种语法词类。指示也是一种重要的语言功用。

近几年对指示语的研究依然吸引着众多语言学家与哲学家，前人的抛砖引玉使得更多研究视角浮出水面。哈佛大学的雷卡拉迪（Recanati）将重点放在语境转换下的指示现象。他认为话语语境特征是由说话者的说话意图和话语情境中的众多客观因素构成的，如言语行为参与者、言语发生地及时间等。前者根据说话者个人的意愿是可以发生转变的语境特征，后者虽是客观存在的事物，但是在指示语的使用中人们依然可以假装它们发生了变化。他分别以文学作品、话语及思想转述及语音信箱录音中的指示现象为例，分析了从真实语境特征向假想语境特征的转变。卡匹坦（Kapitan: 2006）则从认知视角研究了指示现象与自我意识之间的关系。他指出指示表达尤其是第一人称指示语的使用，体现了人们的自我意识。尽管不是所有的指示语都是第一人称指示语，但是所有指示用法都是一种自我意识的体现，因为它们或多或少、直接或间接地传达出了关于说话者的信息。维克（N. Wake）探讨了语言与非语言的社会含义指示。杜兰特与奥克斯（A. Duranti & Ochs）曾提出社会地位、社会身份及社会关系皆可通过言语事件得到指示。虽然非言语指示现象很容易被语言学家忽略，但维克认为非言语特征包含了丰富的社会指示意义。他指出语言与社会的关系是相互的：语言的使用不仅是由言语行为者所处的社会地位决定的，且带有社会特质的语言指示（如指示词）和非语言性（如身体动作或者穿着风格）指示，皆能为他人对于说话人的社会地位及身份的识别提供索引。在一些国家由于法律的限制，若招聘启事中运用语言指示特殊性别要求就未免太过露骨，此时非语言性指示如图片或插画注解便成为最佳选择。2013 年发表于《跨学科研究学刊》（Academic Journal of Interdisciplinary Studies）第 2 期第 4 篇题为"现代语言学内外的指示语"（Deixis in Modern Linguistics and Outside）的文章，则全面回顾和分析了指示语的定义特征、语境分层和指示类型，进一步确认了莱文森 2004 年的论断，并指出了指示语研究对语言学和相关科学的重要性。

## 1.2 指示语的内涵及其语用性质

如上文所述，指示语的研究吸引了众多哲学家以及语言学家的注意，他们依据各自的关注点，对于指示语的定义也不尽相同，这些从对指示语的不同命名中便可看出。例如我们已经提到的皮尔斯（Peirce）习惯将这些语言结构称为"指示符号"（indexical signs），指出这些符号是通过指示物与指示符号之间的既存关系来确定指示对象的；罗素（Russell）将其命名为"自我中心特指词"（egocentric particulars），试图用包含"*this*"的统一表达式来解释指示语；法国学者本威尼斯特（Benveniste）将指示语称作语言中的"主观性词语"；雅各布森（Jacobson）将指示语命名为语言代码，指出指示语的意义包含发音所赋予词语的内在含义和客观世界中的指示物；莱昂斯（Lyons）将指示语定义为一种将言语行为本身与言语行为所在的时间空间坐标联系起来的语言手段。根据莱文森（Levinson）对指示语的定义，"指示语是语言对话语或言语事件发生的语境特点进行编码或语法化的方式，因此对话语的解读需要建立在对话语产生语境的分析上"。

从对这些命名和定义的总结中便可看出，指示语与话语语境的关系是互不可分的。索引性（Indexicality）——以小的形式指向大的实在——是指示语的基本特性，也是一种重要的语言特性，它充分反映了指示语与话语语境的相互关系：言语参与者对于指示语意义的解码或解读离不开语境的支持，而指示语本身对语境特征的编码也充分体现了语言对语境的依赖。皮尔斯将这种现象概括为"索引符号与客观指示对象间的动态共存"，是对指示现象高度凝练的概括。

指示语对语境的依赖决定了它是语用学研究中必不可少的一部分，也决定了这种现象可以在语用学这片研究领域中得到很好的解释。语言或语言单位本身所具有的固有意义都是固定在发音上的，但是一句话或者一个词经说话者在特定的语境下说出变成了话语，就被烙上了言语行为者和语境特征的印记。莱昂斯在《语义学引论》中就不惜篇幅对句子意义与话语意义进行了系统的描述与区分。前者的字面意义是固定在发音上由句法规则规定的，而后者则是在话语语境中反映了说话者的话语意图及言语行为的语境特点。例如下面一个句子：

例 4：
*The baby is crying.*

（笔者自拟）

作为一个由四个语言单位按照句法结构组合起来句子，此句的字面意义可简单理解为"孩子正在哭"。倘若孩子的母亲一边抱着哭泣的孩子，一边用抱怨的语气对照看孩子的保姆说出这句话，则是责怨听话者没有照看好孩子；若正在打电话的母亲高声对孩子的父亲喊出这句话，则是一种命令，希望听话者即孩子的父亲可以领会她的说话意图去哄哭泣中的孩子。

莱昂斯对句子与言语意义的区分，为我们理解指示语的语用性质提供了灵感。指示语最基本的类别包括指示代词、第一人称和第二人称代词、时间和空间副词如 "now" 和 "here" 等，它们本身的固有语义条件只是提供了语言与语言外世界的联系方式或者规则，无法完成指示目的，但正是这些规则激活了语境中的某些特征，为语义条件填充了内容，提供了不同的变量，构成指示语的指示对象。语境参数包括即刻语境如处在一特定文化中的言语行为参与者、言语事件发生的时间和地点、行为参与者的共有知识等，社会语境和文化语境如信仰和价值观等。因此同一个语言单位发挥其指示用法时，在不同的语境中会被赋予不同的值，指示不同的对象。例如在下面的两个例子中：

例 5：

We need a Guy on the GUY PANEL.

KOTB: Yes. Makes it easy for us.

GIFFORD: All righty.

KOTB: All right. So our next question, you guys, is on tape. Let's take a listen.

RACHEL: Hi. My name's Rachel and I'm from Pittsburgh. And my question for the panel is why do guys text *you* all day long but they will never pick up the phone and call?

（Landes, et al., 2013）

例 6：

It's your duty as an American citizen to stand up to injustices regardless of who *you* are and where you're from.

（笔者自拟）

同样一个语言单位 "you" 在不同语境中拥有不同的身份，即指示对象。在例 5 的电台互动环节中，第二人称"you"指称在线的观众；在例 6 中，第二人称"*you*"泛指所有的美国公民，呼吁所有的美国公民无论来自哪里，都要坚持公平和正义。

指示语的特性不仅包括对语境的依赖性，而且是围绕着注意力展开的（attentional）且是具有指示意图的（intentional）。首先指示语包含了对行为参与者相互间注意力（mutual attention）的编码，因此在很多情况下，一些身体语言如指示手势或者眼神的运用也会成为指示语的一部分，这便是前面提到的指示语的指示用法。如说话者可以手拿一支笔说出"This pen is nice"，此时说话者吸引了听话者的注意力，听话者为了成功解读"this"的含义，将注意力集中在这支笔上。其次说话者具有主观能动性，指示语包含了说话者的话语意向（intention），那么对指示语的解码则需要言语行为参与者借助语境特征提供的线索，有能力对说话者的指示意图进行重构。例如：

例 7：

Obama said, "We are especially grateful for the men and women who defend our country overseas," and he said, "We're also grateful for the Americans taking time from their holiday to serve in soup kitchens and shelters."… "No matter how tough things are right now, we still give thanks for that most American of blessings, the chance to determine our own destiny."

（Siegel, 2011）

这段话选自奥巴马在美国重要节日"感恩节"上的发言。感恩节是美国人民独创的一个古老节日，也是最地道的美国式节日。节日最初设立是为了表达对上帝的感谢之情，现今感恩节成为美国民众合家欢聚的日子，因此美国人提起感恩节总是倍感亲切。指示语"we"按照赖兴巴赫提出的符号反身性（token-reflexivity）规则理解为"包括说话者在内的一群人"，因此说话者在某一语境下运用这一指示语时，他的指示意图将决定是哪样一些人被包含在这个指示范围中。奥巴马在美国重要节日感恩节上用"we"这个代词，是为了把自己和听众融合在一起，从而传达出一家人的概念，缩短自己和美国人民之间的距离，博得美国人的好感，因此"we"指示的是奥巴马自己、众多美国听众及所有未在场的美国民众。这样一个分析过程便是听众在了解感恩节这一文化背景的情况下，考虑到奥巴马的身份地位对奥巴马指示意图的重构过程，进而达到对指示语的解读。

在对指示语进行描述时，免不了要对指示语的一些用法进行区分，这样会更有利于我们对指示语的辨别。前文中已经区分了指示语的手势用法（gestural usage）和象征用法（symbolic usage），这也是指示语分类中较为重要的一类分类。这里仍需指出的是指示语虽是语言中的普遍现象，但不同语言中的指示语用作指示用法时，会因为文化的不同配合不同的副语言。因此这里的指示（gesture）应该从最广泛的意义上去理解，一些文化中人们主要的指示方式不是手势，而是用嘴唇或者眼睛完成指示，有时语调也可被看作一种指示方式。

其次，作为指示用法的词语还可能会有非指示用法的情况出现。

例 8：
*You* can never tell what would happen next.

（笔者自拟）

例 9：
*You*, *you*, and *you* are dismissed!

（笔者自拟）

第二人称代词"you"在例 8 中是一种非指示用法，它的使用只是为了使句子结构完善，并非特指某一具体对象，我们无须在理解其意义时借助语境中的参数来寻找指示对象，这便与例 9 中"you"的指示用法形成鲜明的对比。因此与理解指示语的指示含义一样，语境在判断和区分语言单位的指示用法和非指示用法上也同样起到了至关重要的作用。

最后，语言单位用作指示语时，也有从正常指示起点（origo）出发指示与偏离指示起点指示的区别。为了理解指示物与指示起点之间的联系，Hanks（1992）参考了前景与背景（figure-ground）的图式关系。他认为在语言的指示现象中，指示对象是前景，而指示起点是与背景这个概念相对应的。

例 10：

Son: Dad，*I* love you

Dad: *I* love you too

（笔者自拟）

在这个简单的对话中，"I"因为说话人的身份不同被赋予了不同的值，分别指称了儿子和爸爸两个对象，但皆是从正常指示起点即指示中心说话者出发的，以说话人作为参考确定指示对象。在这里前景与背景是重合的，指示对象也就是指示起点本身。

例 11：

It's been three years since we left the Earth. A couple of weeks after the Last Day, we lost track of the other spaceships. I still don't know what happened to my twin brother Henry. If he is alive, he probably thinks I died in the collision.

（Récanati, 2000: 171）

这段话摘自一部文学作品。此时"I""we"和"he"的指示对象不能再以说话者即作者为背景，而是要以文中的主人公为参考判断指示对象，此时指示起点发生了偏移，"I"指称作品主人公，"he"指称主人公的双胞胎兄弟亨利（Henry），"we"则指称包括主人公在内的其他离开地球的人，所有指称对象都是与背景相对的前景。

## 1.3 文化指示语浅说

指示语现象，是反映语言和语境间关系最明显的现象。它犹如一颗胶囊，包含了所有与言语事件有关的信息，也就是语境将这些信息以语言结构的形式表达出来。有时为了有效地解读指示语的含意（所指或语用信息），不仅需要即刻语境的帮助，文化语境（cultural context）的介入也将为我们的理解带来突破。文化指示语（cultural deixis）（何刚，2011，2013，2014），是话语中的某个或某些单位对特定文化语境特征提取和激活的表现。文化指示说明话语对某种文化语境的依赖或需要，说明特定言语行为的文化语境合理性、合适性所需要的条件，当然，有时也关乎说写者及相关主题对话语即言语行为寄予的某种文化期待、价值升华。因此，文化指示语既是特定文化语境在话语中的表现形态，也是语言使用者主体信息的折射，对话语的有效解释起着十分关键的作用。

一个民族的语言在见证了这个民族的建立及潮起潮落之后，承载了众多关于民族文化的信息，因此在历史长河的发展中形成了自己的特色，与其他语言有着明显的差异。这一切沉淀都是由民族的文化特质所决定的。因此了解一个民族的历史背景及自祖先起一代代传承下来的信仰和价值观，为我们更深入地了解一个民族的语言提供了坚实的依据。文化指示性在人称指示语、时间指示语、空间指示语中均有体现，一些动词在使用上也反映出语言单位与文化语境间的明显关联。

人称复数指示语或许最能体现文化语境特征，其本身的固有语义条件便已经蕴含了包括与排除的问题。菲尔墨将复数第一人称指示语指示范围分为四个部分：（1）说话人、听话人和听众都包括；（2）不包括听众，只包括说话人、听话人；（3）不包括说话人和听众，只指听话人；（4）不包括听话人，包括说话人和听众。因此语境特征成为确定人称指示语指示范围的必要条件。人们可以从指示语中剖析语境要素，尤其是对文化背景的探究。如：

例 12：

"Over 4000 peaceful protesters have been arrested. While bankers continue to destroy the American economy. You must stop the assault on our 1st amendment rights. Your silence sends a message that police brutality is acceptable. Banks got bailed out. We got sold out."

（Bunch, 2011）

这是奥巴马在新罕布什尔州的一次发言。执政党和在野党之间的斗争是美国政治的永恒主题，在选举中为了拉拢人心，候选人会互相攻击，赢得压倒性的大多数民众的支持。这里奥巴马用"we"指代奥巴马本人和听众中所有支持他的人（到场或没到场的），用两个"you"将反对他的人集结在一起。这样的指示意图是为了拉近奥巴马与支持者间的距离，形成统一战线，同时疏远、谴责反对者，以求进一步推动工资税费削减。在这里，美国的选举机制为指示语的指示范围确定提供了条件，也为指示语文化指示性质的确立提供了依据。

当然，单数指称词也会反映出文化语境因素。

例 13：

She had trouble processing her heartbreak at the extreme poverty and hopelessness she saw in Nairobi, Kenya, during a trip there last March. As she walked through one of the world's largest slums, she asked God how He could let those people suffer. She said He answered her back, "What are you doing about it?" She calls the Mathare Valley slums "a pit of hell," and described walking through raw sewage and garbage. "I was crying and had an overwhelming sense that I had to respond to what I saw," Welch said, "It was horrific, and I could never have imagined such poverty."

（Lassin, 2011）

　　语料中的主人公途经世界上最大的一个贫民窟时，看到饥寒交迫的人们生活在如此恶劣的环境中，心情无法恢复平静，她感受到了深深的绝望和恐惧，甚至责问上帝为何如此狠心让他的儿女们遭受如此的不幸。美国人民信奉上帝，认为上帝是造物主，是无所不能的，拥有可以震慑世界的力量，人们都是上帝的儿女。因此用指代男性的代词"he"来指代上帝，指向上帝在美国基督徒心中那阳刚的、权威的、慈父般形象。

　　文化指示语中所包含的丰富文化语境信息，也可以通过空间动向指示语来体现。空间概念虽属人类形成的最基础概念，具有普遍性，同时也具有文化特殊性。基于特定的文化背景，人们对于周围物质世界的感知和体验各不相同，对事物或事物间的映射关系的理解也不尽相同。例如最简单的空间方位词东南西北，也可成为文化指示语的典型佐证。如：

例 14：

Poor Smith was one of those who *went west* in the explosion.

（笔者自拟）

17 世纪大量欧洲移民来美国后，就是去西部进行开拓。那一时期的西部充满了艰辛：恶劣的天气，不发达的科技以及泛滥猖獗的疾病传播更是雪上加霜。只有少部分意志力坚强的人能够生存下来。因此"西"对于美国人来说就意味着死亡和阴沉，这句话就是借用"go west"（去西部）的含蓄表达来指示史密斯（Smith）在爆炸中丧了命。"west"的文化指示意义就是在这样一种文化背景下逐渐得到沉淀的。

　　具有文化指向的指示语并不局限于代词和副词一类，美国人的信仰及价值观在美国英语中经常出现的一些动词上留下了印记。当初选择来美国的这些移民们对欧洲社会和文化的改革丝毫不感兴趣，他们渴求的是自己的生活能有一个三百六十度的大转折，他们要主宰自己的命运。他们坚信只有移民到一个新的国度，按照自己的期望来重新制定轨道，生活才会越来越好。这样的信念使得所有的移民者团结一心，成为了美国的公民，并且在美国短短几百年的历史发展中慢慢沉淀，根深蒂固，成为了美国生活水平能够不断提高的重要保证。因此在美国英语中动词"improve（改善）""better（更好）""enhance（增强）"等词的使用频率是很高的，表达了他们追求更好生活的信念。

例 15：

… talked about a project that would put nano-satellites, these small satellites, in orbit around different planets in the solar system, and allow kids to get on them and check out what was going on all over the solar system. So those are the sort of things he's thinking about education wise. COLEMAN: The former NASA director Dan Golden's mantra was faster, better and cheaper. Did Sean O'Keefe offer any similar catchy slogans? KESTENBAUM: He had a slogan, but it was sort of longer, broader and vaguer, and it was: to improve life here, to extend life to there, to find life beyond. And he talked a lot, actually, about the first part of that, which was about the Earth, using satellites to study pollution and climate change. At some point he sounded like he was working for the Environmental Protection Agency. He talked a lot about protecting our home planet. He also talked about looking for life elsewhere in the universe, which is not new…

（Launius, McCurdy, 2018）

这段语料节选自美国航空航天局（NASA）新上任的总监和新闻报道者之间的对话。在谈到他上任后将喊出的新口号时，"to improve life here（改善这里的生活）""to extend life to there（将生命活动延伸至他处）""to find life beyond（超越边界寻找新的生命）"充分表达出他对 NASA 未来之路的定位：旨在提高现有的生活水平和生活质量，同时冲出地球，走向宇宙，寻找新的生活方式。"improve

（改善）""extend（延伸）""look for something new（寻找新的东西）"
等是美语中的高频率词，看似简单但却反映出美国人乐观的信念：
越来越好。

又如本章开头中那段节选，一位美国知名电视人在得知自己未
缴联邦税款因而家门上被贴上房屋扣押字条后，对自己的金融顾问
的指责。她认为自己付钱给金融顾问，那么她就有义务打点自己在
财政上的支出项目，并给予适当的提醒。但事后她明白了凡事要靠
自己的真谛。"be on top of one's own business affairs"（为自己的事
情负责）再次宣扬了美国文化中一直推崇的独立自主文化，在美国，
决断能力和独立自主是美国人十分肯定和追求的品质。这样的个人
品质也是拓荒时期的祖先留给后人的最宝贵的财富。在当时，为了
给这篇荒芜的土地注入生机与活力，每一位移民来的美国人都必须
充分调动自己的主动性和自我奋斗的能力。社会没有义务担保每一
个人的幸福和健康。命运是自己掌握的，每一个人都应该为自己的
幸福负责，并利用自己的聪明才智为社会造福。因此在美国，从国
家到个人，"responsibility（责任）"和"self-reliance（自力更生）"
显得尤其得重要，与此相关的动词也成为了一种美国文化的指示语。

## 结语

指示语的研究由来已久，是语用学研究的重要组成部分。众多
哲学家和语言学家通过多样的研究途径，采取多种视角为指示语的
研究贡献自己的力量。通过讨论我们可以看出，言语参与者对于指
示语意义的解码或解读离不开语境的支持，而指示语本身对语境特
征的编码也充分体现了语言对语境的依赖。同时指示也具有主观能
动性，包含了说话者的话语意图，因此在理解时需要其他言语行为
参与者在语境特征的支持下对说话者的话语意图进行重构。由此看
出语境在指示现象中占据了举足轻重的地位。尤其是文化语境，包
括一个民族人们的信仰及价值观等，为文化指示语的提出及解读提

供了可能。

# 参考文献

Anderson, S. R., Keenan, E, L. Deixis[A]. In: Shopen, T. *Language Typology and Syntactic Description III: Grammatical categories and the lexicon*. Cambridge: Cambridge University Press, 1985: 259-308.

Auer, P. Context and Contextualization[A]. In: Verschueren, J., Ostman, J. *Key Notions for Pragmatics*. Amsterdam & Philadelphia: John Benjamins Publishing Company, 2009: 86-101.

Buhler, K. *Theory of Language: The representational Function of Language* [M]. Massachusetts: The MIT Press, 1990.

Bunch, W. Occasionally, hecklers are right[EB/OL]. [2011-11-22]. The Inquirer, https://www.inquirer.com/philly/blogs/ attytood/Occasionally-hecklers-are-right.html.

Duranti, A., Ochs, E., Schieffelin, B. *The Handbook of Language Socialization*[M]. Malden: Wiley-Blackwell, 2011.

Dylgjeri, A., Kazazi, L. Dexis in Modern Linguistics and Outside[J]. *Academic Journal of Interdisciplinary Studies*, 2013, 2(4): 87-96.

Fillmore, C. J. *Santa Cruz Lectures on Deixis*[M]. Mineo, Indiana University Linguistics Club, 1971.

Hanks, W. F. The Indexical Ground of Deictic Reference[A]. Duranti, A., Goodwin, C. *Rethinking Context, Language as an Interactive Phenomenon*. Cambridge: Cambridge University Press, 1992: 43-76.

Jakobson, R. Closing Statement: Linguistics and Poetics[A]. In: Sebeok, T. A. *Style and Language*, Cambridge Mass: MIT Press, 1960: 234-248.

Kapitan, T. Indexicality and Self-Awareness[A]. In: Kriegel, U., Williford, K. *Consciousness and Self Reference*. Cambridge: MIT Press, 2006: 1-51.

Landes, M., et al. Guys Tell All: Man Panel Landes, Nice, Younger, &

Chenevert Answer Relationship Questions: Part II[EB/OL]. [2013-05-21]. Getty Images, https://www.gettyimages.in/detail/video/ media-type-aired-show-air-date-event-date-news-footage/1274114308.

Lassin, A. N. Woodlands mom builds home for pregnant girls in Nairobi[EB/OL]. [2011-07-22]. Chron, https://www.chron.com/life/ houston-belief/article/Woodlands-mom-builds-home-for-pregnant-girls-in-1545961.php.

Launius, R. D., McCurdy, H. E. *NASA Spaceflight: A History of Innovation*[M]. Cham: Palgrave Macmillan, 2018.

Levinson, S. C. Deixis and Pragmatics[A]. In: Horn, L. R., Ward, G. L. *The Handbook of Pragmatics*. Oxford: Blackwell, 2006.

Levinson, S. C. *Pragmatics*[M]. Cambridge: Cambridge University Press, 1983.

Lyons, J. *Semantics*[M]. Cambridge: Cambridge University Press, 1977.

Peirce, C. *Collected Writings* (8 Vols.) [M]. Cambridge, MA: Harvard University Press, 1931.

Récanati, F. *Indexicality and Context-Shift*[M]. Harvard University, 2004.

Récanati, F. Oratio Obliqua, Oratio Recta: An Essay on Metarepresentation [M]. Cambridge: The MIT Press, 2000.

Reichenbach, H. *Elements of Symbolic Logic*[M]. London: MacMillan, 1947.

Russell, B. *An Inquiry into Meaning and Truth: the William James lectures for 1940 delivered at Harvard University*[M]. Middlesex: Penguin, 1962.

Sidnell, J. Dexis[A] In: Verschueren, J., Ostman, J. *Key Notions for Pragmatics*. Amsterdam & Philadelphia: John Benjamins Publishing Company, 2009: 114-138.

Siegel, J. Obama Leaves God out of Thanksgiving Speech, Riles Critics[EB/OL]. [2011-11-26]. ABCNews, https://abcnews.go.com/ Politics/ obama-omits-god-thanksgiving-address-riles-critics/story?id=15028644.

Wake, N. Private Practices: Harry Stack Sullivan, the Science of Homosexuality, and American Liberalism[J]. *Journal of the History of the Behavioral Sciences*, 2012: 283–286.

本维尼斯特. 普通语言学问题[M]. 北京：生活·读书·新知三联书店，2008.

何刚，温婷. 文化的语境化：文化信息的情境介入——兼论文化指示语的作用[J]. 语言教育，2013，1（1）：44-51.

何刚. 话语、社交、文化——文化驱动的社会语用视角[J]. 外语教学理论与实践，2011（3）：35-41，74.

何刚. 文化指示方式的解释——以当代美国英语话语为例[J]. 浙江大学学报（人文社会科学版），2014，44（6）：174-184.

梅伊. 语用学引论[M]. 北京：外语教学与研究出版社，2001.

# 第2章 指示方式

## 引言

　　在上一章，我们谈到了指示语的由来以及迄今为止各方面学者对指示语的论述，也初步涉及文化指示语。然而，我们知道，指示语不是一个关于某种具有独立意义的范畴，所谓绝对的"纯粹指示"（pure deixis），仅仅限于直接情境指示，而绝对"纯粹"的指示语恐怕只有在抽象的世界中才会出现。现实情境中的指示通常混载着各种各样的语境因素，是主客观原因在话语层面上的集中反映。比如，*This* land is *my* land, this land is *your* land, this land is *for you and me*.（这片土地是我的，这片土地是你的。这片土地为你我而造。）表面上看，"this land""my land""your land""for you and me"都是具体和普通的直接指示形式（直指物理时空特征），似乎可以算作"纯粹"指示，但是，作者（歌唱者）有意识地提及这片土地"美国"，却并不仅仅要凸显它的物理存在，而更是要强化"共同家园"的文化意识（隐含）。从整体看，它既包含了歌唱者强烈的爱国意识（热爱这片土地，有高度的认同感与归属感），同时，也隐含地传递着"人人平等"的美国人的文化理想。因此，放在本话语情境中，说话者（歌者）在特定的情境中有意识地提及"this land"，以传递文化精神（理想、信念、价值观、态度等文化设定）的指示，既是一种物理情境的指示，也是一种社会语境（共同生存环境）的指示，更是一种文化语境（共享、共生、共建、共福）的指示，这种"复合的"或者说是"混合的"激活不同层次语境的做法，是服务于说话者的现实目的（意向或期待）的，是主体意识作用于客体信息的有效形式，这就是我们所要研究的、以指示为焦点的语用方式，我们姑且称之为"指示方式"。在本章中，我们将要讨论指示方式的定义、指示形式、指示功能、指示方式的分类、指示方式与其他语用方式的关系等等。

## 2.1　指示方式的定义

正如阿迪塔·迪尔杰里和莱迪雅·卡扎齐（Dylgjeri & Kazazi，2013：88）所指出的那样："Deixis concerns the *ways* in which languages express features of the context of utterance or speech event in a different *way*. It concerns *ways* in which the interpretation of utterance depends on the analysis of that context of utterance…"指示语既涉及语言表达话语或言语事件之语境特征的方式，也涉及话语解释对话语语境依赖的方式。总之，指示语的内涵超过了单纯的字词、话语成分甚至语句的意义，而抬升到了行为"方式"的层面。根据我们的观察和分析，指示方式具有两种不同却又是相互关联的所指。从微观上来讲，指示方式指的是话语通过某种形态——言语的（词、短语、从句、时体屈折、情态、话语整体、会话推进特征等）、非言语（手势、递眼色、头部动作、头部偏向、招手、招呼等）以及超语言（超切分——音高、重音、变调等）激活语境联想，指示语境特征，暗示或提示语境中的存在或关联，以构成话语功能体，实现话语意向，体现话语的主体状态，提升语境化效果的途径。由于具体语境的不同，每一话语指示语境的手段或策略都不一样，有的以单一的形式，有的则是合成的形式，有的是混合的、叠加的形式，需要具体分析。不过，有一点需要强调：指示的形式不是随意的，而是受到话语主体——说话者（Lyons，1995；Levinson，1983、2004）的意向状态（intentional states）的控制，也受到说话者的主体间（intersubjective）（Traugott, 2010）意识的影响。

从宏观上讲，指示方式是一个涵盖指示特征相关范畴和信息的总和：其一，指示语的语义属性涉及语言的索引性关系（indexical relation），即其内涵的明晰和外延的扩大；其二，指示语的语用性质（语境依附性/关联性）丰富和多样；其三，指示范畴包括：指示场、指示中心/边缘、指示间距/远近、动向指示、方式指示、意态指示、对象指示、处所指示、来源指示、关系指示、直接指示、隐含指示、关联指示、态度指示（接纳、排斥、抵触、对抗、容忍、让步、逼迫、妥协）、指示期待以及指示手段/形式等；其四，指示形式聚合系统包括：人称指代系统、关系/归属指代系统、动向指示系统、行事方式/过程指示系统、对象处所/方位指示系统、主体间位距系统、对象性状评判系统、主体状态指示系统、体验感觉指示系统、事件时空连续统指示系统、过程方式转换指示系统等；其五，元指示系统（meta-deictic system）包括：指示范畴、语境范畴、注意/凸显范畴、主体范畴、意向范畴、期待范畴、指示类型范畴等等。

指示方式是围绕焦点话语发生的、关联语境的手段而建立的一整套解释理论，对情境中的特定指示形式以及它和整个话语、言语行为、会话的关联提供合理、合适、有效的解释框架和解释结果。

## 2.2 指示与语境类型及特性

指示作为话语关联语境的途径或手段，自然和语境存在必然的联系。语境的形态和特征必然影响到指示形式的选择和构建。根据何刚（2011, 2014）的观察，我们可以依据语境信息的可变度和稳定度、影响言语交际的广度和持久度、影响方式等，把它分为直接社交情境（immediate socializing situation）、社会结构—功能性语境（socio-structural-functional context）、文化语境（cultural context）和网络虚拟语境（net-virtual context）几个类型。一般而言，直接情境会因某个特征的出现或消失，导致互动言语方式、内容、结果的变化，是可变度最高、稳定度最低的语境形态；社会结构功能性语境

（以下简称社会语境）涉及较为正式的交际以及交际者之间的社会关系（权势、经济、行业、利益、政治等），这些关系要么需要长期经营，要么需要社会体制认定，因此，其可变度较低、稳定度较高；其影响交际和交际者的广度和持久度，比直接情境要大、要长，但影响的方式往往是通过情境中的焦点事件和彼此称谓及相关的言语行为（请求、指令、质询、问责、解释、开脱、代言等）以及间接、隐含的第三方影响，以规则和规范来操作和彼此约束；文化语境是一种心理意识语境，它包含同一民族、国家、社交共同体所共享的一整套意识形态信息（文化理想、理念、信念、价值和态度）以及受这套意识所指导或限定的人际社交原则、规则、规范和大量的可以被这套意识形态解释，或对这套意识形态的形成产生过重要影响和建构作用的，因此具有很显在的文化意义和价值的文化事实（物理的、物质的、精神的——文化艺术、文化活动的、言语文化的）。文化语境通常是若隐若现的，大部分信息都是通过直接情境和社会交往的高敏事件或人物、话语形式来激活的，也有和社会活动场（social interactional fields）相匹配的文化信息，比如人际文化距离——辈分（长幼）、性别、职级、等级、行业、官民、庆典、集会、祭祀和程序规定，通常是关联、隐含、间接地指导着交往，规则的作用是强制的，原则的作用是暗示和指导性的。在规则都相互明白、心照不宣的情况下，原则只起提醒作用。如有违规，则会引起示意"不合适"的话语。文化语境的存在形式大多是以话语解释所要求的文化设定（cultural assumptions）——关于特定文化信息的陈述（statement）。网络虚拟语境是一种语境新类别，其特征需要进一步观察，如果要和文化语境相关联，那么它是一种当代大众文化语境形态。本章不详述。

　　为了更进一步认识语境，我们有必要对语境的特征进行一下梳理。根据我们的观察和分析，在话语处理过程中，语境主要体现了如下几方面的特征：信息性、聚焦性、先在性、可建构性、源信息性和认知关联性。下面我们略作解释。

### 2.2.1 语境的信息性

语境是什么？它有什么属性？它是物质的还是非物质的？还是别的什么？这些问题看似简单，实则比较复杂。按照人们一般的认识，语境就是语言使用的环境。说到环境，人们就会不自觉地联想到客观存在的那些物理的属性：时间、空间、陈设、场景、物品、事件等看得见、摸得着的实体。不可否认，所有这些已经提到的，以及那些还没有提到的、可以直接感知的方面，都是语境的重要表现，但是，如果离开了人的大脑在认识活动中对这些方面的感知和控制性关联，解释性提取，那么这些方面就什么都不是了。语境显然不是具体的实在，而是经过大脑处理而获得的、源自各种渠道的、对特定人的话语或行为解释有关联的、有用的信息。正如德伊和阿博德（Dey & Abowd, 2000: 3）所言："语境是用来把握那些被认为是与使用者及应用有关的项目情境的任何信息（不管它是人、地点或是物体），甚至可以包括使用者和应用在内。"（Context is any information that can be used to characterize a situation of entities, i. e., whether a person, place or object, that are considered relevant to the interaction between a user and an application, including the user and the application themselves.）如果"语境是信息"的说法是可以接受的，那么，各种具体的实载就是信息的表征，我们可以称作"语境特征"（feature of context）。语境的信息化不仅是信息时代的数据计算与处理的需要，也有利于语用学对语境定义的统一。我们可以把语境特征看作语境的最小信息单位，进而获得特征集（set of context features）、情境（特定的语境特征集）和语境模型（model of context）等范畴。

### 2.2.2 语境的聚焦性

语境是一个解释性范畴，它的出现和语言使用者对它的意识，都离不开特定的交际事件，具体地说，就是言语行为和会话互动。这一点在亚利桑德罗·杜兰特（Alessandro Duranti）和查尔斯·古德温（Charles Goodwin, 1992）关于"语境"的再思考一文中得到印证。他们认为，分析语境须考虑两个参项：焦点事件和行动场（focal event, field of action）。其中，焦点事件可以涵盖任何一个引起注意并需要理解和解释的对象，可以是话语的，也可以是非言语的，总之是理解和解释者关注的对象。而行动场则是围绕某特定关注对象而组织起来的各种相关信息（环境）的统称，不管是物理的，还是文化—社会—人际的，或是个人心理的；不管是真实世界的，还是虚拟世界的；不管是具体的、有形的，还是抽象的、无形的，只要是经过话语建构者、理解者和解释者感官而聚焦到特定核心事件的，都以信息的形态构成行动场，因此，行动场又是一个围绕特定事件聚焦的信息集合，或信息场。而只有信息场才能更好地服务于焦点事件的建构、理解或解释。比如：

例 1：

"Listen, Sam," I say, sitting on the stairs and <u>looking directly into his eyes</u>. "If I ever have to make a choice between being with the *President* when he needs me or being with *you* when you need me, there is no contest. He loses."

（Reich, 2013: 70）

首先看第一个画线部分，父亲说话时直直地看着儿子的眼睛，这是为什么？如果我们了解美国文化，我们就知道，美国人的非言语交流方式很丰富，讲话时一定要看着对方，这样既表示你很有自信，说的是真话，也表示需要对方注意等等，只有心里有鬼的人说话才不看着对方。因此可以说，父亲是要明白无误、坦诚地向儿子保证：总统和你没得比，他输定了。那么，为什么总统居然会输给一个九岁小孩呢？这同样需要我们了解美国人的家庭观念和对子女、妻儿的爱和责任感，在情感需要上，肯定是**亲情，亲人的需要**是第一位的，政治需要只是工作的一部分，没法和亲情相比。因此我们可以看出，为了理解两个斜体部分，我们聚焦了美国文化语境（偏好的非言语手段和美国人的家庭观、亲情观等信息），作为焦点事件相关的行动场（解释场）。

### 2.2.3 语境的先在性

对于大多焦点事件而言，语境是焦点事件发生或解释的前提（premise），语境信息就是该特定事件（言语、行为、互动、会话）的诱因或动因，为其理据所在，所以它们肯定是**先在于**该焦点事件的。也就是说，在特定事件发生之前，特定的**别的**事件信息就**已经存在**了，这就是先在性。又比如：

例 2：

"I'll be with you more often, Sam."

"Every night? Every morning?"

"I can't promise that."

"See? That's why we should live in the White House. So we can see you every night and every morning. If the president wants you as much as we want you, why shouldn't we all live together in his house?"

(Reich, 2013: 70)

在这段对话中，假如我们的焦点事件是小孩子那近乎荒唐（从成人的角度看）的提议（要住在总统官邸[白宫]，而他之所以这么说，是因为他和总统都同样需要天天看到父亲，而且，父亲有言在先[别的事件]）：我不能承诺你每天都能看到我。他的推理是：既然我们都那么需要你，而你又不能保证每天我们都能看到你，那为什么不一起住到总统的房子里，这样不是两全其美的事么？从这个分析可以看出，语境信息具有已在（that 指示"你说的那些"）的特征。

### 2.2.4 可建构性（constructability）

说语境是可建构的，指的是在特定话语理解过程中，话语的解释者完全可以根据自己的知识和能力来建构一个他认为适合且合理的解释信息集，为自己的解释提供背景或理据。关联理论（RT）也认为，语境其实就是听话者在话语理解过程中创设的一套信息设定（assumptions）。当然，语境也可以根据说话者需要来建构，说话者利用可见的、共知的信息源，建构一个符合自己意向与行为期待的语境。很显然，交际双方并不总是在完全一致地利用可以观察到的、直接语境（immediate situation/ context，有时译作"即刻语境"）特征。他们会根据各自的立场、视角、情感、姿态等意向状态或需要，或根据话语提示的凸显部分的不同，临时建构出一个适合特定行为或会话的语境（有时和直接语境并无直接关联）。从这个意义上说，语境有时也是建构出来的。比如：

例 3：

"During the past months, as I have educated myself about the problems facing our nation and facing American citizens about health care, I have learned a great deal," she told the House Ways and Means Committee on her first day of testimony. "The official reason I am here today is because I have had *that responsibility*. But more importantly for me, I'm here as *a mother, a wife, a daughter, a sister, a woman. I am here as an American citizen concerned about the health of her family and the health of her country*."

(Gerth, Natta, 2008: 129)

这里的先在语境是说话者公开的身份——总统夫人（第一女性），按规定，她有责任来接受国会方式方法委员会的质询（testimony），可是，为了获得广大听众的认同，她临时建构了复合的话语身份，凸显自己作为千千万万个普通美国女性一员的具体身份（人母、人妻、人女、人妹、女人），作为对家庭和国家健康高度关切的美国公民，这些带有强烈平民和平等、爱家和爱国情怀，建构出的是一个新的、令每个美国人都十分兴奋和认同的话语语境，因为这些鲜活的女性形象激活了美国民众的个人至上、人人平等、爱家爱国的民族精神和文化意识，因此，注定会导向话语的成功。

语境的建构性还体现在连续会话事件的扩散特征上。前一事件的行为特征可能触发后续多个特征的联动，使核心特征朝着特定的方向扩展，指向特定的话语、言语行为、伴随行为、超切分的特征（音调、嗓门、语调、语气），形成不断变化的、新构的情境特征集。

### 2.2.5　源信息性（source information）

语境信息对焦点事件的输出不是无本之木、无源之水。无论是临时建构，还是信息提取，都隐含着某种比焦点事件相关语境更为庞大、深邃、辐射力更强的信息来源的存在。焦点事件对语境信息聚集，来源于说话者对更大系统和网络的激活、提取与关联。而这里所涉及信息的属性，很大程度上决定了语境的属性。认识到这一点，对我们理解不同语境形态，以及文化语境宏观系统、网络、层级的地位非常重要，因为，如果没有这种信息源的存在，焦点话语的文化解释就是不可能的。

### 2.2.6　语境的认知关联性

语境是为话语信息认知处理而生的。无论是话语建构时大脑内部计算，还是话语理解或解释的推理过程，围绕特定事件或行为聚焦的所有信息，都是被焦点事件关联的，没有焦点事件的处理（认知加工、信息处理），就无所谓"语境"。理解这一点并不难。关键问题在于，所谓的认知关联性，更为重要的是在处理特定焦点事件或话语时，并不是当时当地（即刻或直接情境）的信息就能帮助大脑计算出满意的（可以接受的、合适的）结果，而是通过某些直接、显性情境特征**关联到**更为隐含的、间接的、深层的特征。语境的这个特征预设了不同层次的语境信息的存在，以及层次的连续性和认知活动对语境层次的选择。比如，根据信息的稳定性与变动性的反差，我们可以看出直接情境——社会语境—文化语境的连续和差异：直接（即刻）情境的变动性最高、稳定性最低；社会语境（利益、权势、身份、地位、社交关联）稳定性较高，变动性较低；文化语境稳定性最高，变动性最低；这是一个总的趋势，当然，某种突现（emergent）特征可能会冲击稳定的语境信息系统，导致局部的更改，但却不能改变系统的稳定性。认知关联性为话语的建构和推理提供了转变视角、换位思考，选择信息类别，建构、识别或重构话语意向或期待信息的可能。例如：

例 4：

While much of the rant is indecipherable in the uploaded videos, the student can be heard telling students, "I will kill the f—out of you," and pointing to <u>white</u> students and saying, "You, you, you ain't <u>black</u>."

（Mandell, 2012）

在这个例子中，直接语境指的是**肤色**，而肤色（黑人指着白人说，我要杀死你们，因为你们不是黑人）关联的是美国由长期压迫和奴役黑人导致的"种族歧视和仇视"的族裔对抗心态。这种心态在每个人心里（包括孩子）都是那么根深蒂固，形成了与"人人生而平等"的建国和文化理想反差极人的丑态。

### 2.2.7 语境的接受者选择性（selectivity or privileging）

正如关联理论的学者斯波伯、威尔逊与阿西姆科普洛斯（Sperber & Wilson, 1986; Stavros Assimkopoulos, 2014）所认识到的：话语一旦发生，其理解和解释就不再受到建构话语者的控制；因此，如何理解和解释，和听话者或解释者的选择有某种程度的关系。受到自身知识、经历和情境化的心理状态的影响，优选某些源信息特征，然后投射到焦点话语的解读之上，做出特定偏向的解释，比如，曲解或误解。从这个角度看，语境作为理解和解释话语的信息特征或特征集，体现出某种接收者选择性。当然，对指示语的重要性和主体性也提供了有力的佐证。

例 5：

"It's really something, isn't it?" I gloat. The boys must think their father is one hot dude, getting them in to meet the President.

"It's <u>amazing</u>," Adam continues. "Really <u>amazing</u>."

"Very few children have that chance." I say.

"What are you talking about, Dad? <u>What's amazing is that</u> every other city in America has a McDonald's. *But we haven't found a single one—not even two blocks away from the White House.*"

"Yeah," Sam chimes in. "Washington sucks."

（Reich, 2013: 100）

例 5 表现出父子两代人对"amazing"的不同理解，按照父亲的理解，能够到白宫去见总统，简直是很多孩子想都不敢想的事情，因此，他带孩子们见到了总统（因为自己是内阁部长，近水楼台），自然是令人惊叹（啧啧称奇）的事情了，可是，孩子们并不认同这一点，也许他们并不是不爱总统，但此时此刻，父亲在前文中提到"精神食粮"正好刺激了他们的饥饿感，所以，他们现在更关心的是食物。对他们而言，真正稀奇（奇怪、令人惊讶）的是：华盛顿、离白宫两个街区居然找不到一间麦当劳（快餐店），而这在其他美国城市简直是随处可见。这个例子说明，在说出和解读 amazing 时，父子各自优选的语境特征是大不一样的：父亲关注的是参观白宫、得到总统的接见，多么宝贵的机会和多大的荣耀；可孩子们更加关注的是华盛顿特区有多么地不食人间烟火。因此，可以看出，理解统一焦点话语单位，父子之间各自选择的源信息（正直、象征意义；生理反应、饥饿感）是不同的。

语境的优选和偏好说明，在纷繁复杂的潜在信息特征集中，说话者、理解者和解释者完全可以根据自身的状况和需要（意欲）选择性地激活特定的信息特征或特征集。当然，这也就意味着，特定的文化群体（民族、社群、组织）可以根据自己的文化状态优选或偏好已定的信息特征或特征集，从而造成特定的话语选择和理解方式，当然也就会涉及文化优选的指示形式、内容、手段了。

从以上讨论可以看出，对于语境的认识有助于我们进一步明确地解释指示方式的复杂多样性。

# 2.3 指示形式与指示形态

指示作为一种以说话者为中心的，以主体意向、期待、取向为统摄的联接语境的手段，其本质是一种功能结构体。我们发现，在许多话语中，并没有显在的物理语境（时空特征集）的出现（比如：What's *up*? How is *everything* going with you? Who is going to *talk*?），但是，一旦有需要，说话者一定会以某种方式来连带语境信息，使话语有根有据、有的放矢、有头有尾。因此，指示在话语中的形式，以及这些形式形成的聚合系统（指示系统），是本节要讨论的问题。

## 2.3.1 指示的形式

指示的形式是多种多样的，从话语内部看，最主要的形式是不同句法功能属性的词（名词、代词、动词、形容词、副词、介词、连词等）和词组、短语、子句等，同样，在特定情境中，完整的话语也可用来集合某种特殊的语境信息；在话语至上的动态言语互动中，话语及其所执行的言语行为、会话中的话题、话题的起始、接话、传话、搭话、插话、话轮交换、抢夺、转移话题等，甚至整个推进路向，都会激活相关的语境，使话语解释层次更深、更丰富、更接近于说话者的真实意图（用意）。

例 6：

Afterward, *according to Hillary*, Condoleezza Rice, *then the national security adviser,* called Hillary and "asked *I* had any questions." Hillary said she *did*. Would the president use the *authority granted by Congress* to go to the United Nations and "get the inspectors to go back into Iraq?"

（Gerth, Natta, 2008: 243）

　　在本段话中，"according to Hillary"作为言据性的标记，同样具有指示功能，它指向一个涉及本话语的过去事件（赖斯找过希拉里）；关于赖斯，"*then* the national security adviser"指向当时（因为后来她担任过国务卿）的身份（总统的国家安全顾问）；而"the authority granted by Congress"指向美国政治文化的程序政治，总统若要让武器核查人员回到伊拉克，必须先获得国会授权，这一短语既有社会指示性（社会政治）也有文化指示性（政治文化—程序政治）。我们这里看到了可以认定为指示形式的介词短语、副词＋名词短语和由定冠词＋名词＋过去分词短语构成的复合名词短语，说明指示语的结构并不是单一的词就能包打天下的。再如：

例 7：
House Speaker John Boehner, R-Ohio, and Senate Minority Leader Mitch McConnell, R-Ky. have been in communication but James Lankford, R-Okla., said House and Senate Republicans are "working independent" of each other.

　　"There's not the sense of *'Let's the two of us have the exact same plan and try to work together*" Lankford said.

（Davis, Jackson, 2013）

　　在兰克佛特的话中，前面有一参议员说的完整话语被提及，而且作为整个话语的重要成分。这个被提及的话语指向的不仅是参议员希望参众两院的共和党人进行的共同努力，同时也指向一种美国文化倡导的"合作精神"。显然，说话者不愿意和参议员一起干，而是各自为政。所以"根本看不出他们在把劲往一处使"。从这个角度看，完整的话语可以作为指示形式而指向某种特定的语境（共同努力——合作与协作精神）。那么，会话是否也可以指示语境呢？

例 8：

(… I gather up Malia in a hug and notice a blond girl in our kitchen, peering at me through a pair of oversized glasses.

"Who is *this*?" I ask, setting Malia back on the floor.

"This is Sam. She's over for a *playdate*."

"Hi, Sam." I offer Sam my hand, and she considers it for a moment before shaking a loosely. Malia rolls her eyes.

"Listen, Daddy …you don't shake hands with kids."

"You don't?"

"No," Malia says, "*Not even teenagers shake hands*. You may not have noticed, *but this is the twenty-first century*." Malia looks at Sam, who represses a smirk.

"So what do you do in the twenty-first century?"

"You just say 'hey.' Sometimes you wave. That's pretty much it."

"I see. I hope I didn't embarrass you."

Malia smiles. "That's okay, Daddy. You didn't know, because you're used to shaking hands with *grown-ups*."

（Obama, 2006: 406）

整个会话指向 21 世纪美国儿童交往方式的改变（见面和打招呼的方式），孩子们见面最多说一个"嗨"，有时候甚至挥挥手就好了，不需要像成人（grown-ups）那样握手。从这个意义上说，会话成了一个指示文化语境变化的形式，因为只有这样的变化才会使这个会话互动具有充分的理据。从上述分析可以看出，指示的形式可以是单一的，也可以是合成的，还可以是混成的和复杂的。单一的形式既可以用来激活单个的语境特征，形成简单指示；同样，它也可以概括地示意或提示多种语境特征，形成暗示或转指。那么，这就给我们提出了两个重要的问题：指示形式和语境特征的匹配方式是对称的、协调的，还是不对称、不协调的？第二，如果指示形式和指示对象（语境特征）并不总是协调和对称的，那么，指示形式扩展和变化的依据是什么？

## 2.3.2 指示形式与指示特征的对称性和不对称性

　　判断指示形式和对象是否对称，就是要看单一特征是否总是被简单的指示形式关联或激活，或者说，简单的语言单位是否总能激活或关联拟想的语境信息（言语行为所需要）。请看以下例子：

　　例 9：

　　a. "She told the nurse, I'm done, I did what I was supposed to. My baby is going to get here safe." said Diana Phillips, Jenni's mother.

（Bonner, 2011）

　　b. Said Mayor Bloomberg of the stop-and-frisk policy, "It's not a disproportionate percentage of those who witnesses and victims describe as committing the murders ... In that case, incidentally, I think we disproportionately stop whites too much and minorities too little."

（Slattery, Mcshane, 2013）

　　c. "My father had a ranch; we used to have 50 to 60 wetbacks to pick tomatoes." said Alaska Rep. Don Young in an interview.

（Lee, 2013）

　　在 9a 中的"here"（这儿）按经典指示语理论，指向说话者说话时的所在地，可是，这个简单的形式在此处并不简单，因为，说话者所要表达的并不仅仅是该处所，而是包含这个处所的广义的世界，从而体现出为了让小生命安全来到这个世界，自己宁可忽略自身的不治之症的无私母爱；9b 中提到"白人"和"少数族裔"，指向的也并非简单的美国社会主流肤色人种和其他颜色（黑人、拉丁裔人、亚裔）的拼盘，而是包含着丰富和复杂的平等与歧视交织的美国文化语境特征；9c 里的"wetbacks"（流汗族）指向的是一个类型特征的群体：说话者的父亲拥有一个牧场，雇用了 50 到 60 个劳工。虽然当时"wetbacks"（流汗族）是一种习惯说法，可是现在看来，这个说法具有强烈的歧视色彩，所以现在说来，这是不合适的。为什么？因为，这个词在说话者孩提时代指向的是一个社会语境（雇主和雇员、主人和仆人），可是，现在还用这个词，就会触发负面的文化联想（不平等、歧视，甚至可能是种族歧视）。

从以上例子可以看出，虽然指示语在众多情况下可以指向单一的语境特征（物理时空—参与者 i-here-now-you-him-there-then），可是有时我们也发现语境特征的被复合和强调的形式：What are you doing *down there/out there/right here*?（你在<u>那儿/这儿</u>干么呢）；Come *here right now.*（<u>快快进来</u>）；She walks *out of* the house.（她<u>走出</u>那所房子）；She is *upstairs.*（他在<u>楼上</u>）。甚至也发现单一形式或形式之间的联合或对照指向复杂的语境关联信息。因此，可以说，指示形式和指示内容（信息）之间既存在着对称的关系，也存在着相当不对称的情况。而不对称的情况正是我们探讨指示形式变化的动因。

### 2.3.3 指示形式变化的理据

如上面讨论所示，指示形式充满着变化。那么，我们现在要问，这样的变化有何理据？也就是说，这些变化的动因是什么？首先，指示对象——语境——的信息多重性和复杂性导致话语结构中语境信息的多点分布；其次，同一指示单位（话语功能体）可以指向多重语境信息（动向指示——行动＋主体态度、情绪＋文化负荷度＋期待等）；第三，语境识别的喻化扩展（比拟、隐喻、明喻、拟人、拟物、夸大、夸小等）；第四、语境构拟或重构（依据言语行为或互动需要构造与真实情形不同——大于/小于/相反的图景或信息特征集）。复杂语境信息话语中的多点分布与协调在话语内部，多种信息被指示并序列化，造成多点分布，说明言语行为合适性需要照顾到多方面的因素。例如：

例 10：
(A phone cal, August 21, Washington)
"Hello, *Mr. Secretary, this* is *Jimmy Carter. I know* <u>you're trying to</u>

resolve the baseball strike. *We've* had *some success* mediating conflicts abroad, and I *just want you to know* I'm available *if you need me*."

　　"*Thank you* so much, *Mr. President*. It's *thoughtful of you* and I appreciate your *offer*. *I'll let you know* how *you might be of help*."

（Reich, 1994: 193）

　　例 10 是一段前总统和现任部长之间的会话互动。前总统既卡特很想帮助现任劳工部长解决棒球队员罢工问题，而现任劳工部长并不愿意接受这种帮助。但是他们彼此都很礼貌，前者只是表示愿意帮忙，后者则非常感激对方的周到考虑，并说将来会让他知道怎么帮。现在看看各自话语中都有哪些语境考虑。首先，在前总统的话语中，称谓对方的官衔（部长先生），自称用非正式的随意形式（吉米·卡特）而不是用前总统的身份压人，第一符合自己下台总统的平民身份，第二让对方感到亲切，"I know"（我知道）后面的分句指向对方正在做的事情（为处理劳工罢工而焦头烂额），同时介绍自己的团队曾经有过的成功经验。这里说话者刻意用"we"（我们——我的团队）而不是"I"（我），一是表明我不是想显示自己的能耐，而是要表明我提出请求是有团队力量支撑的，所以只要你需要，我就可以召之即来。而后面的条件从句在语气上弱化了说话者可能给人'意欲干政'的不良信息，说明说话者对听话者心理感受的充分考虑；接到请缨后劳工部长则以礼相待，首先表达自己由衷的感激之情，然后说对方真是体谅、考虑周到，自己很赞赏总统先生（注意：虽然卡特早已不是总统，但说话者还是以总统相称，说明他对对方的尊重），而赞赏别人的热情相助，是美国文化优选的交际态度，我会让你知道你可以怎么帮我，先决条件是我认为你是有用的，说明说话者对听话者（卡特）的肯定，虽然他心里并不急于让对方出面。从两个人话语中的斜体和黑体部分，语境的主客观信息多点分布于其中，并有序地、协调地出现在合适的功能位置上面，为话语的取效提供了有力的支持。

### 2.3.4 同一功能体指向多重语境信息

语境信息的多重性表明，与特定焦点事件相关联的行动场（field of action）有时就像一个同心圆结构，它既是即刻情境，又是社交语境/社会语境，同时也涉及文化语境，因此，同一指示语可以同时包含三层语境信息，从而形成对特定话语所执行的言语行为或策略的有力支撑。例如：

例 11：

(I'm home at midnight. The boys are long asleep. Clare greets me at the door.)

"Well, did you *win*?"

"Win? Not really. We prevented a big *loss*."

Clare turns up the stairs with a knowing smile. "In *this* town, avoiding a big loss counts as a win.

（Reich, 1994: 188）

在这段会话中，直接的情景是家庭，可是重要的是他们谈论的话题：劳工部长争取国会议员投票把可能流失的资金拿回来。这是在华盛顿特区，一个政治之都，政府和国会为了各自的利益天天都像在打仗。争取国会拨款，犹如虎口掏食，十分不容易，弄得不好你就会空手而归，难有作为。所以，这里的"win""loss"指向的不仅仅是具体战斗（拉票战）的输赢（社会语境），更是指向美国文化价值和信念系统对输赢的高度重视。正因为如此，才有妻子安慰丈夫（在这个城市——华盛顿哥伦比亚特区——避免了巨大的损失就可以算作赢了）。而克莱尔的"this"显然加重了语气（原文斜体），其指向显然是不同于其他美国城市的、人们工于心计、天天讨价还价和交易、政治空气污浊、人们缺乏彼此信任和真诚的城市，指向的是胜利与失败交织的社会政治文化生态（在这里，不大输就算赢）。

### 2.3.5 语境识别的喻化扩展（metaphorical extension/ expansion）

在话语建构和理解过程中，对语境的准确识别是合适地指示语境的关键。可是，正如我们先前所认识的，语境信息有时是高度复合和复杂的，因此，要准确地识别语境信息，通常需要一种比拟的思维——喻化，使那些没有具体物理实在的、抽象的事实、特征和判断获得具体的、物化的、形象的体现。喻化其实并不仅限于明喻或隐喻、换喻、借代，其他的方式，如拟人、拟物、夸大、夸小，同样也是喻化的形式。比如，英语中把自己比作 "small potato"（I am only a small potato.）无足轻重的小角色——小土豆，这里先拟物（隐喻），再夸小，构成一种自谦姿态指示语。"鼻子" 在英汉语言中皆可以作为对人的比拟。汉语里有 "鼻子大了压着口"（意即 "在有权势的人面前，你不能随便说话"）之说，"鼻子" 喻指 "当权者"。美国英语中有许多专门讲 "鼻子" 的掌故（words and their stories），比如，"to thumb your nose at something or someone"（拒绝某人的权威），"to look down one's nose at someone or something"（小瞧某人、某事）；"lead other people by the nose" 指的是 "牵着某人的鼻子走（掌控他的思维和行为）"。鼻子在所有这些表达式中，都具有举足轻重的地位，鼻子之上是高的、好的，鼻子之下是低的、不好的。把鼻子比作大脑（思维和神经中枢），显然也有夸大的意味。喻化地识解语境，从物理、物体、具象的源域，延伸到精神的、性状的、抽象的目标域，使语境信息生动可感、活灵活现，对支持话语的整个意义建构、语力释放都是极其有益的。事实上，我们看到，文化像一座浮于海面上的冰山（cultural iceberg；E. T. Hall, 1976），更多淹没于海面之下的信息通常通过喻化来服务于话语指示。

例 12：

"You're treated basically *like an animal, like a piece of meat*." one victim told King5. "And these people are supposed to be *upholding the law*."

（Kuruvilla, 2013）

　　这里说的是警察对待囚犯，就像对待动物、对待砧板上的肉（不把人当人看），肆意安装摄像头，不管他们在干什么，都受到监视，这显然是违反人权，尤其是隐私权，这也是反文化的，所以引起犯人的普遍反抗，他们提起诉讼，控告这种漠视人权的举动。而后面的话里"upholding the law"是对法制（国家意志和社会制度）的物化，因为"高高举起"（坚持）的只能是有具体形状的物体。

### 2.3.6　语境构拟或重构（context-assumption or reconstruction）

　　指示语所指示的对象并非总是真实的、已在的语境信息，有时候它会拟构或重构一个可能实际不存在、但却对实现整个话语意向至关重要的语境。因此，指示语有时具有指示与构建语境的双重功能。"sir"是一个社会指示语，用于严肃和正式的场合，指向对方高于说写者的社会身份。然而，在当代美国英语中，它可以用来称呼任何你认为值得尊敬的人，尤其是在服务领域，sir（先生）有泛滥的趋势。一个小孩子进了商店，店员也会立即起身，称他为 sir（What can I do for you, sir?），这种称谓一旦超出其典型的指示对象，就属于情境化的构拟一种临时的交际关系。有趣的是，呼语的 sir，还可以变成动词，动向指示说话者对听话者的敬意（礼貌），所以，我们有时候会听到"Don't *sir* me."（别有意抬高我，我受不起）。又如：

例 13：

"There is *some confusion*," Oberweis said, "but I just want to *make it clear* our bill covers all interstates and all tollways throughout the state of Illinois, period. This idea that *somehow there are urban areas that are not included* is just totally wrong."

（Gregory, 2013）

　　这里所谓的"混乱"只是为了表达说话者的想法（我只想把它弄清楚）而构拟的，因为实际的法律条文（关于州际高速公路和所有收

费公路的最高限速提高到每小时 70 英里的新法规）可能是很清楚的
（Language in the new law *seems clear*. "The maximum speed limit
<u>outside an urban district ... is 70 miles per hour on any interstate</u>
<u>highway</u>." the statute reads.）（同例 13），那么，说话者所称的"混乱"
其实是说话者的想象。这种语言构拟语境的现象说明指示语和语境
的关系是可逆的。它也说明指示现象中话语主体统摄是指示形式变
化的根本动因：指示形式的简单或复杂不仅取决于实际语境的复杂
程度，更取决于说话者主观意愿、情感、判断与评价，以及期待引
起注意的信息点或信息结构。总之，指示语作为话语内部结构的有
机组成，服务于话语整体的需要、会话的需要、社会交往和文化的
需要。

## 2.4 指示形态

指示形态是从具体话语指示形式中抽象出来的更高层次的指示
范畴，它系统地表达诸如指示类别、指示功能、指示取向、指示手
段、指示转型等方面的信息。总之，它要表明：指示语是语境信息
进入话语的方式；它和其他话语信息结构或解释范畴如预设、隐含、
言语行为等共同服务于话语的建构和话语的理解与解释，但又不同
于这些范畴。下面我们需要做一些讨论：

### 2.4.1 指示类别（deictic classes）

指示类别是从具体话语指示中概括出来的形式特征集。比如：
与指示主体相关的类别可以有：指示策略（明指—暗示、直指—关
联、风格—习性—偏好）；与对象属性相关的指示：人称指示、动向
指示、性状指示、处所指示、关系指示、时间指示、空间指示、取
向指示、结果指示、程序指示、方式指示、态度；与信息稳定度及
对话语影响距离（impact distance）相关的指示：即刻社交情境（稳
定最低、影响间距最短、作用最直接、变化最快）、社会人际语境

（social interpersonal 稳定度较强—变化较慢—影响间距较长—作用持续、稳定）、文化人际语境（由文化相关事件结构界定的、稳定度最高、变化最慢、影响话语间距最长、最为隐含的信息集）。按照威廉-汉克斯（William Hanks，2005）说法，每个指示语都会激活一个指示场，这个指示场即是一个焦点话语成分或会话成分相关的全部语境特征。例如：

例 14：

a. "That wounded *fella* in my wagon just died. He asked me—"

（Collier, 1996: 130）

b. My temper got away from me. "I'm not taking orders from no *nigger*," I shouted. He poked the bayonet toward me so the point of it flicked my shirt. "You're taking orders from *this nigger*. *Git up* on that there mule."

（Collier, 1996: 78）

c. "There isn't any cider, Pa. The *Yankees* got it." "The Yankees?" They *came up here*?"

（Collier, 1996: 12）

例 14a 的 fella 是 fellow 的变体、口语体，说明说话者的活泼；而例 14b 的说法者不满黑人士兵的发号施令，其白人至上的意识让他感到屈辱，所以，为了表示愤怒和蔑视，他选用了"nigger"这个对黑人的蔑称；例 14c 中"Yankees（扬基佬）"是南方人对北方人的称谓，说明说话者与听话者之间存在地域身份差异。而例 14b 中的黑人士兵也不示弱，他手中有枪，用刺刀尖挑白人的衬衫，严令对方服从，说你今天必须听从"这个黑鬼（自指）"的命令。"This nigger"指向自己，说明他的勇敢、强势和决心。"git up"折射说话者的方言特征，标准语应该是"get"，指向黑人的语言（教育）背景。主体的语言身份、文化身份非常清楚地显现出来，并切实地加强了话语的力度和效果。

### 2.4.2 指示功能

指示语表面上看指示要表示话语和语境的关联，其实正是通过特定的语言表达式实现了不同的功能，比如：①指向（指示特定对象、处所、性状、指引行进方向、关注信息类别导向）；②人际关系（构拟、拉近、推开、离间，颠倒）；③推动行为、强化语效；④提升行为及理解层面。例如：

例 15：

"*Had* President Obama actually *learned* the lessons of Massachusetts health care, millions of Americans *would not lose* the insurance they were promised they could keep, millions more *would not see* their premiums skyrocket, and the installation of the program *would not have been* a frustrating embarrassment," Mr. Romney said.

（Harper, 2013）

这段话语隐含地批评了奥巴马总统的医改计划。首先，通过过去时的虚拟形式，罗姆尼把人们的注意引向过去的某个事实（奥巴马没有吸取麻省医改计划的经验和教训），在他看来，适合一个州的方案未必适合全国，因为，如果奥巴马吸取了教训，那么，千百万人就不会丧失他们本该有的保险，更多的人也就不会看着他们的基本费用飙升，而医改计划的就位也就不会是令人困惑的一个尴尬情形。罗姆尼采用了一种正式的官方称谓奥巴马，同时，谈到包括自己在内的大众的时候，他没有使用"we"（我们），而是用"millions of Americans"（千百万美国人）、"millions more"（比千百万还多）和"they"（他们），来拉开自己和奥巴马以及涉事民众的距离，以示自己的客观和公正、为广大民众仗义执言的胆识，把一个原本个人的观点表达提升为一种基于社会责任的批评行为，进而自己赢得一个虽败（落选总统）犹荣、仍不失强烈社会使命感和责任感的文化形象。

## 2.5 指示方式——象形与象征的借用

指示对语境的表征，反映出语言的索引功能特征（indexical feature），即以较小或较少的语言形式折射较大和较多的语境信息（世界或现实信息）。那么，是不是只有指示语才能执行这样的折射或关联功能呢？我们发现，其实，象形（象似）（icon）和象征（symbol）在特定情境中起到指示（指向）的作用，也就是说，在特定情境中，说话者完全可以用象形的手段（语言、非言语，如比画）来指向某个相关的语境特征或特征集，也可以用象征的手段来实现话语和语境的关联，尤其是当语境特征并不是那么直接可感的时候，比如，隐性的文化语境（如 Hall 的"冰山模型"Iceberg Model 所示），选择一些直接可感的、为共同体成员所认同的象形或相似手段、象征手段，为丰富话语理据、强化语力提供保证。

### 2.5.1 指示与象形（象似）

指示的作用是让语境信息进入话语信息，并成为说话者意向的重要实现基础，其典型的手段是"指向"，但是，在具体情境中，人们也会串用象形的语汇来指向特定的现实语境信息特征。比如：

例 16：

"As part of the *'Tech Surge'*, we've added key personnel from the government and private sector, including expert engineers and technology managers." Bataille wrote in a blog item posted Thursday.

（Kennedy, et al., 2013）

例 16 中的"Tech Surge"（技术外科会诊）指动用政府内部和外聘专家来合作解决医保交易窗口的电脑技术问题，好比疑难杂症的专家会诊（隐喻借用），说明该问题的棘手程度。我们知道外科会诊是一种十分精细和复杂的过程，与医保电脑文件和管理非常相似。从规模上看，手术规模较小，针对一个患者，电脑和网络系统更大，因此，surge 具有类似"索引"的指示功能。类似的相似指示语还有 ceiling（债务上限、少数族裔在公司或集团里感受到的升迁上限）和 cap（工资帽——公司对员工的加薪极限）等。总之，美国人偏好使用一些代表形象的、相似的词汇来指示社会生活中的特定现象，让人一看就明白其文化深意。

### 2.5.2 指示与象征

象征是以一种毫无关联的事物去指示另一种事物的话语特征。比如，用肥田沃土来象征地指示有利于某种生活或抽象形态、精神或寓意。青松象征永恒，玫瑰象征爱情，百合象征百年好合，夫妻恩爱，朽木象征没用，蜡烛象征奉献精神等等。在美国，几乎每一个州都有自己各式各样的文化象征，如弗吉尼亚的船（Chesapeake Bay Deadrise）、加州的熊。加大伯克利分校把熊作为自己的吉祥物，所以才有"*Bear* in mind."（双关语）和"*Go bears.*"两句话的"bear(s)"都指向"伯克利人、伯克利学生、老师等"。有一本讲述美国人在边疆（frontier）的童年及成长经历的传记，题目就叫"*this stubborn soil*"（这片顽强的土地），是以一个小孩的经历讲述拓荒者的顽强，从而折射出美国民族精神的顽强，作者这里用的是"象征"的手法，而指向的是这个新生的国家和新移民面对恶劣蛮荒的自然表现出的不屈不挠的"坚定和顽强"。

所以我们说，指示语形态在具体话语中并不局限于经典指示范畴所涉及的那些语言形式（主要是语境敏感的词汇——指示代词、人称代词、时间副词、名词、动词、介词、短语、习语、敬语、谚语等）以及非言语的手势、头部转向示意、视线转移加有声手段等，在特殊情况下，说话者、写作者完全可以选用非指示的相似和象征等来激活语境联想，服务于话语的信息表达，以及言语行为效果的实现。

## 2.6 文化指示方式

　　话语的文化指示，指的是根据情境需要（意向、期待等），话语中的某些成分或话语整体、会话结构体等，对特定文化语境信息的激活、关联或调用，以引起听话者、读者、解释者对话语与文化特定关联的注意，指定话语的理解框架或参照，提升话语的合适条件和功能释放的境界等。文化指示比一般的社交情境或社会语境指示更为复杂和曲折，因为，正如"冰山理论"（Hall，1976）所示，文化的大部分信息多处于隐含的状态，且文化也有高低语境之类别，同一文化共同体内部，个人对文化的认同感、认同度不一样，呈现出性别差异、辈分差异、年龄差异、群组差异、地域差异等，同样，高低语境（即说话时对语境的依赖程度）的区域划分也不一样，比如，尽管我们说美国文化总体上算是一种低语境文化，但是，美国的东西部、中南部、北部在高低依赖度上也不一样；更进一步说，文化的主流意识尽管有其相对一致的构成（共同意识层——理想、信念、价值观、态度，互动意识层——原则、规则、规范、程式），但这里面的诸多方面相互连接、相互印证，很难区分开来，而且，像美国这样的多元化的社会，尽管人们都在无意识地（习惯地）信奉着、遵守着、践行着这些文化设定（cultural assumptions/presumptions 先设），可是，很多人却并不认为这些东西是一成不变的，有的人甚至否认其存在。美国人也常常把某些信念（信条），如自由、民主、平等挂在嘴边上，可是真的遇到实际情况，有时候就会让人感到他们不过是说说而已（lip-service）。因此，有效地讨论文化指示，需要考虑各种复杂的情况，并开放眼界，观察不同话语层次，看看在意向信息、互动信息释放的同时，是否可以找出有意识的文化指向。为此，我们必须对一般指示范畴中的某些文化敏感事项进行文化加载，以获得文化指示方式的系统范畴和解释工具。因此，文化指示方式涉的其实是一整套的范畴，其中包括指什么、怎么指和为什么这么指的问题。

### 2.6.1 话语的文化取向（cultural orientation）

话语的文化取向，是文化指示的理据性所在，它指的是说话者通过话语及其行为特征寄予的、显著的文化倾向性，它将听话者或解释者的注意导向了特定的文化信息集，使文化解释成为唯一可以接受的解释选项。比如：

例 17：

An Ivy League-educated hedge fund guru dodged a long jail term Wednesday in a plea bargain deal for downloading child pornography onto his home computer.

（Jacobs, Mcshane, 2013）

在这则报道话语中，Ivy League-educated（受常青藤联盟学校教育的）不仅仅是指这个大佬的教育背景，更重要的是它的文化蕴含，我们知道，美国的常青藤联盟大学招收的是社会的精英子弟，培养出来的也是社会的精英，是美国文化价值——主流文化价值的代表，也应该是道德楷模，可就是这样的学校培养出来的一个经营对冲基金公司的大佬,居然在家里偷偷下载令人不堪入目的儿童色情录像（警方在他的个人电脑上查到了 10 段色情录像），不仅说明该"正人君子"的趣味如何之低下，更是警示人们美国社会世风日下的严重程度，突显报道者对社会现象的文化关切。话语的文化指向显然和话语中的某些文化高敏单位有关，而这些单位虽然自身也有一定的解释，但是比起对文化语境的激活来，其固有的解释（规约意义）只是激活文化联想的手段，像这样的手段，有时是显性的，有时是隐性的，只能在话语所处的会话之中看出来，但无论如何，它们能锁定文化语境，并使之成为话语及行为的必要支撑，从而凸显出话语、说话人、言语行为的文化取向。

### 2.6.2 文化的主体性与指示中心

话语的指示中心，就是话语指示的圆心或出发点，是说写者认识和解读话语语境的起点和终点。在这里，说话者/写作者怎样自我设定自己的角色和地位，决定自己的立场和视角，合适地掌控自身的心理信息（情感、态度、期望、信念、价值等），都会体现在指示中心的话语功能体上面。从文化层面上讲，说话者优先设定的是自身的文化身份，进而获得文化主体性，并将这种主体性按文化心理间距的不同分配到听话者/阅读者，构成一个文化主体连接或网络，使文化认同成为话语言外之力的强力推进器，使话语的语境效果得以确保。

例 18：

"It's nice to be a woman, and it's nice to be an Asian." Meng told National Journal before last year's election. "But what's **more important** is what I can bring back to **my** district."

（Camia, 2013）

这段话语中的说话者一位亚裔美国妇女，而且也是一位国会议员（代表纽约州），在她被抢劫之后，庆幸自己并无大碍。报道者引述她胜选之前的话语。透过"my district"（我的选区——纽约的皇后区 Queens——亚裔移民聚居的区域）流露出自己对美国的高度文化认同，（更为重要的是，我将何以回报我的选区），因为，她认为自己的女性身份（个人）和亚裔（族群）身份虽然都不错（挺自豪），可她所属的这片美国土壤（选区和民众）更为重要，因为这是她的文化身份所在（美国公民）。在胜选之前，她这样说无疑会赢得选民的极大好感。我们可以看出，my 作为一个物主代词，在一般情境下并不会产生特殊含义，可当它和话语中涉及文化敏感成分（选区、选民）相结合的时候，就会构成特殊的文化指示，指向社会使命感背后的文化认同感，文化的主体性——主人翁的情怀油然而生。下面一例则是从反面指向妇女的文化主体性（身份意识）：

例 19：

"Even being **on the other side of the table**, the one writing the checks, I still don't get the same eye contact from guys." she said. "They'll talk to my (male) co-founder and answer his questions, and sometimes not look at me, and not realize that I can say no to this deal."

（Carpenter, 2013）

这里的"坐在桌子那一边，写支票的人指的是她的现实职位"，这是就工作空间而言，隐含的是说话者的地位意识（应该受到重视），可是由于她是女人，来谈生意的人包括下属都不正眼瞧她，只回答男合伙人的提问，暗示妇女从属的、不受尊敬的文化地位。说写者高度认同文化信念、价值、理想和态度，并依照文化设定的原则、规则、规程等说话行事，确立了自己的文化指示中心地位，同时也在具体情境中设立了与听话者、读者、指示对象的文化心理间距，这种心理间距反过来作用于话语的行为信息，确定指示文化语境的形式。

### 2.6.3 文化时空

文化时空指的是加载到物理时空特征（时间、地点、处所、方位、动向、位移、变化路径、距离、区域、核心、边缘等）之上的、与人的（说话人的、谈论对象的、听话人）情境状况相关的文化信息，可以把这些信息特征称为"文化信息的时空关联"。比如，时间对于美国人很重要，它是个人财产，可以用于交换，时间的稀缺和紧迫感都是工业化、资本主义的生产方式、竞争等造成的，所以人们有计划时间、对时间进行精确分割的习惯（把特定时间段和特定活动相结合，精确到分秒）。同样，空间对美国人的意义不仅仅是地大物博，空间与人际关系密切相连，人际关系为互动类型所界定，因此，美国人有亲密空间、个人空间、社交空间和公共空间，每个空间都是以人们彼此间距大小来标注。因此，当话语中某些时间或空间信息被指示时，特定的文化意义、价值和效果就会显现出来。

例 20：

Professors take to social media with blogs like 'Holes At Hunter' and 'Classrooms of Shame' to reveal not-so-pretty college facilities. "I think it's shameful that the wealthiest country in the world is allowing its institutions of higher [education] to crumble." Kelsky says.

（Dame, 2013）

这是一则关于美国名校"亨特学院"的教室破败不堪的报道，教授们利用推特曝光了那些充满洞洞眼眼和废纸填塞其中的教室，认为是让人丢脸（羞耻）的教室，想象世界上最富有的国家居然还能容忍在自己的高校里出现如此不和谐的图景，有损国家形象。在这里，教室的破陋是一种物理现象（年久失修），当它获得文化心理赋值（投射）以后，就是具有文化影响力的空间形式，因此，它会引起师生们的文化心理失衡。有趣的是，教授们选择了社交媒体，而不是面对面的社交空间来发声，说明美国教授与学校当局之心理空间的狭窄与微妙。美国的《芝加哥论坛报》有一专栏，名为"Moving on up"，专门讲述那些通过自己的努力，获得更高的平台和更大的展示自我机会的人们的故事。这一组合很有文化指向性，首先是"moving"指向的是美国人文化特性"流动性/变动性"，因为在美国，绝大多数人都会为了实现自己的梦想，或因工作需要而不断变换自己的居住地；其二、即便是在同一间公司，也有不断的升迁或调动，很少有人在一个位置上终老一生，所以就有了"moving on"（继续流动/不断变化），更为重要的是第三个词"up"（向上），这是一个空间副词，指向空间中的向上位移，显然涉及的并不是指单纯的空间易位，更重要的是一种具有文化取向的社会地位升迁和财富状况、声誉的向上提升，报道这些人的事迹是为了激励更多的人看到希望，奋发向上，从而推动社会繁荣、文明进步，从而体现了美国社会的主流意识（价值取向）。文化空间其实也是一种心理空间，其中包含着特定民族和人民对空间位置和变化的态度——容忍、偏好和避讳。比如，关于升迁与下台（stepping down），美国人看得比较自然，而在某些文化中，"上台"被偏好，"下台"被避讳。因此，当提到或涉及下台时，常常也伴随着文化态度的变化，也就是文化心理空间的位置变化。

文化时空是一个十分庞大的系统或连续统，它是围绕主体的社会活动、交往、言行而聚焦的或展开的时空—文化连接。空间上的任何节点、时间上的任何划分，只要和文化主体的活动和存在发生关系，就会获得文化的赋值和解读。比如人际距离与隐私、领地、冒犯、规矩、礼节、话题的可接受性这些文化敏感的事项相连接，构成北美（包括美国人）独有的体位意识（proximal awareness），因此，频繁的身体接触只会出现在亲密间距（intimate distance）的人们（亲人、恋人、密友）之间，如果彼此之间只是朋友或一般的个人间距关系，任何一方的主动接触都会令对方不舒服。在时间与行为的关联上，也有较严格的规定，美国人相互见面需要事先预约，顺道访问或突访都会令对方感到无所适从和困扰，因为对方的活动都是经过计划的，或是对方在从事十分私密的事情。笔者在纽约的奥尔巴尼时曾经有一次闲来无事顺访我的朋友本杰明·库贝罗（Benjamin Cubero）的经历，结果他就明确表示了不高兴的心情，说我事先没有预约。

文化时空就像一座大厦，有许多重要的支撑，这些支撑就是文化设定。每个文化成员心中的理想、信念、价值体系、文化态度等，就是这座大厦的重要支柱。有了这些支柱，每个人心里就有了人生的目标、行为的指南、心灵的安定和平和，也有了行为和话语的理据。因此，文化时空不仅仅是特定文化对某些物理、物质特征的优选或偏爱，也是从物质、社会、精神生活中，从一个民族或国度历史演进中形成的精神时空。美国的幅员辽阔、美国人的拓荒精神、西部开发等造就了他们敢于冒险、自信、坚毅、乐观、面向未来、创新、求实、积极进取、乐善好施、豪情万丈的处世态度和民族性格，对理想的追求寓于具体、实际和有效率的行动之中；对自由和平等的追求时常见诸各种媒体对形形色色歧视行径和犯罪的鞭挞。

例 21：

Pre-K teacher Sharon D. Perry Dunnigan sent a letter to parents addressing the dirty clothes and unpleasant smell possessed by some of her students.

（Moran, 2013）

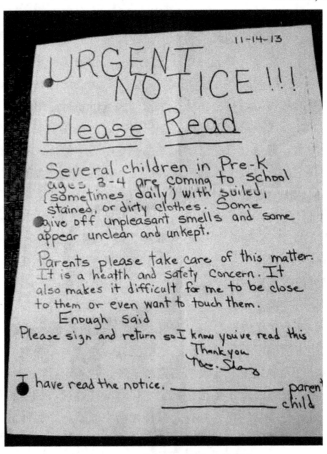

图 2.1　幼儿园老师写给家长的便条

　　这是纽约布法罗城一个幼儿园老师写给家长的便条，抱怨小孩子脏兮兮的外表和发臭的体味，一经报道，立刻引起了社会的群情激愤，因为老师的言行涉嫌"外表歧视"，有违美国追求平等（平等待人）、培养学生（儿童）平等意识的文化精神，所以，老师受到了纪律处分。报道这件事反映出主流信念和价值观对形形色色的歧视行径的零容忍态度。

　　文化时空是一种隐喻的空间概念，它把文化作为一种重要的心理信息空间，所有事关一个民族的生存、生活、发展、变化、文明、进步的那些主导性设定、原则、规则、范式、程式、事实，不管它是物象的还是心象的、具体的还是抽象的存在或衍生，都会获得心理空间的系统和层次化的定位，以及情境化的关联（与特定情境事件及事件解释相联系），文化的权威性、秩序性、生成性、转化性、驱动性和终止性都因为文化时空的存在和运行而获得。

　　文化时空同样也可以具有相对封闭或相对开放的特性。相对封闭的文化时空具有极强的自足性和稳定性，是经长期发展变化而达到的状态，对新的变化的信息引入具有极强的整合力和排斥力；相对开放的时空具有较大的不稳定性和不饱和性，是文化发展中的状态，表现出的特征就是对异样的或外来的新信息采取积极的、广泛接纳和吸收的态度。任何一个文化时空连续体都不具有纯粹的性质。封闭或开放是程度上的特征，也是局部的、而人因时因事而异的。比如，说美国文化具有较大的开放性、美国人心胸比较开阔，这只是一种表面的、笼统的认识。中产阶级的美国人在思想、道德、行为等许多方面也很保守；从地域上看，处于文化交锋比较频繁的西部和东部沿岸城市的人显得比较开放，而中南部的一些州并非如此。所以，当我们说美国人如何如何的时候，讲的只是主流文化意识——文化时空，而并非全部。但是，主流文化时空对解释话语和文化指示的参考价值是显而易见的。

### 2.6.4 文化的偏好与避讳

　　文化的偏好与避讳，涉及一系列的文化事项（言辞、地理方位、

行动、会话的话题、判断人与事的标准、人际关系、信念、特殊的
人物、动物、花草、气味、时间点、社群组织方式、思想观念、态
度，等等）。每一个民族或群体都会在长期历史发展和共同生活经验
基础上凝练出一系列共同偏好的事物、言语表达式、信念和价值等，
同时也会有许多与别的民族不尽相同的避讳（回避的事项、禁忌）。
在美国人的嘴边常常挂着的那些东西：freedom（自由）、vision（眼
界）、hobby（爱好）、privacy（隐私）、interest（兴趣）、great（了不
起）、amazing（令人惊喜）、gorgeous（不得了）、awesome（极好的，
棒极了的）、dialogue（对话）、constructive（建设性）、initiative（动
议）、suggest（建议）、recommend（推荐、建议）等等，反映的就
是这样的偏好。而 politics（政治话题）、宗教话题（公立学校避讳）、
private affairs（私密事项——婚姻、性爱、恋爱、个人财产、私生
活等）在很多情境中都是免谈的。

### 2.6.5　情境事件的文化赋值

文化指示不仅要涉及文化时空的静态特征，更会涉及人际社会
交往、行动和言语。话语中的文化指示，也会涉及对相关情境事件、
或事件中的行动、行动者的文化赋值。换言之，在交往情境中，说话
人首先要对自己和听话者、所及事件和场景进行文化定位。比如，请
了一大桌人吃饭，你得安排座次，谁坐你的左边、谁坐你的右边。圆
桌、方桌、八仙桌、长条桌，各有各的讲究，这与主人对每一个客人
的文化身份、重要性定位有关。言语行为中的动词、形容词、副词、
介词都可能获得文化赋值，从而具备文化指示能力的手段。例如：

例 22：

"If he runs and he's the nominee, I'll try to help him win. I think
the world of him." Clinton said. "I've known him for years and years
and I have a very high opinion of him. I care a great deal about him and
I think he's done a good job for the President and the country."

（Edelman, 2013）

在这段话语中，"run"（奔跑）和 "nominee"（被提名人）早已被美国的民主政治文化赋值，成为竞选和党派提名的标记；而"help…win"（帮助……获胜）也非一般的意义，而是被"造势""助选"所特有；至于 "the world" 和 "for years and years" 则是美国人喜好的夸张手法，强调某个特殊的动作或事态（本处指"我一直想着他"和"我和他相识已久"），和后面的 "a great deal" 一样"虚指"多或大；而 "have a very high opinion of" 也是把一个理念性的事项具体化和空间化（"high"表示高度评价），说明拜登的人品；最后一句话更是竭尽夸奖之能事，本来为总统工作是副总统的本分，但他不仅为总统，更是为这个国家贡献巨大，一下子把拜登捧上了天，这很好地说明了美国人夸奖人时的爽快和大方（民族性）。因此，克林顿的话典型地表征了美国人的文化特性，是对情境特征加以文化赋值的形象化表现。

文化赋值并非随意地加载文化信息，而是对情境中的行为、过程、参与者、参与方式以及其他相关事项中最具代表性或典型性的特征或关系进行凸显，并使之成为专有的情境竞争力的选项。比如，用"run"表示竞选（为某个公职而奔跑），暗示竞选是需要跑路的，穿梭于各选区，遍访各位重要的人士，以赢得他们的支持和投票。文化赋值的结果就是让本来只具有一般情境解释的语言形式获得具有文化意义的关注点，提升其文化重要性和品质。因此，选择某一文化敏感的话语单位就意味着对文化语境的指向或激活，同时也就意味着对话语语境效果期待的文化提升。2009 年，笔者（何刚）在纽约州奥尔巴尼大学洗衣店产生了如下对话：

A: *Do you think you would need* some help?
B: No (pause), but I *appreciate* that.

在本组对话中，第二人虽未接受第一人主动施援，但 appreciate（感激）折射出美国人对他人好意的文化态度，提升了整个言语行为的文化效果。

### 2.6.6　文化身份指向

文化身份指向，是对话语涉及的说话人或听话人进行文化层次上相对关系的指向。说话者往往会根据情境的需要而呈现自己的文化身份，或者重新构建一个合适的文化身份，并以此构拟话语的文化倾向性或姿态。比如，美国人常常说，"as an American, I"（或者说"We Americans"——咱们美国人，作为一个美国人）。请看类似的例子：

例 23：

(Context: One black teen said that he wanted to become president someday Voigt is accused of saying, "We do not need another black president".)

"It's *abusive*. It's the job of *teacher* to enhance the dreams of kids and not to hamper them." Shorter said.

（Clark, 2013）

在这段话语中，说话者提到涉事人的教师身份和职责，那就是要强化和鼓励小孩子们去追逐"美国梦"，而不是去泼冷水。这位教师冲口而出的话"我们有一位黑人总统就够了"有违种族平等的文化精神，他显然忘掉了教育者应有的文化使命（鼓励学生树立远大理想），因此，他受到"停职"（suspension）处分就一点也不冤了。而提到涉事人的文化身份，以及用负面的评论来谈论此事，也显示出说话人对自己作为"合格公民"的身份预设。因此可以说，凡是涉及文化敏感的情境，只要一开口，自设的文化身份就会显露出来，因为话语的基调为身份使然。

### 2.6.7　文化姿态指向

文化姿态（cultural stance）是与说话人的文化身份密切相关的主体信息。确定好文化身份的说话人，一定会通过某种形式体现出自己的文化姿态（认识、情感、教化、亲切等），并因此确定对听话人、指示对象、事件以及相关的其他事项的态度（积极、正面、消极、进取、保守、友好、欢迎、敌视、戒备、敬而远之、反感、对抗、高看、小瞧，等等）。文化姿态和一般姿态不一样的是，它具有强烈的文化标记意义和使命感，它使情境中的人们看到某些更为重要的、高于情境需要的文化属性或需要，有助于提升情境行为的文化品质和能量，比如：

例 24：

(Common Ground: New year, new challenges. 2014 will likely bring more political turmoil and more economic growth.)

BOB: I *couldn't agree more*. I predict the Denver Broncos will win the Super Bowl. But no matter the accuracy of our predictions, I *wish* you and your family a happy and prosperous New Year, *good friend*.

CAL: And a happy 2014 to you, Bob. It's a *pleasure* to find *common ground* on at least some things and to be *your friend and fellow American*.

（Beckel, Thomas, 2013）

从"couldn't agree more"（太同意了）、"wish…a happy and prosperous New Year"（祝新年快乐、万事如意）、"pleasure to find common ground"（找到共同之处）、"to be your friend and fellow American"（作为你的朋友和同胞），可以看出说话者彼此的姿态是一种高于个人意志和情趣的、饱含对国家关切的文化姿态。

### 2.6.8　文化组群指向

文化组群（cultural group），指的是按照一个文化设定或习俗、志趣等形成的社会集合形式。每一个组群的内部成员共享这一套亚文化（sub-culture），并因此和别的组群相区别。在美国社会，文化组群有各种各样的分法，比如，同性恋有男同志（gay）和女同志

（lesbian），有根据外表区分的反传统（如发型）的嬉皮士（hippies）、雅皮士、朋克等，也有根据性别形成的俱乐部，如男人俱乐部、女人俱乐部，基督教男青年会（YMCA）和基督教女青年会（YWCA）；社会关系以志趣和爱好为基础构成的族群朋友、伙伴、竞争对手、政治敌人、情敌等，又进一步被隐喻地延伸至党派以及国际关系，构成跨党派的关系、跨国度的关系，如美日同盟、战略伙伴、美中对手、美朝敌对关系等。美国人处处想当老大，所以对"leadership"（领导者）特别在意，并努力追求和保持。在日常生活中，这种意识常常会见诸话语之中，以人称指示加以体现，比如，"we-us-our"肯定是指和说话者同一组群，而"they-them-their"则指向异己的组群，比如"us-guys"和"them-guys"指向的是文化心理巨大的差异。除此之外，"insider"（局内人）和"outsider"（局外人）指向的也是这种组群意识。比如：

例 25：

…He didn't understand the culture. Cher and I weren't *hippies*; we weren't *even close*. We didn't *do drugs*. we didn't *drink* we weren't *protest singers*. However, we did identify with everything that the sixties youth culture represented.

（Bono, 1991: 127）

在这段自述性话语中，我们看到了几个指示性名词、动词和词组，指向 20 世纪 60 年代美国大众文化中风靡一时的嬉皮士做派：吸毒、酗酒、唱抗争性歌曲等（斜体部分）。这是一种反传统文化异动，聚集了一大批不愿循规蹈矩的美国年轻人，形成了一个颇有声势的文化潮流。美国文化是一种充满变化和活力的文化，随着某种思潮的兴起，就会有新的文化组群出现，指向这些组群的语言形式也就会应运而生，比如，volunteers（志愿者）、environmentalists（环保主义者）、fans（歌迷、球迷）、DINK（志愿放弃生育的夫妇）、single-moms（独身母亲），等等。

### 2.6.9　生活方式指向（pointing to ways of life）

生活方式是文化的根本内容，衣食住行、彼此交往、社会关联、生产、非配、消费，等等，都属于这个大的文化范畴。美国文化的活力体现在各种具体方式生的更新和创造，因此，指向这些方式的语言形式也是层出不求，如，coffee break（工作间歇）、direct-sale（直销）、net-shopping（网购）、window-shopping（逛店）、pedestrian street（步行街）、CBD（中心商业区）、blogging（微博）、AA 制（Go Dutch，一起吃完、共同分担付账）。在日常话语中美国人也经常谈论自己的生活方式：

例 26：

"It's the *hunting* and *fishing* life that appeals to me." L. J. said, "and I'd say that hasn't changed at all. I go *deer-hunting* and *duck-hunting—*"

(Kuralt, 1995: 23)

这是一段谈论美国新奥尔良居民生活方式的话语。可以看出，"打猎（hunting）""捕鱼（fishing）"甚至"钓虾（*shrimping*）"，都是本地人们赖以生存的方式。

### 2.6.10　文化意识指示

文化意识指示（pointing to or indicating culture-specific ideologies）主要指向示意文化心理信息（cultural mentality），指向每一个群体、社会或民族在自身的生存与繁衍过程中凝聚成的一整套用于指引、指导、操控、制约该共同体成员生活、交往、社会合作和发展的共识（意识形态）。这种意识形态可以分成两个层面：（1）深层的核心意识；（2）社会交往及个人行为意识。第一层包含理想、信念、价值系统和态度，是非个人却又体现于个人思想和行为的集体意识，文化的认同感就包含着对深层文化意识的内在化和同意；第二层包含个人行为准则，人际社交的原则、规则、规范、礼仪等，从显在的层面体现深层文化意识。文化意识在人际交往和个人行为中总体呈无意识状态，也就是英国学者卡西亚·M. 雅旭尔特（K. M. Jaszczolt）所称的"默认文化语义"（cultural default semantics）。但当直接语境（情境）需要文化意识强势介入，当交往受阻或其中一方犯规的时候，话语中就会涌现相关的文化信息，也就是说，语言对文化意识的指向或示意（弱指向——提示或暗示）就会发生；文化优选的互动模式也会起到规范个体行为的作用。比如：

例 27：

（Madonna's 13-year-old son, Rocco, was recently snapped proudly holding a bottle of liquor.）

"…But no worries." says Madonna, "it's just a joke!" "No one was drinking we were just having fun! Calm down and get a sense of humor!" she wrote in a subsequent Instagram caption. "Don't start the year off with judgement!"

（Clark, 2014）

稍有一点美国经历的人都知道，美国社会对未成年人的保护意识很强，所以，当网上出现麦当娜 13 岁的儿子罗科高举着一瓶酒显摆的时候，立即引发了众多的非议。好在麦当娜出来解释，说这只是一个玩笑，小孩子并未酗酒（drinking alcohol），才让人们释然。美国人，尤其是酒品销售商（Wines & Liquors）尤其小心谨慎，对前来买酒的人，常常要求出示官方颁发的身份证件，以了解其出生日期（DOB, Date of Birth），因为把酒精类饮品卖给 21 岁以下的未成年人是违法的，销售方会受到惩罚（《美国文化的 101 个特征之 14》来源密歇根大学官网：www.umich.edu）。这反映了美国公民的"遵纪守法"意识，而这种意识也是重要的文化意识。

例 28：

"I don't think it's rude, but I do think it's a little ... *different*."
Lizzie Post, great-great-granddaughter of Emily Post, told the
*Washington Post*.

"I've never seen it said straight out. That is definitely *new*." said
Washington area party planner Andre Wells.

（Larson, 2014）

文化意识包含着主流社会对特定事物的看法、习惯或偏好。"求异"和"求新"是相当典型的美国人文化心态。所以，话语中一旦出现这些信息敏感的语汇（different, new），就会激活人们的文化联想，引起亲文化反应。米歇尔作为第一夫人要庆祝自己的 50 岁生日，自然要请亲朋好友来白宫一聚。按照常情，她应该招待客人吃饭，可是她又不想为了准备吃的烦心，所以她干脆让客人们吃了饭再来白宫。这显然有悖常情，可是，人们好像并不很介意，反倒认为这并不失礼，只是稍有不同罢了。以前从未见有人这么直白，这绝对具有新意。可见，对不同方式的理解和'新'解通过敏感词汇得到指示，折射出美国人的文化态度和处事方式意识。

## 结语

本章的要点是对文化语境的指示方式进行比较系统的研究。根据语用学关于指示语的一般理论，指示语作为语言对语用环境——语境的索引（indexing），是从指示中心出发，对指示对象以及话语所涉及的听者以及可能的第三方进行的符码化（encoding），是语境信息进入话语结构及话语整体信息的通道。什么样的语境信息会进入话语结构或成为话语信息的参项，与作为指示中心的说写者认知有很大的关系。与说写者的主观状态（自我定位、自我意识、意向形态、期待）、对相关主体（听读者、大众）、对涉及的对象（物质的、精神的、心理的、社会的、文化的、现实的、虚拟的）的理解和解读（看法、视角、立场、姿态）有密切的关系。语境信息是以话语为焦点、通过特定的方式（指示-指向、明指、暗示、关联）——语言的、非言语的、混合的、综合的表达形式——获得相关信息的统称。指示的具体形式随着语境的信息浓度、强度、明晰度等的变化而变化。从语境形态而言，我们可以依据相关信息的稳定度/灵活度，对个人、集体、社团、文化的重要性程度、影响力广度和持续度，区分出一般社交情境（即刻语境）、社会语境、文化语境、跨文化语境以及虚拟语境。

文化语境是一种独特的语境形态，尽管它和其他的语境形态存在着千丝万缕的联系，但是其稳定程度，对个人、社会的影响力度和持续度都是其他语境无法比拟的。每一种文化的基本设定（fundamental assumptions）持续成百上千年，影响千秋万代，仍然指导着人们的思想、行为、人际交往、说话做事。比如，中国人相信"天人合一"的世界观，"久合必分、久分必合""礼之用、和为贵""和气生财""家和万事兴""退一步海阔天空""稳定"、平稳、稳重、持重、谨慎、小心（小心驶得万年船）。这些信念、价值和态度在中华儿女的意识中根深蒂固，成了一种文化心理形态，遇到冲突和突发事件，自然就会用这些信息去思考和判别，做出决定。对于美国人而言，虽然他们的文化并不具有很长的历史，但是，他们把欧洲的资产阶级革命的思想和文化与对美国的自然状况的理解相结合，产生了一整套理想、信念、价值观和态度，无论你来自何方，只要你想成为美国人，你的说话做事的方式和途径，原则上都必须符合这一套系统的设定，因为只有这样，你才能够不断地融入主流社会，并不断地持续向上流动（upward mobility）。有人说，美国文化是一种多元文化，的确如此，有各种各样的文化样式和形态，但是，几乎没有一个人会否认主流意识形态的存在和持续地影响社会的走向。有一个形象的比喻，把美国文化比作一个"沙拉碗"（salad bowl），其中各种各样的文化就像碗中的各种蔬菜，而主流文化就是这些菜上面的调味酱（沙拉酱），具有支配和控制整个社会运行、人际交往、言语交际的作用。我们研究当代美国英语的文化语境指示方式，必然选择主流文化作为我们的语境模型和解释参照，因为其他文化样式是从特定角度映射主流文化的某些方面，或是对它的反叛，但无论这些文化样式产生多大变化（比如大众文化），至多在某些方面影响主流文化，却不会导致文化的总体失衡。这是我们必须清楚认识的一点，否则，面对林林总总的美国社会表象以及话语表现，我们就会无从入手。

美国文化的特殊性也是值得一说的。必须认识到，尽管很多现象现在看来都是普遍的了，可是它们很多源自美国，有很多设定也是美国人率先提出来的，具有原始创新性，其他文化要么借鉴，要么照搬，但不会影响它们作为美国的文化特质。比如，个人主义虽然不是美国发明的，在其他文化也可以找到踪迹，但是是美国人首先把它提升到了文化的高度，使之成为社会建立和发展的基础，人人平等、个人财产、个人权利、个人隐私等理念也是美国人把它们推到了极致，并得到法律的保障。因此，美国人最乐于把这些东西挂在嘴边，对这些东西也特别敏感。这为我们研究话语的文化指向提供了有利条件。

文化指示是通过语言形式直接或相关地激活文化联想的方式。它涉及说写者的文化身份、姿态，也涉及情境信息点的文化敏感性、价值和语境效果；它可以引起听读者对特定文化特征的注意，也可能包含着某种具有文化意义的意向（culture-sensitive intention），而其根本的重要性在于，它使话语获得了文化的合理性、合适性及有效性基础。因此，考察话语的文化指示，首先要考察它的文化取向性（cultural orientation）：每一个文化指向的话语必然包含着特定的文化取向，这是我们的考察文化指示方式的基础和出发点。

# 参考文献

Assimakopoulos, S. Context selection in Relevance Theory[A]. Blochowiak, J., et al. *Formal Models in the Study of Language: Applications in Interdisciplinary Contexts*. Berlin: Springer, 2017: 221-242.

Beckel, B., Thomas, C. Common Ground: New year, new challenges [EB/OL]. [2013-12-31]. USA Today, https://www.usatoday.com/story/opinion/2013/12/31/new-year-predictions-obama-gop-economy-column/4267195.

Bonner, J. L. Idaho teen loses cancer fight after delivering son[EB/OL]. [2011-12-28]. NBC News, https://www.nbcnews.com/health/health-news/idaho-teen-loses-cancer-fight-after-delivering-son-flna1C9452298.

Bono, S. *And the beat goes on*[M]. New York: Pocket Books, 1991.

Camia, C. N.Y. congresswoman OK after being robbed[EB/OL]. [2013-11-20]. USA Today, https://www.usatoday.com/story/news/ politics/2013/11/20/grace-meng-congress-robbed-capitol-hill/3655735.

Clark, C. Madonna posts photo of son Rocco, 13, with liquor bottle[EB/OL]. [2014-01-06]. USA Today, https://www.usatoday.com/ story/life/people/2014/01/06/madonna-posts-photo-of-son-rocco-with-liquor-bottle/4341881/.

Clark, M. D. Ohio teacher suspended indefinitely for racist comment[EB/OL]. [2013-12-30]. USA Today, https://www.usatoday.com/story/news/nation/2013/ 12/30/teacher-racism-suspension/4251775.

Collier J. L., Collier C. *With Every Drop of Blood*[M]. New York: Laurel Leaf, 1996.

Dame, J. Students, professors highlight 'Classrooms of Shame'[EB/OL]. [2013-11-23]. USA Today, https://www.usatoday. com/story/news/nation/2013/11/23/classrooms-of-shame/3680413/.

Davidse, K., Vandelanotte, L., Cuyckens, H. *Subjectification, Intersubjectification and Grammaticalization*[M]. Berlin & New York: Mouton de Gruyter, 2010.

Davis, S., Jackson, D. Congress in 'fluid' talks with Obama to end shutdown[EB/OL]. [2013-10-11]. USA Today, https://www.usatoday. com/story/news/politics/2013/10/11/obama-senate-republicans-government-shutdown-debt-ce iling/2965563.

Dey, A., Abowd, G. Towards a Better Understanding of Context and Context Awareness[A]. Gellersen, H. W. *Proceedings of the 1st international symposium on Handheld and Ubiquitous Computing*. New York, 2000: 304-307.

Duranti, A., Goodwin, C. *Rethinking Context: Language as an Interactive Phenomenon*[M]. Cambridge: Cambridge University Press, 1992.

Dylgjeri, A., Kazazi, L. Dexis in Modern Linguistics and Outside[J]. *Academic Journal of Interdisciplinary Studies*, 2013, 2(4): 87-96.

Edelman, A. Bill Clinton would support a Joe Biden 2016 presidential bid—if he won the nomination [EB/OL]. [2013-12-04]. New York Daily News, https://w ww.nydailynews.com/news/politics/ bill-clinton-support-joe-biden-2016-presidential-b id-won-nomination-article-1.1537207.

Garfinkel, H. *Studies in Ethnomethodology*[M]. Englewood: Prentice Hall, 1967.

Gerth, J., Natta D. V. Jr. *Her Way: The Hopes and Ambitions of Hillary Rodham Clinton*[M]. Boston: Back Bay Books, 2008.

Goodwin, M. H. *He-Said-She-Said: Talk as Social Organization among Black Children*[M]. Bloomington: Indiana University Press, 1990.

Gregory, T. Illinois' new speed limit law hits bump in road [EB/OL]. [2013-10-19]. Chicago Tribune, https://www.chicago tribune. com/news/ct-xpm-2013-10-19-ct-met-speed-limit-confusion-20131019-story.

Hall, E. T. *Beyond Culture*[M]. New York: Doubleday, 1976.

Harper, J. Romney calls ObamaCare a 'frustrating embarrassment' [EB/OL]. [2013-10-31]. The Washington Times, https://www.washing tontimes.com/blog/watercooler/2013/oct/31/romney-calls-obamacare-frustrating-embarrassment.

Jacobs, S., Mcshane, L Hedge fund guru Ezra Zask pleads guilty to possession of child porn[EB/OL]. [2013-11-30]. New York Daily News, https://www.nydaily

news.com/new-york/hedge-fund-guru-ezra- zask-pleads-guilty-child-porn-possessi on-article-1.1523339.

Jaszczolt, K. M. *Default Semantics*[M]. Oxford: Oxford University Press, 2006.

Kennedy, K., Swartz, J., Davis, S. Google veteran brought in as part of health website fix[EB/OL]. [2013-10-31]. USA Today, https://www.usatoday.com/story/news/nation/2013/10/31/hhs-google-healthcaregov-fix-effort/3327513.

Kuralt, C. *Charles Kuralt's America*[M], New York: Simon & Schuster, 1995.

Kuruvilla, C. The prison guards filmed me naked: Washington state women complain about holding cell surveillance[EB/OL]. [2013-10-19]. New York Daily News, https://www.nydailynews.com/ news/national/prison-guards-filmed-naked-washington-state-lawsuit-article-1.1490623.

Larson, L. Guests asked to eat BEFORE Michelle Obama's 50th birthday party[EB/OL]. [2014-01-07]. New York Daily News, https://www.nydailynews.com/news/politics/dinner-won-served-michelle-obama-birthday-article-1.1568422.

Lee, K. A. Rep, A. Don Young apologizes for referring to 'wetbacks' on father's ranch, says there was 'no malice in my heart'[EB/OL] [2013-3-29]. New York Daily News, https://www. nydailynews.com/news/politics/gop-congressman-refers-wetbacks-father-ranch-article-1.1302370.

Levinson, S. C. *Pragmatics*[M]. Cambridge: Cambridge University Press, 1983.

Lyons, J. *Linguistic Semantics: An Introduction*[M]. Cambridge: Cambridge University Press, 1995.

Mandell, N. FAU student snaps during lecture on evolution[EB/OL]. [2012-03-21]. New York Daily News, https://www.nydailynews.com/news/national/fau-student-snaps-lecture-evolution-article-1.1048210.

Moran, L. Buffalo teacher sends note to parents regarding smelly kids, dirty clothes[EB/OL]. [2013-11-26]. New York Daily News, https://www.nydailynews.com/news/national/teacher-complains-parents-smelly-kids-article-1.1529291.

Obama, B. *The Audacity of Hope: Thoughts on Reclaiming the American*

*Dream*［M］. New York: Vintage, 2006.

Reich, R. *Locked in the Cabinet*［M］. New York: Vintage, 2013.

Slattery, D., Mcshane, L. Rev. Al Sharpton slams Mayor Bloomberg for saying stop-and-frisk stops too many whites［EB/OL］. ［2013-06-29］. New York Daily News, https://www.Nydailynews.com/new-york/sharpton-rips-bloomberg-stop-and-frisk-remark-article-1.1385931.

Traugott, E. C. (Inter)subjectivity and (Inter)subjectification: A reassessment［A］. Davidse, K., Vandelanotte, L., Cuyckens, H. *Subjectification, Intersubjectification and Grammaticalization*. Berlin & New York: Mouton de Gruyter, 2010: 29-71.

何刚. 话语、社交、文化——文化驱动的社会语用视角［J］. 外语教学理论与实践，2011（3）：35-41，74.

何刚. 文化指示方式的解释——以当代美国英语话语为例［J］. 浙江大学学报（人文社会科学版），2014，44（6）：174-184.

# 第 3 章　美国文化及美国话语的
## 文化语境

## 引言

上一章我们主要从形式、语境形态和功能等方面对指示方式进行了定义的解释；语用学对指示语的研究不仅涉及语境，也涉及语言形式、说话者的意向、注意等主客观方面的信息。谈到文化指示方式，首先就要对它所对应的美国文化语境进行比较详细和系统的了解。文化语境既有表层的物质文化信息，也有行为与互动操作平面的浅层文化规范（范式）信息，更有深层的文化心理（核心意识形态）信息。本章的出发点就是从美国文化概貌的角度来观察美国文化都提供给了我们哪些可以转成话语文化语境的信息集成。

## 3.1 美国文化

谈到美国文化，可能有各种各样的解读。美国文化是全体美国人民在共同生活基础上形成的、彼此共享、不断传承和创新的、与外界不断交流的、相对稳固的信息或知识系统。我们这里讲的美国文化既是一个大的信息系统，包含美国各族裔、人群、阶层、代际都较为认同的系统，同时又是一个主流的信息系统，涉及主流社会认同的、适合于社会生活各方面的核心设定系统。以这个系统为参照，我们可以理解美国人的日常话语、交往模式、思维形态等。

### 3.1.1 文化的语境类型："高语境"和"低语境"

美国文化人类学家霍尔（1990：121）根据符号传递信息和语境的关系，把人类文化分为高语境文化与低语境文化（High-and-Low context）两个类别，在《超越文化》一书中他指出："高语境文化中的交流突出按预定程序传输的信息，这样的信息储存在受信者自身及其背景之中，信息表达式中只包含极少量信息；低语境文化的交流则与之相反：大多数的信息必须包含在明确传达的信息之中，以弥补环境中缺失的信息（包括人体内和人体外的信息）"。霍尔所说的"按预定程序传输的信息"，实际上是指各种不成文的规范、价值观、仪式、非言语行为及背景。在语境依赖度高的交流中，交流各方通常不直接说明自己的想法，而是借助这些信息来表达，语言中包含的实际意义较少。相比之下，语境依赖度低的交流主要依靠逻辑、推理、思维和语言表达，是一种直接的、外在的言语交流。在古德肯斯特（Gudykunst，1984）对世界上 12 种文化的低、高语境所做的排序中，中国文化和美国文化分别属于高语境文化和低语境依存文化。

如上所述，假如中美国民交流，双方往往会因为不同的文化背景运用不同的策略、不同的会话机制。美国人认为"正确"的会话方式应是先阐明论点，引导听者沿着谈话的总体方向前进。"在英语会话中，应该先提出观点，然后解释，或者先提出观点，再提供相关的背景知识"（转引自 Young，1994：34）。同时，美国人认为内在的感觉是不能"意会"的，只能"言传"和讨论。在谈话中，"观点必须充分明确提出来并进行逻辑论证；要用明晰、肯定的词语进一步分清自己与别人的界限"（Young，1994：48），因而美国人相信必须表达自己的观点。美国人在谈话中还非常注重"逻辑论证"，通过归纳或演绎得出结论。如果不下定论，讨论就没有力度。而中国人喜欢"层层铺垫"，一般先不提出自己的看法，"只有先用一大堆相关的细节进行详细解释后才提出自己的要求"（Young，1982：80）。事实上，中国人认为大量的背景知识可提供一个视角或方向，引导听者理解说话人所说的不仅是合理的，而且是必要的。层层铺垫保证听者完全理解整个事件，使自己的观点不至于伤别人的面子或丢自己的面子。此外，直觉在中国人的人际交往中具有重要作用，中国人认为内心的感觉可以意会，不需要也不能够言传（Kim，1985：405）。特别是对于那些容易使人丢面子的观点和判断，他们只稍做暗示而不公开声明（转引自 Young，1994：161）。听者则须根据直觉摒弃表面意思，理解言外之意。中国人谈话的另一显著特点是不下定论。中国人认为多方面讨论问题表明可以多方面、多层次地理解这个问题。多视角讨论还表明说话者不是以自我为中心，同时说明他有广博而精深的知识，能把某个局部观点与整体结合起来。不下定论则避免伤别人的面子，因为如果得出的结论刚好跟别人的观点相反，那就可能被看作对别人的人身攻击。

　　双方不同的会话策略常常导致两国人在交流过程中互相误解。美国人认为中国人的层层铺垫是啰唆重复、拐弯抹角；其暗示不够清晰；而不下定论是模棱两可。中国人则认为美国人"开门见山"是过于唐突；观点明确是粗鲁、伤面子；下定论则是"咄咄逼人"。这种误解使双方交流难以顺利进行，甚至引发交际冲突。

　　中美两国人在实际的言语交流过程中出现的文化冲突，是中国高语境文化和美国低语境文化不同特征的具体体现，但这并不意味着冲突是无法解决的，恰恰相反，许多冲突是完全可以避免的。减少文化冲突的一个重要途径就是增强跨文化意识，做多元文化人。要做到这一点首先必须超越自己文化的遗产，进入别人的文化（Harris & Moran，1979：55-68），也就是说要了解其他国家的文化。

　　说到美国文化的低语境属性，很容易给人一种错觉，好像美国文化不分东西南北，同属于低语境。其实不然，根据新近的一项观察，美国的很多州同属于高语境文化区，而另一些州则是人们熟知的低语境文化州。

## 3.1.2　美国文化概览

　　美国的历史虽然短暂，但其文化源远流长。它根植于古代希腊一罗马文化、基督教文化、英国文化传统和法国启蒙思想。美国文化最初是移植文化。美国的前身是英国自 17 世纪初在北美大西洋沿岸先后建立的 13 个殖民地。英国在当时是世界上最发达的国家之一，因而美国的经济和文化发展的起点较高。美国文化虽然"起源于盎格鲁-撒克逊文化体系，但又决不是这种文化体系的简单延伸，也不是欧洲文明与美洲荒原文化的相加，而是在开拓一个新大陆过程中逐渐形成的有别于他国的独特文化"（刘长敏，1998）。

　　对于许多美国人而言，似乎没有像其他国家的人民那样享有一种统一的文化，因为美国社会的构成是一种多元成分的相互并存。多元性是美国文化的显著特性。那么多元之上有没有某种共同的东西呢？有一个比喻可以说明问题。有美国人把自己的国家和社会比作一个"沙拉碗"，碗里盛着的就是各个族裔（欧洲裔、非洲裔、拉美西班牙裔、亚裔）、各个阶层（上上层、上层、中上层、中层、中下层、下层）、各种人群（宗教信众、男人、女人、男同性恋者、女同性恋者、变性人）、各个年龄段（老人、壮年人、青年人、少年、儿童）及各种志趣（笔友、网友、社团成员、俱乐部成员），而在这些巨大的差异性之上，有一层沙拉酱把它们统统装点（dressing）起来，使美国文化呈现出斑斓色彩，却又不失其整体性。那么这一层沙拉酱是什么？它就是把美国人标记为美国人的一整套心理层面、意识层面的设定：理想、理念、信念、价值观、态度等，以及受这些设定作用而产生的社会制度、人际交往习俗与礼仪、物质形态、艺术作品等。比如，美国人关于人性的设定是：几乎所有的人都想做正确的事情，可一旦有了权，人就会滥用它（Almost all human beings want to do what is right, human beings will abuse power when they have it.—John Harmon McElroy, *American Beliefs*, pp207-219）。这条信念促使美国人建立起一个三权分立、相互制衡、相互监督权力运行过程的社会政治民主制度，从而使程序公平、公正和公开成为可能。从这个例子可以看出超越差异的统一性（unity over diversity）。

　　**理想文化与文化现实**　美国文化的主流意识（理想、理念、信念、价值观、态度、法制精神、新教伦理等）是由那些开国元勋（乔治·华盛顿、托马斯·杰斐逊、约翰·亚当斯、本杰明·弗兰克林、潘恩等）和后来的文化艺术精英们（如爱默森）通过各种文章、文件、宪法等创立的国民意识，标志着全体美国人的生活目标和追求，比如追求幸福（pursuit of happiness）、努力奋斗以获得共同利益（work for the common good）等人生观（主要信念：人人都须劳动，人人都须通过劳动获得回报，体力劳动是值得尊重的）、价值观（成就与成功、科学与技术、实用主义等）。主流意识是一个文化的理想状态，它是把一些人和另外一些人区别开来的主要标志；什么是美国人，美国人不仅仅是一个地理上的概念，还是一个文化精神认同的概念，接受一整套主流文化意识，努力使自己的行为符合主流价值观、社会制度、社会交往方式的要求，使自己的思想和行为与文化的践行者相匹配，才是真正的美国人。然而，理想的文化及其内容在具体的社会实践中会遇到各种各样的问题，因此不得不发生折中。简而言之，允许个性就将威胁到团结、和谐，甚至威胁到更大群体和文化的继续存在。如果每个人都可以想做什么就做什么，那么没有一个国家可以存在下去。美国人最善于打文化"擦边球"，他们有时候明明知道自己没有遵守规则，但还是做了一些事；人们知道他们同伙的期待，可是他们也清楚他们可以接受的是什么结果，因此不会一板一眼地遵从文化的设定。这就是文化现实，美国人享有很多个人自由，但是这种自由须以不伤及他人的自由为限。那么是不是重视现实文化就可以不顾及理想文化了？不管哪一个族群有什么文化，全体文化成员都必须学习理想文化，也必须使他们的真实文化在现实世界中发挥作用。一方面，每个成员都学会了文化的规则和理想，而另一方面，他们也必须知道他们可以而且必须偏离规则或理想的尺度。因此，当我们面对美国任何文化的时候，既需要看到理想的文化是什么，同时又需要从真实的情形出发，以理想文化为参照系，解读真实生活中的文化实践。

**精英文化与大众文化**　所谓精英文化指的是产生或代表文化主流意识的社会活动与文化实践。比如，美国西部以洛杉矶为中心的梦工厂——电影之都好莱坞，东部以纽约为中心的歌剧（百老汇）、音乐、现代艺术、戏剧、小说、传记、体育比赛等；华盛顿哥伦比亚特区的政治文化（选举、两党竞争、三权分立、游行与集会）；纪念与继承的各种国家节日，著名的有独立日焰火表演、纽约梅西百货公司的玫瑰花车巡游（新年）、老兵节、马丁·路德·金日、亡灵纪念日、感恩节等。精英文化的特征是精英云集，又产生精英的思想和理念，体现一个民族、国家、群体所能达到的文化和文明高度。与之相对的是起源于 20 世纪 60—70 年代对精英文化进行反叛或颠覆的、追求个性的大众文化——大众音乐、乡村音乐、摇滚、布鲁斯等。这些形式既包含艺术家的个性、发挥，也激起观众的参与热情，是尽情抒发、发泄、释放、狂欢的形式。

**主流文化与文化的多样性**　最早前往美国的移民具有多样性，这些移民又各自保留着自己来源国的文化传统，因而导致美国文化的多样性。人们讲美国文化时提到的沙拉碗、拼图、织锦毯等别称，实际上说的就是它的多样性。在美国建国初期各种文化融合碰撞的过程中，逐渐产生了主流文化，这与美国早期移民中最多的是来自欧洲的盎格鲁-撒克逊移民分不开。通常人们说的主流文化是 WASP（White, Anglo-Saxon Protestant），即以盎格鲁-撒克逊英格兰清教徒移民的历史文化传统为基础的价值标准和文化，也就是中产阶级文化（Spindler, G. and Spindler, L., 1993）。主流文化是美国文化中具有导向性的文化，在多样性文化里占主导地位。

主流文化着重于自由、个人权利、平等、成功以及流动性。这些又可以进一步表现为美国文化中的主流价值观：1）人生而平等；2）诚实是最佳对策；3）任何人都能通过努力取得成功；4）每个个人都是重要的；5）重要的是人们去做点什么；6）时间宝贵；7）感伤过去是无用的。强调个人与个人主义，尊重个人隐私，重视个人财产及权利，认为成功是个人通过努力可以取得的，所以每个人都可以去追寻自己的"美国梦"。无数人追求"美国梦"获得成功，无论是钢铁大王洛克菲勒还是加州前州长施瓦辛格都是追求"美国梦"成功的例子。"美国梦"与成功紧紧相连，获得成功的人们用豪宅豪车等作为标志，高调宣扬成功。这与中国人的内敛相反，中国人相信财不外露。

　　美国人热爱自由平等，相信"天赋人权"。这里的自由平等并不是随心所欲的自由主义，也不是绝对的平等或平均主义。上面提到过这种自由是以不伤及他人自由为限的，同时要受到法律的制约。在社会生活中，自由显现为不同种族、不同族裔社区的平安相处。总而言之，在美国，每个人基本上可以任意选择不同的观念、信仰、生活方式和传统习惯；人们也可以在相当程度上保持自己的习俗。

　　日常生活中"平等"文化体现在美国人的不拘小节（informality）上。美国人不像英国人那样重视世袭头衔及地位，没有世袭头衔及地位，所以社会等级观念淡薄。上下级、师生等不同级别之间的交往比较轻松，不拘礼节。如前总统奥巴马与同僚在观看中东时局影像并讨论时，坐在了一个非常不起眼的角落里，让中国人大吃一惊。这与中国人的观念是有差异的。但在交际场合中，美国人对自己通过奋斗所获得的职业头衔非常重视。美国人相信大家都是平等的，但实际上在现实中是不平等的。一方面，尽管大多数美国人都相信平等，但基于职业、教育、金钱方面的巨大差异，由他们所取得的成就来决定他们在社会中的地位，这些不可能造就平等。另一方面，由于各种原因，不同人种、不同族裔、不同阶层在争取各种社会资源的竞争中是不平等的，因而不可能做到人人平等。平等是相对的，人们至多是在某些限定条件下尽量争取平等。在保证人们地区迁徙的自由，社会阶层的流动性机制正常的条件下，在一定程度上尽量让人们获得均等的机会，通过自己的奋斗，得到更高的地位，获得更多的社会资源。

　　美国人相信"诚实至上"，喜欢直言不讳。他们倾向直截了当地提出反对意见，把所有不是最直接、最坦白的表达方式视为"不诚实""不真诚"。无论在课堂上，还是平时闲聊，碰到不懂的问题或没听清楚的句子，他们爱刨根问底，弄懂弄通。当然，他们认为如果没有伤及他人，撒一点点谎也是可以接受的。在美国，通过中间人来传话的人会被视为"有控制欲""不值得信任"。

美国人奉行实用主义。在日常生活中最明显的表现是"物以致用"。对一件东西，只求它达到能够满足它正常功用应有的标准，而不重视锦上添花，也不喜欢赶潮流。实用主义还体现在他们喜欢量化一切，如用 GDP 来衡量经济的体量、用一个大学的少数族裔的数字来衡量大学是否注重民族平等。他们还注重事实，喜欢通过实验来验证事实。不喜欢空谈，认为重要的是去做，看做的结果。他们常说"Don't just stand there. Do something"！（别只站着，去干点什么吧！）或"Just do it"（去做吧！），为已经发生的事情悲伤已无任何用处，重要的是现在和将来，因而他们大多很乐观。

美国人有很强的时间观念，在一个竞争激烈的社会，时间就是金钱。准时对他们来说非常重要。

"变化"是美国文化里的一个关键词，许多东西都在变化，虽然被美国人这个群体普遍接受的行为准则的框架并没有太大改变，但有些具体的准则是一直在变化的。如女权运动之前和现在相比，对女性的尊重程度是提高的；又如对待同性恋的态度也是一直在变化的。我们所列的美国人的文化特征，每列出一个，美国人必能找出一个特例来反驳，所以只能说多样性是美国文化最大的特征。

**美国的社会及文化群体**　美国早期的环境是移民众多，分布广泛，信仰各异，政府无力顾及由于快速而多元的移民所造成的众多社会问题和公共事务。为解决这些问题，社会结构逐渐不再是以家庭或血亲关系为主，而是以出现各种标准为主的社会群体，如白人、黑人、棕色人等以种族为标准的群体；或是以性别为标准的男性、女性、异性恋、同性恋群体；或是以族裔为标准的西班牙裔、亚裔群体等；或是有特殊利益的政治、经济、教育、宗教群体等。这些群体在美国社会中为解决社会问题承担着不同的角色，成为美国社会结构和文化结构的基本特征，共同形成美国文化。出现这么多的群体，每个群体有着自己的信条和行为准则，因而不同群体之间为在社会结构里获得更突出的地位会有不可避免的冲突、竞争。这种冲突与竞争的结果并不是我存你亡，而是形成独特的超越差异性的统一。这种超越差异性的统一是美国民主文化带来的结果。早在乘坐"五月花"号来新大陆的移民所签订的《五月花号公约》里就体现了最早的移民们对自由、民主的向往。公约认为民主是与自由及个人主义紧紧相连的，民主是一种生活方式，强调尊重大多数人的意见。公众的意见成为指导人们的思想和行为的唯一准则。民主使得不论个人强弱或团体人数多少，每个人及团体的声音都可以被听见，也使得人们对他人及其他团体持宽容态度（tolerance），对异质文化和不同评议持容忍、可接受的态度。

宗教是所有团体中最特殊的。到 17 世纪中期，已有几万名清教徒移民到了北美。这些清教徒恪守禁欲主义，富有冒险开拓精神，把严格自律的生活、勤勉的工作和对事业成功的不懈追求，视为对自己神圣信仰与职责的检验。清教徒这种为上帝效劳、努力进取、自我奋斗的精神，与后来美国人性格特征的形成有着密切的关系。法国著名学者亚历克西斯·托克维尔（Alexis de Tocqueville）在《论美国的民主》一书中写道："我一到美国，首先引起我注意的，就是宗教在这个国家发生的作用。我在美国逗留的时间越长，越感到这个使我感到新鲜的现象的政治影响强大。"在美国人的观念里，唯有神权可以高于人权，美国宪法虽然规定了宗教势力不能直接干预政治，但是在现实生活中，宗教对政治的影响是潜移默化和无所不在的。美国的国家格言就是 "In God We Trust"（我们信仰上帝），这神圣的誓言被印在每一张纸币、每一枚硬币上。美国国歌之中也有："Praise the Power that hath made and preserved us a nation . And this be our motto: In God is our trust."（建国家，保家乡，感谢上帝的力量。我们信仰上帝。此语永矢不忘。）宗教在美国最重要的作用有两项：一是作为美国人的精神支柱与道德基础；二是为美国社会提供慈善服务。

根据盖洛普和皮尤研究中心所做的调查，美国有 90% 以上的人口信仰宗教。美国有许多宗教，但大多数人信仰基督教。宗教的多样性是文化多样性的一种体现。

任何一个文明都孕育于一个文化观念，价值观则是文化的核心。文化价值观是人们心目中对于万事万物的相对比较固定的、成套的评价、看法或价值评估体系。价值观存在于人们的思想中，能指导人们对周围世界进行思考并使自己采取与之适应的行动。我们所说采取相适应的行动，是因为价值观并不是最终采取行动的目的，而是选择行动的方式和标准。它是不成文的规范和准则。价值观是一切文化的代表，是交际文化的核心内容，其内容牵涉很广，几乎涉及社会生活领域的方方面面（闫文培，2007：88）。一种文化的价值观是长期形成的，而它一旦形成，就指导着人们对行为的选择。作为美国主流文化的价值观源自三个传统：

1）新教传统：自我改善、劳动致富、自我约束和职业道德；

2）边远地区传统：自力更生、创新精神、乐观进取；

3）古典自由主义：个人主义、个人自由、机会均等、政府民治。

美国是个移民的国度，最初主要是来自欧洲的移民。他们在母国受害或为生活所迫，怀着对希望之乡的渴求涌入新大陆，在那里他们根据自己的清教主义信仰寻找新的生活。最初的 13 个殖民地的绝大多数教会都有清教主义的倾向。清教文化提倡勤俭清洁的生活。他们相信，只要辛勤工作就会得到上帝的嘉奖。因此，懒惰的生活方式是不可容忍的。他们认为"上帝的选民"应该是彼此平等的。此外，他们担心任何人都可能犯罪，因此世间的一切权力都应受到某种限制，这种思想对美国文化、美国人的观念产生了深远的影响。有人甚至认为，清教徒的这种教义实际上是美国宪法中有关制约与平衡的条款的思想基石（郑立信，1993：8）。

在此后的美国边疆的西进过程中，西部开拓者原打算将东部的文化模式原样不动地带到西部，但是在西部艰苦的环境下要复制东部文化是极其困难的：劳累、疾病困扰着他们，饥饿、干渴、野兽威胁着他们，为了生存他们就必须具备拓荒精神，必须变得勇敢、粗犷、足智多谋。美国人不得不为生存而奋斗搏击，他们常常孤零零地面对蛮荒，除了自己无人可以依赖，因而其独立性和个人成就受到极端重视。人们愈是能独立自主地取得更大的个人成就，就愈能在这片荒无人烟的土地上生存繁衍并发展壮大。于是，产生了一种新的独立的文化模式（郑立信，1993：19）。

美国文化的主要内容是强调个人价值，追求民主自由，崇尚开拓和竞争，讲求理性和实用，其核心是个体主义。个体主义（Individualism）用美国人的话来说，就是个人自由（individual freedom），即个人的独立自主状况，它含有一种自我奋斗、不断尝试和努力进取的思想氛围。"个人自由"是美国人最为推崇的个人独立自主的必备气质，也是美国社会文化价值观的实质。同时，"自由、平等、民主、文明"成为美国社会生存的准则。作为思想精髓的个体主义遍及经济、宗教、政治、教育、文学、慈善事业、日常生活等诸多领域。下面笔者将从政治、经济、婚姻家庭、价值观念和日常生活等方面加以阐述：

（1）政治文化特征

美国的政治生活似乎容忍个体本位。美国人是无政府主义者。早期拓荒者来到北美，从聚集成村落、市镇、建州到最后统一为联邦，经历了一个漫长的过程。此间，没有强有力的法律和政府，只有驾驭骏马、腰挂左轮的牛仔侠客。他们过着"天高皇帝远"的自由生活，不想建立联邦，但为了反抗英国殖民主义的压迫与剥削，不得已联合起来。1776 年独立之初，并无中央政府，13 个州是 13 个独立的个体。仅仅为了捍卫独立，13 个州便建立了一个软弱涣散的中央政府，它实际上是各自独立的主体之间的一个友好通商同盟条约而已。同样，当今的美联邦政府，按照三权分立、互相制约的原则，也被分解为立法、司法、行政三个部门。为了保障个人权利和地方权利不受侵犯，1789 年通过了 10 条宪法修正案，即"人权法案"，这进一步体现了美国政治生活中的个体主义思想。

（2）经济文化特征

美国经济是完全自由化的市场经济。这一表述凸显了两方面的文化特征：其一，市场经济是一种按照市场供需来配置资源的经济。市场经济使一切产品都成为具有使用价值和交换价值的商品。市场经济是一个充满机会和竞争的经济活动方式，因此对于社会而言，竞争可以带来机会。同时，竞争本身也考验对机会的掌握和发挥。竞争对生产者、流通组织与参与者和消费者都会带来压力和好处；

同时竞争也是受到法律制约和保护的。对于个人而言，市场经济意味着自己的一切（时间、知识、精力、智慧等）都可以转化为商品，可以用于交换，以获取自己的生活资源。劳动是全体人民参与社会竞争的方式，具有至高无上的地位。劳动不仅可以为个人换来生活的资源，获得经济的独立，同时也会对社会共同利益和全民幸福做出贡献。更为重要的是，劳动是个人独立自主、自由和平等的基础。物质利益获取的多少对于个人的成就感、成功意识具有十分核心的界定作用。其二，完全的市场经济表明经济活动只受市场运行规律的控制，不受行政干预，这是相对于政府干预的经济走势而言的。市场经济调动了广大社会长远的积极性、竞争意识和创造能力，促进了美国社会的富足和繁荣，对美国生活的方方面面都产生了极大的影响。

（3）婚姻家庭

婚姻和家庭对于每个社会来说都十分重要。婚姻不仅是男女双方爱情的结果，也是家庭的产生条件。家庭不仅繁衍后代，还担负着传承文化的职能——教育和教化的社会功能。在个体为本的美国文化中，包办婚姻是不可思议的，离婚是一种极为普遍、毫不奇怪的现象。据统计，美国的离婚率超过35%。美国青年择偶一般无须征得家长的同意，更无须征求其他亲属的意见，主张自由恋爱、自由结合。但是有时这种自由达到了非常离奇的程度，出现了像美国加州大学华人哲学教授吴森先生所概括的那种心理和价值取向，即"wonder"（好奇）和"action"（行动）的结合体。比如一个二十几岁的青年，同和他母亲或祖母年龄相差无几的女性结合，这在很大程度上是出于"wonder"心态的驱使。不管美丑、婚否、年龄是否匹配、家庭是否反对，他们追求自身探究欲的满足。家庭成员的互动方式——爱、尊重相对自由和隐私，是美国家庭存在和发展的基础，也是社会观念、文化观念形成的基础。

（4）价值观念和日常生活等方面

个体主义体现在价值观上就是强调个体的力量和个人英雄主义。美国人有很强的个人奋斗意识和竞争意识，美国的社会环境使得许多人接受了这样的生活信条："Everyman for himself, and God for us all. Every man is the architect of his own fortune."（"人人为自己，上帝为大家。自己的命运自己掌握。"）美国人深信，只有依靠自己，才能得到并保持个性的自由，这正是年轻人在 18 至 21 岁就要在经济上和情感上独立于父母的原因，也是实现个人价值的最好表现。

要想出人头地，就须具备独创的思想，敢于实践、大胆创新、善于猎奇，创新精神可以说是遍布生活各个方面。富有探险精神也是"个性主义"的一大特征。由于美国社会经济的高速发展和就业机会的激烈竞争，人们的生活、就业等都表现出很强的暂时性和不稳定性。美国人总是要四处寻找适合自己的机会，绝不会迁就。今天可能在这个城市里工作，明天也许就去了另外一个城市，甚至是另一个州或国家。人们不推崇在一个地方过一生，大家认为成熟而且可能成功的人，应当是那些走遍天涯海角并富有各种传奇经历的旅行家。社会的流动性体现在个人因为工作需要而不断改变生活环境的过程中。"乡土"和"根"的意识越来越淡漠，因为你不知道你在此处能待多久，下一站又在何方。但是有一点是可以肯定的：广大的移民及后代都相信，越是挪动得多，你的机会就越多，那么也就越有可能接近成功。

## 3.2　美国话语的文化语境

### 3.2.1　语言结构与文化结构

自 20 世纪初以来，以语言学家索绪尔为首的结构主义者把语言看成是一个由几个相互关联的部分组织起来的结构系统。后来，结构主义的观点和方法被用来分析人类活动的各个方面。文化结构决定了基本的思维方式。如果组成这个网络的各种成分之间没有联系，这些成分就没有意义。正是这种关系网络组成了一个完整的文化结构系统（Crystal，1997：366）。语言和文化是两个关系密切的结构，每个民族都有自己的语言和文化。语言使文化得以发展和传播，文化又影响和渗透着语言结构的各个组成部分。

如果要完全达到使用某种语言交际的目的，仅知道其内部结构是不够的，还必须了解这种语言赖以生存的文化结构，特别是当文化信息负载量很大的时候。文化包括了人的社会活动的所有内容。"一种文化是居住在某一特定地区的人们所共有的生活方式和举止行为的总和"（Brown，1998：4），因此可以说语言结构和文化结构在交际中缺一不可。两者之间相互渗透、相互影响。语言反映文化，又受到文化的制约。

20 世纪中叶，随着许多语用学理论的相继提出，学者们逐渐将研究的重点从语言的各种句式结构转到言语行为，即在交际的特定语境中用作功能单位的话语。如果把言语变成话语，就必须涉足制约言语行为的社会文化等方面。人们的言语行为交流和其他行为一样由某些社会文化定式塑造而成。在语言的文化解释中，根据不同的解释焦点，建立不同的语境模型是一种通行的做法，不同的文化语境模型就会引向相应的话语解释。

本章的第二部分旨在建构一个以言语行为为焦点的文化语境解释模型，并说明围绕"言语行为"理解的文化语境形态，即只有在特定的文化语境中，一个话语才能解释为"有文化意义"的言语行为。

### 3.2.2 语境、文化语境、美国话语的文化语境

语境，即语言使用的环境，是语用学、社会语言学等学科中的一个重要概念。语境可以分为上下文语境、情景语境和文化语境或语言语境和非语言语境等。文化语境属于非语言语境的范畴，这一概念最早是由英国人类学家马林诺夫斯基（Malinowski）提出的。马林诺夫斯基（Malinowski，1923）把语境归纳为情景语境和文化语境，认为语言研究必须同时考虑语言使用者的文化和生活环境。它是指某一言语社团特定的社会规范和习俗。文化语境包括当时政治、历史、哲学、科学、民俗等思想文化意识，还包括同时代的作

家作品。马林诺夫斯基的语境观念有较明显的跨文化意识，因为文化语境概念就是应异域语言的研究需要而提出的，认为对任何异域语言的研究都必须结合其情境和文化一并进行。这就表明，语言不仅与情景语境有关，而且与文化语境有关。但这种跨文化意识在其追随者那里没有很好地贯彻下来。弗斯和韩礼德等人把目光转向了同质语言，着力分析同质语言中情景语境和语篇之间的对应关系，而对文化语境和语篇关系的分析，至今尚很薄弱。

　　但功能学派的三大主将在文化语境问题上，有一隐含的共同意见，即文化的特异性。在马林诺夫斯基那里，文化语境概念正是为了异域语言的研究而提出的；异类与特异性，是提出文化语境概念的现实基础。弗斯尽管怀疑"文化语境"在话语分析中的实用性，但肯定了文化对语言的影响，而且清楚地意识到，文化具有非单质性和非整体性，这实际意味着文化具有特异性。韩礼德也犀利地指出文化的根源在于语言活动和制度的特异性，他一直认为情景语境与文化语境相互关联，但两者的区别一直困扰着他。

　　国内学者也从不同的角度对语境的分类和文化语境的定义展开了研究和讨论：胡壮麟（1994）将语境分为上下文语境、情景语境和文化语境。上下文语境指的是语篇内部的环境；情景语境指的是语篇产生时周围的情况、事件的性质、参与者的关系、时间、地点、方式等，通常影响口语语篇信息的传递；文化语境指与言语交际相关的社会文化背景，它可以分为两个方面：一是文化习俗，指人民群众在社会生活中世代传承、相沿成习的生活模式，是一个社会群体在语言、行为和心理上的集体习惯，对属于该集体的成员具有规范性和约束性；二是社会规范，指一个社会对言语交际活动做出的各种规定和限制。由此可见，文化语境在语言系统中起着决定性的作用，它不以个人意志为转移。

　　黄国文（2001：124）认为，每个言语社团都有自己的历史、文化、风俗习惯、社会规约、思维方式、道德观念、价值取向。这种反映特定言语社团特点的方式和因素构成了文化语境。

　　综上所述，美国话语的文化语境包括与美国文化直接或间接关联的文化信息或信息集。围绕话语的文化是文化语境需要研究的内容，文化语境对话语的影响又在会话中得以反映，会话映射文化，从不同的层面上反映文化特征，如权势、平等、礼貌、种族、性别。

### 3.2.3 文化语境、文化设定、文化优选

从语用学的角度看，文化语境是一种关于言语行为的文化信息特征集合。言语行为的构成特征是话语背后的意向及合适性条件。文化语境的建构是围绕言语行为意向的合适性条件来进行的。问题是，什么样的条件才能够使一定有意向的行为成为有文化价值的言语行为？这里一定会涉及言语共同体的文化设定（cultural assumption-beliefs, attitudes, values, etc.）对话语的指示语境（deictic context）的投射。当特定的文化设定投射到特定的即刻情境时，特定的话语就会有高于实际需要的意义、价值或功能——文化语用功能（何刚，2006：73）。

根据布罗格（Brogger，1992）的定义，从文化语用学的角度考虑，文化设定是围绕着一定事项而产生的文化语用共同体（cultural pragmatic community）在日常生活经验基础上形成的共同意识的一部分。

文化设定普遍存在于每一个文化共同体，只是其形式和程度各有不同。文化设定总是与特定的语境特征或情境特征密切相关的，即与特定的说话者、听话者、意向、期望、时空、事件、话语、情节等特征相关。

比如，在美国社会交往中"礼貌"作为对差异的尊重和容忍，作为距离感的表现，是一种维系跨族群、跨阶层、跨性别、跨年龄等交往与合作的基本文化设定。因此，人们之间的会话基本上保持着一种礼貌的气氛，即使发生争执，也是如此（何刚，2003：41）。例如，艾丽西娅（Alicia）发现自己的丈夫与自己的好朋友有染后，毅然提出与丈夫分居，随后发现自己的婆婆不知何故，居然趁她不在家时偷偷翻阅她的东西并潜入她的电脑，于是艾丽西娅采取措施，更换了自家的门锁。她的婆婆杰姬（Jackie）再次来访时，发现自己

打不开门，于是有了下面这段对话：

例1：

A: Hello, Jackie!

J: Alicia. I-I was, uh … My key seems to be sticking.

A: I know.

J: You changed the locks?

A: I did.

J: Would you like to explain why?

A: Sure. I don't want you in here anymore.

J: You don't want me picking up Zach and Grace?

A: I don't. But I can't control what Peter needs from you.

J: What you need from me, too, Alicia.

A: *But I can control my home. I don't want you in here, Jackie.* I don't want you going through *my things.* I don't want you in *my computer.*

J: You are hurting your children.

A: I might be, but that's *between me and them.* And I would never take your word for it.

J: They are not safe with you.

A: Go ahead, Jackie—reach into that bag of tricks. What do you have that could hurt me?

J: Zach is dating Eli Gold's daughter.

A: Oh, my gosh. That's terrible.

J: They were in your bedroom.

A: Should I get a chair for this?

J: Grace goes into her bedroom with her tutor and locks the door.

A: Well, it would help *if you got your facts straight, Jackie.* There is no lock on Grace's door.

J: She pushes the chair against it.

A: *Look at me Jackie. Look at my face. You no longer have the power to wound.*

J: They are your children. *You need to be their mother.*

A: Good night, Jackie.

（美剧《傲骨贤妻（*Good Wife*）》）

这是一个典型的弱语境文化的会话，开诚布公，直截了当，比打肚皮官司更简捷有效。诚实和信任对美国人而言尤其重要。同时美国人的领域意识和权利、自由、独立性都联系在一起。美国家庭中的每个成员在自己的事情上都享有不可侵犯的个人权利，其他成员无权干涉，即使是婆媳之间。因此，在这段对话中艾丽西娅对自己婆婆的这种行为是非常生气的，但她仍然非常克制自己的情绪，有礼有节地表明了自己的观点："你不再值得我信任了，我的家再也不需要你了。"

对话的开头，艾丽西娅给杰姬开门，依然向她打招呼，"Hello, Jackie!"（你好，杰姬！）。打招呼时，艾丽西娅直呼自己婆婆的名字，不是她不尊敬自己的长辈，而是美国人喜欢自由平等的表现。当杰姬得知门锁被换之后，也很克制地问"Would you like to explain why?"（你要解释下原因吗？），她用了情态动词"would"表示礼貌，希望自己的儿媳能给个明确的解释。艾丽西娅很客气，只是含糊地说"I don't want you in here anymore"（我这不再需要你了），她并没有直接说明原因，只是点到为止，给自己的婆婆留面子。不想杰姬装糊涂，将谈话的焦点转到孩子们身上，言外之意是"没有我，你哪能照顾好他们呀！"不想这反倒进一步激怒了艾丽西娅，后面的对话中她多次使用了"I don't want …"（我不想要……）这个句式反复强调自己的观点"我的家我做主，这里不需要你了"。同时，也不再给自己的婆婆留面子，直接说明了原因："我家不欢迎你是因为你不诚实。"杰姬仍然不甘心，再次将话题转到孩子们身上，"你在伤害你的孩子"，希望艾丽西娅能看在孩子的面子上或从孩子的利益出发，改变主意；因为不诚实对于美国人而言是非常严重的问题，别人不会再信任你了。但艾丽西娅仍然很克制自己，给杰姬面子，"看着我，看着我"，言外之意是："你是一个骗子，你还敢看着我的眼睛说谎吗？"直到最后，艾丽西娅还很有礼貌地与杰姬道别："Good night"（"晚安"）。

文化优选，在所有的语境特征中，文化只能设定一部分特征，并使这部分特征成为文化信息（意义、价值、理念等）的载体。特定物理环境中人的生活造就了特定的文化信念，文化信念反过来对语境特征进行选择时，必然寻找那些有利于文化成员之间产生亲和力的特征。因此，文化优选需要遵循"有利于亲和力"的原则。凡是有利于产生文化亲和力的特征（话语的、行为的、环境的、事件的、人物的）都将被文化优选和凸显，而那些不太有利于增强文化亲和力的特征则可能被想当然地忽略，另一些可能对文化亲和力产生破坏作用的特征则标注为"不选或避讳"的特征。因此，我们有了一组很有用的区别性文化语境特征：culturally favored features（CFF，优选或优势文化特征）和 culturally disfavored features（CDFF，避选或劣势文化特征）（何刚，2006：74）。

### 3.2.4 文化语境化的言语行为形态

文化对言语行为的设定造成了两种主要的对立特征：优选语境特征和避选语境特征。通过进一步分析，我们得到了文化优选意向和文化避选意向。所谓文化优选意向，指的是在特定文化语用共同体中，一些被倡导的、被鼓励的、受保护的，以及对文化意识（信念、价值观、道德观等）和范式的维持、加强和发展有利的意向，而避选的则是那些可能或被证明一定会产生破坏作用的意向。

例 2：

(I sensed he was disappointed, but not really surprised.)

"Don't worry", he said, "you did fine."

"No, I didn't. I stunk."

He placed a tentative hand on my shoulder. So you made a couple of errors. So what? Everybody does. Your hitting was great.

（Stein, 1988）

　　哈利（Harry）的父亲明明对儿子比较失望，但他不能表现出来，他不仅安慰了儿子，还表扬他的击打水平，体现了美国文化中"以鼓励为主"的文化优选。

　　文化优选的意向，必然要求在言语行为的形式上得到体现。这里所说的形式包括：直接/间接；简单/复杂；直述/提问/使动/宣称/允诺；明示/含糊等。文化优选的言语行为形式往往只针对特定的、敏感的话题。比如，在谈论财产和薪水时，汉语文化倾向明确地提问对方"你一个月能赚多少？""你的年薪有 10 万吧？"，而英美人是忌讳问人家工资和财产的。在让某人做事时，汉语文化不太用优选提问，而喜欢用直接的使动；英美人则喜欢用提问这种方式间接请求或暗示；在对敏感问题表态时，汉语文化的优选方式是含糊，而英美人则多倾向明晰。

　　美国人的交谈方式被人称为"repartee"（敏捷、简洁的答辩），即说话人之间不停地轮换着说，这体现了美国人独有的"一个时间只有一个人说话"以及"有话大家轮着说，机会均等"的原则。这一做法也源于美国人所崇尚的"individualism"（个体主义），它强调个人的价值和尊严，同时也鼓励别人发表不同的观点。大家不仅轮着说，而且各自说话的总量都应是相等的，这也源于他们"人人生来平等"的信念（谢职安，1996：73）。可是在某些特定的语境中，由于说话者之间的权势地位不同，交谈的方式会发生一定的改变。权势关系（power-relation）也是特殊文化语境的优选项。出于情感表达的需要，文化语境优选两种权势关系：A>B，A<B。情感的使动力就特定场合而言，不是互换的（虽然可以通过某种方式进行调整）。而无论二者中的哪一种，都可以表明这种关系中的一方处于强势，另一方则处于弱势。强势方的使动力明显大于弱势方。这不仅可以被有意识地使用，而且也可以被感知（情不自禁、心甘情愿）（何刚，2003：40）。如美剧《傲骨贤妻》（*Good Wife*）第三季第九

集中，艾金斯中士被控违反命令，操作无人机系统向阿富汗 12 名手无寸铁的平民发射两枚"地狱火"导弹导致他们死亡。艾丽西娅（Alicia）作为被告艾金斯中士的辩护律师，认为中士是错误的无人机程序的替罪羊，中士不是违反命令，而是在报警信息和传感器传递中发生了延误，她未收到有关平民在场的信息，因此误伤了这些平民。可是，最后陪审团判断中士罪名成立。以下是法庭庭审结束之后，法官与艾丽西娅的一段对话：

例 3：

Judge: You thought it was unjust?

A: Yes.

J: Why?

A: She was scapegoated. She's being sent to prison because she was used as a scapegoat for an inaccurate drone program.

J: No. She was convicted because she did wrong.

A: She was a woman, that was her only…

J: Oh, please. Do you know what that defense says about the thousands of women who serve honorably? We don't want that defense.

A: This isn't about want. This is about truth.

J: And the truth is there are 12 people dead because of Sergeant Elkin's actions. She went to work incapacitated by drugs and she killed 12 people. Six children. You didn't ask one word about them. They are dead. They burned to death. Children like yours. Children like mine. Their mothers are mourning them right now. She may be pushing buttons, but they are dead. And they did nothing wrong. This was a just verdict. It was. And she will serve time for that. The problem with the charge of scapegoating is that it doesn't acknowledge at a certain point you have to hold people accountable. That is what's happening here. That's all. I have to go now. Good night, Mrs. Florrick.

（美剧《傲骨贤妻（*Good Wife*)》）

尽管在法庭之外，法官和律师之间依然是法官处于强势，在情感上具有更大的使动力。法官明显地意识到艾丽西娅认为判决不公，所以庭审之后主动向艾丽西娅表明自己的态度和观点：这个判决是公正的。因为事实是：由于艾金斯中士的行为，12 名无辜的平民特别是 6 名孩子在这次事件中丧生。这里法官不仅晓之以理，还动之以情，指出这些被误杀的孩子就如同你我的孩子一样，他们本应该有美好的未来，他们并没有做错任何事，但他们却被剥夺了生的权利。在此，法官也指出艾丽西娅的无情，因为她完全没有考虑被害人的感受，这违背了美国人的基本信念：在上帝面前，人人生而平等。无论是谁，无论是什么原因，都不可以剥夺别人最基本的生存权利。因此，法官认为中士是罪有应得，她必须为此付出代价。"替罪羊"一说不成立是因为机器可以出问题，程序可能靠不住，人应该是靠得住的。在最后的陈述过程中，法官没有给艾丽西娅任何驳斥的机会，一直掌握着话语权，直到将自己的观点阐述清楚为止。这都反映了法官的强势地位，确保她一直控制话语权。

以上我们讨论了言语行为及互动特征的文化优选性，每种文化都会优选一整套用于维持、巩固和增强文化亲和力的言语行为特征。同时设定一些行为或互动特征为避选项，这样语境内部成员之间的交际合理性、合适性和有效性就有了一个可供参照的典型范式。

### 3.2.5 话语映射的美国家庭价值观

"家庭价值观"是文化价值观的重要组成部分。家庭价值观是指社会中家庭成员对待外部世界的行为规范和生活的信念及准则。它是价值观体系的核心，是文化价值观在家庭中的体现。个人的价值观宏观上源于社会，微观上源于家庭，因此家庭成员的价值观直接或间接地决定他们在社会交往中的行为和言语，其影响和作用十分广泛。甚至可以说，整个社会的价值观很大程度上取决于家庭价值观。

美国文化的核心就是个人主义价值观。在这样的价值观念支配下，美国家庭价值观强调的是家庭成员的个人利益，在保证个人利益的基础上对个人实行一定的约束，防止侵犯其他人的权利、义务。正是因为这种价值观建立在个人自由的基础上，家庭成员之间的关系也就不得不建立在尊重他人自由的基础上。

美国人最珍惜的基本价值观是个人主义和依靠自己、机会均等、公平竞争、物质享受及努力工作。美国人推崇个人尊严，信奉个人权利神圣不可侵犯。在他们看来，任何可能破坏他们自己思考、判断、决策并按自己认定的方式生活的东西不仅在道德上是错误的，而且是亵渎神明的。如果我们考察一下美国人对待家庭生活的态度，看其对美国社会生活的影响，便能进一步透视个人主义价值观在美国人的日常生活中是何等的根深蒂固。

美国人的家庭价值观可总结为：个人独立、尊重个人权利、自由平等以及在个人独立基础上的家庭认同感。

（1）个人独立

美国是一个移民国家，历史上美国人就有很强的自立意识。在现在的家庭教育中，依然继承了这个优良的传统。美国家庭中的独立意味着每一个成员有权不受其他成员的控制或约束而做出自己的选择，在交友、结婚、个人的发展问题上个人有权做出决定，任何人不得横加干涉。

例 4：

Djokovic is a tennis player, when he won a trophy in Sunday's Australian Open final, he was interviewed:

"I always believed," Djokovic said, "I didn't want to think in a negative way. I always had a big support, especially from my parents, my father. You know, I think *he always believed more in me than I did in myself.*"

…

They (refers to Djokovic's parents and his two younger brothers) continued their custom of wearing white sweaters that, when they were standing side by side in the proper order, spelled out Djokovic's nickname, Nole.

（Clarey, 2008）

　　德约科维奇（Djokovic）不是美国人，然而从他的话中可以看出他的父亲对他个人能力的肯定成为了他的动力。这样的报道向美国人民传达并强化了家长鼓励、帮助和信任孩子的家庭文化氛围：尊重孩子就要相信他，支持他，为他的付出以及取得的成功喝彩。当德约科维奇比赛时，全家出动，还穿上印有德约科维奇名字的衣服，也体现了家庭对孩子成长和成功的极其重要的支持作用。同时也可以看出，美国文化对其他文化的影响之深远。

　　美国大众观点认为，父母培养孩子的目标是使孩子在 18 岁左右成为独立自主、自食其力并对自我行为负责的独立的个人。在美国家庭里，孩子高中毕业考入大学就得独立生活，从家中搬出。从这时起，他们应不再依赖父母，读书费用主要靠自己设法解决，或是打工挣钱，或是借贷解决。当然，孩子也可以向父母借款。家长也乐于通过"借"的方式提供帮助。不过他们借的钱大都是需要偿还的。

　　在《当幸福来敲门》（*The Pursuit of Happiness*）这部电影中，主人公克里斯（Chris）是一个有了目标就会全力以赴、不畏困苦，即使面对客户的拒绝也能保持微笑，对儿子克里斯托弗（Christopher）严格管教、言传身教的人。影片中有一个场景是克里斯和儿子在打篮球，儿子想要成为职业球员，克里斯对于儿子的梦想先是无意间进行了否定，之后发现自己不该那样打击儿子的积极性，然后他换了种方式赞赏并教育儿子要保护自己的梦想，要通过自己的努力去实现它。

　　例 5a：

The son: "Hey, Dad. I'm going Pro. I'm going Pro."

Chris: Okay. Yeah, I don't know, you know. You'll probably be about as good as I was. That's kind of the way it works, you know. I was below average. You know, so you'll probably ultimately rank somewhere around there, you know, so... I really…You'll excel at a lot of things, just not this. I don't want you shooting this ball all day and night. All right?

Christopher: All right.

Chris: Okay. All right, go ahead.

（电影《当幸福来敲门（*The Pursuit of Happiness*）》）

克里斯托弗很是沮丧地低着头，手往裤子里一插，撅着嘴，脸上写满了失望，克里斯若有所思地看着儿子从自己身边低着头走过，把篮球放进塑料袋。克里斯似乎若有所动，表情很严肃地对儿子说了下面一番话。

例 5b：

Chris: Hey. Don't ever let somebody tell you, you can't do something, not even me. All right?

Christopher: All right.

Chris: You got a dream, you gotta protect it. People can't do something themselves, they wanna tell you you can't do it. If you want something, go get it.

（电影《当幸福来敲门（*The Pursuit of Happiness*）》）

从这段父子对话可以看出，美国人的性格特征之一是相信并崇拜个人奋斗，强调依靠自身力量实现自我价值。由此可以看出，美国人的个人独立性主要建立在依靠个人奋斗和个人能力的基础上，在有关个人的发展问题上个人有权做出决定，任何人不得横加干涉，即使是自己的父亲也不行。

再看下面这段叙述：

例 6：

"He leans most heavily on his longtime friend and unofficial personal assistant, Williams, to help him through most of his day-to-day activities including getting to practice, games and the airport on time. His mother, Frances Pulley, drives to Washington about twice a month from her new home in Raleigh, N. C.—which Wall purchased a few weeks after the Wizards drafted him to cook for him, do his laundry and provide some emotional support. Wall initially asked his mother to live with him, but she felt it was best if he made the transition without her, realizing that Williams Wall's 'brother' since the two met in seventh grade—would likely be along for the ride." *She wanted me to grow up and be a man, try to learn how to do things on my own.*

（Lee, 2011）

在美国家庭中，孩子从小就被灌输独立意识，尽管沃尔（Wall）只有 9 岁，但是妈妈还是坚持让孩子学会 "*how to do things on my own*"（"自己的事情自己做"），充分体现了美国父母从小就要培养孩子的自立精神。

　　下面的对话中，母亲帕蒂（Patty）试图安慰女儿斯蒂芬妮（Stephanie），让她不要那么在意考试的分数。帕蒂用到了 "unique"，而且很肯定斯蒂芬妮对自己 "different" 的评价，表现了美国父母比较重视孩子自我意识的自然发展，力图使孩子发现自我存在、发现自己的能力。

　　例 7：

Patty: What you have to remember is,

Stephanie: you can't study.

Patty: that the *SAT is not a whole measure of who you are.*

Stephanie: Oh, I know.

Patty: It doesn't measure your creativity; *it doesn't measure you*
so.

Stephanie: Mom, I know.

Patty: You cannot compare yourself; *you are unique.*

Stephanie: Mom,.. it's a little different. *I'm .. a different person.*

Patty: *True.*

（Reed, 2011:188）

　　西方文化共有的一个特点就是鼓励人们在平等的基础上通过竞争追求现实利益，努力获取个人想要的幸福与利益。在美国，这一点表现得尤为突出，竞争意识已经渗透到了每一个美国普通家庭里。要想在社会上成功，就必须拥有竞争的能力，因此美国家庭文化中十分重视竞争环境下子女能力的培养。大多数美国家长都会鼓励自己的孩子尽可能地去展示自我、"推销"自己，因为这是在竞争中取胜必需的手段之一。而孩子自己也会很早就有不能比别人差的竞争意识。

　　此外，美国人提倡自食其力，反对不劳而获。绝大多数的美国人都不愿意自己的孩子不劳而获，享受父辈留下的财富。美国父母们不会随便满足孩子的要求，大多是鼓励孩子们靠自己的劳动赚钱。即使未成年的孩子也要通过简单的家务来赚取零花钱。稍大的孩子会利用假期去做一些艰苦的体力劳动来赚取自己的费用。18 岁后，他们就基本不再接受父母的资助，以自食其力为荣。就如下面例子中的孩子所说一样，他在很小的时候就开始做简单的家务，就是为了学到责任（responsibility）和独立（independence）。

　　例 8:

*My own lessons in independent living and cooking began when I was a kid*, thanks to my mom and my stepdad, Vern. My mother let me use her stand mixer to whip the cream or potatoes, and Vern taught me to make chicken-fried steak and cornmeal-coated, pan-fried catfish. Perhaps most important, *I started grocery shopping for the family at age 8*. That happened after my parents' divorce, once my mother realized that although she had lost privileges to shop at the commissary, the steeply discounted grocery store on Good fellow Air Force Base for military personnel and their dependents, her kids had not.

（Yonan, 2011）

（2）个人权利

美国人在家庭中的权利意识极强。美国家庭中的权利意识是指每一个成员以自己为中心，而不是以整个家庭为中心。家庭中的每个成员在自己的事情上都享有不可侵犯的个人权利，其他成员无权干涉。如在恋爱、结婚、生育、求职、选择安家地点等问题上，都是自己说了算，别人无权代替做决定。美国人认为隐私权是一项至关重要的个人权利。父母必须尊重儿女的隐私，不得私拆、查阅子女的信函和日记。

影片《怪兽婆婆》（*Monster-in-law*）中，作为儿媳妇，夏丽（Charlie）认为婆婆不应给已婚的儿子打那么多电话，她还认为以后孩子养育的问题，是他们自己的事，不希望婆婆过多地插手和干涉，这体现了美国人对于自己家庭的权利意识，一旦结了婚，子女有自己的家，父母就应该放手。同时也可以看出美国人对于"nuclear"（核心式——两代人）和"extended family"（扩大式——多代人）的态度不同，当儿子结婚以后，婆婆对于儿子而言就变成小家庭之外的大家庭中的一员（a member of extended family），也就不能再对儿子家的任何事指手画脚。

例 9：

Charlie: That's not what I want. I mean, there just has to be some boundaries, Viola.

Viola: I can do boundaries! I don't love boundaries but I can do them.

Charlie: How about the number of times you call Kevin every day? Can we limit that to, like one?

Viola: Oh, I need at least four minimum.

Charlie: He's 35 years old.

Viola: Three?

Charlie: Two.

Viola: Deal.

Charlie: When Kevin and I have kids, he and I will decide how they've raised.

Viola: All right. But you know I have raised one wonderful boy. And my advice could be very…

Charlie: Will be solicited when needed.

Viola: All right.

（电影《怪兽婆婆（Monster-in-law）》）

大部分美国人比较宽容地对待离婚、同性恋、婚前性关系等。美国人对待婚姻的态度很简单：如果爱对方，就珍惜彼此；如果不爱对方，就没有必要去维系一桩婚姻。没有了爱情，离婚是最好的选择，也是给双方自由的机会。这也是他们对个人权利的一种维护或肯定。

比如在《怪兽婆婆》中，凯文（Kevin）在带夏丽回家见母亲维奥娜（Viola）的途中，凯文很坦然地和夏丽谈论母亲的四次婚姻，然后在三人的会面中，凯文向夏丽求婚，维奥娜很吃惊，夏丽提到婆婆的四次婚姻，大家却都觉得很自然。

例 10：

Viola：Here's what I want to say. It's wonderful being in love. But I don't think marriage is the best solution to a thing like this.

Kevin: Whoa, Mom! What are you talking about?

Viola: Well, I mean, it's so sudden I have to assume there's a pressing reason.

Kevin: Oh, oh, no. Charlie's not pregnant.

Viola: Call me old-fashioned. Marriage is a sacred union that should only be entered into with the utmost care.

Charlie: *Weren't you married four times*?

Viola: Yes, dear. Which would make ma an expert, don't you think?

（电影《怪兽婆婆（*Monster-in-law*）》）

（3）自由平等

平等观念与个人主义及自我实现等价值观相吻合。美国人所说的平等是指每个人拥有获取生命、自由、幸福的平等权利。所谓家庭中的平等就是每一个成员应该享有不可剥夺的权利，人人享有各自应有的利益或特权。所以美国家庭中，父母一般不以家长自居，不采取居高临下的态度教育孩子，从小就培养孩子的平等观念，孩子的事情让孩子自己决定。美国父母充分尊重孩子，把他们当成独立的人，参与家庭事务。

例 11：

Women in flowered pajamas and conical non la hats sell bowls of noodles and pho or skewers of lemongrass chicken or ground prawn, cooked over pushcart braziers. *Dad and I stroll aimlessly, discussing the vagaries of family and of blood-memories, accomplishments, regrets.* Not always an easy man to grow up with, my father in his youth was stern, forceful, and intimidating－his Army career had formed him as a man, a husband, and a father. I often feared him and his unpredictability when I was a child, but time has mellowed my father, and the man walking beside me today is not the man I knew then. *As we circle the park, we circle, too, the undefined boundaries of father and son, and our talks help to bridge our past with our present.*

（Davenport, 2011）

从上面这个例子可以看出，"我"对于能够和父亲平等愉快地交流感到很开心，体现出在美国家庭中，子女与父母不是服从关系，而是平等关系，或者更像是朋友关系。在家庭中，父母和子女是平等的，父母总是用一种商量的口气和子女说话，子女也把父母当作朋友看待。

美国人喜欢自由平等还体现在让别人直接叫自己的名字，即使在家里也是如此，因为这样更能显示人与人之间的友善亲近。直呼人名并不会抹杀人们之间相互的尊敬。影片《怪兽婆婆》中，夏丽（Charlie）对自己的婆婆直呼其名。维奥娜（Viola）让夏丽的朋友也直接叫自己的名字。

例 12：

Viola: It's amazing you've been able to nourish yourself all these years. Oh, yeah. The cake! I'm thinking traditional vanilla with strawberry drizzle.

Charlie: Look, *Viola*, I really do have all of this under control.

Viola: Oh, *call me Viola, please, I insist.*

Charlie's friend: *Viola*.

（电影《怪兽婆婆（*Monster-in-law*）》）

从上面众多的例子中，我们可以看出美国文化语境在日常生活话语中的映射，美国文化的影响在日常会话中得以反映。

## 结语

美国文化不仅是塑造美国人内在精神的文化，更是美国人交往和相互实现社会联系的文化。文化作为一种信息结构和网络，是说话者实现话语与行为的语境信息源。文化指示就是通过特定情境激活文化源信息的过程。因此，研究美国文化源信息系统有利于了解行为对文化的需要和选择。

# 参考文献

Brogger, C. Fredrik. *Culture, Language, Text*[M]. Oslo: Scandinavian University Press, 1992.

Brown, D. Guides and Principles for the Consultant in Cross-cultural Assistance[A]. In: Lippit, G., Hoopes, D. *Helping Across Cultures*. Washington: International Consultants Foundation, 1978: 21-30.

Clarey, C. After Djokovic's Quick Ascent, It's a Little More Crowded at the Top[EB/OL]. [2008-01-28]. The New York Times, https://www.nytimes.com/2008/01/28/sports/tennis/28tennis.html

Crystal, D. *A Dictionary of Linguistics and Phonetics*(Fourth Edition)[M]. Oxford: Blackwell Publishers Ltd.1997.

Davenport, C. Good Memories, Bad War[EB/OL]. [2011-01-01]. Vlex, https://law-journals-books.vlex.com/vid/good-memories-bad-war -240410746.

Gudykunst, William B. *Communicating with Strangers*: An Approach to *International Communication*[M]. Mass: Addison-Wesley Publishing Company, 1984.

Harris, P, R., Moran, R. T. Understanding Cultural Differences[A]. In: Samovar L. A., Porter, R. E. *Intercultural Communication: A Reader*(3$^{rd}$ ed.). Belmont: Wadsworth Publishing Company, 1979: 75-86.

Kim, Y. Y. Intercultural Personhood: An Integration of Eastern and Western Perspectives[A]. In: Samovar L. A., Porter, R. E. *Intercultural Communication: A Reader*(4$^{th}$ ed). Belmont: Wadsworth Publishing Company, 1985: 363-373.

Lee, M. For Wizards rookie John Wall, growth not limited to the basketball court[EB/OL]. [2008-01-28]. The Washington Post, https://www.washingtonpost.com/sports/for-wizards-rookie-john-wall-growth-not-limited-to-the-basketball-court/2011/01/28/AByrU5Q_story.html

Malinowski, B. The Problem of Meaning in Primitive Languages[A]. In:

Ogden, C. K., Richards. I. A. *The Meaning of Meaning.* London: Routledge, 1923: 296-336.

McElroy, John Harmon. *American Beliefs: What Keeps a Big Country and a Diverse People United.* [M] Chicago: Ivan R Dee Publisher, 1999.

Reed, B. S. *Analysing Conversation: An Introduction to Prosody*[M]. New York: Palgrave Macmillan, 2011.

Spindler, G. and Spindler, L. The Processes of Culture and Person: Cultural Therapy and Culturally Diverse Schools[A]. In: Phelan, P., Davidson, A. *Renegotiating Cultural Diversity in American School*[M]. New York: Teachers College Press,1993: 365-388.

Stein, H. *One of the Guys: The Wising up of an American Man.* [M] New York: Simon & Schuster, 1988.

Yonan, J. Cooking for One: Learning how to 'Serve Yourself' [EB/OL]. [2011-03-29]. The Washington Post, https://www.washing tonpost.com/lifestyle/food/cooking-for-one-learning-how-to-serve-yourself/2011/03/21/AFvoTtvB_story. html

Young, L. W. L. *Crosstalk and Culture in Sino-American Communication*[M]. Cambridge: Cambridge University Press, 1994.

Young, L. W. L. Inscrutability Revisited[A]. In: Gumperz, J. J. *Language and Social Identity.* Cambridge: Cambridge University Press, 1982: 72-84.

爱德华·霍尔. 超越文化[M]. 北京：北京大学出版社，2010.

何刚. 情感表达——文化语境与行为[J]. 外语学刊，2003（1）：37-42.

何刚. 文化语境的建构——拟想的模型[J]. 中国外语，2006，3（5）：73-77.

胡壮麟. 语篇的衔接与连贯[M]. 上海：上海外语教育出版社，1994.

黄国文. 语篇分析的理论与实践[M]. 上海：上海外语教育出版社，2001.

刘长敏. 论美国对外政策中的文化因素[C]. 南京：中美文化交流史学术讨论会论文，1998.

谢职安. 论美国民族言语交际方式[J]. 四川外语学院学报，1996（4）：71-77.

闫文培. 全球化语境下的中西文化及语言对比［M］. 北京：科学出版社，
2007.

郑立信. 美国英语与美国文化［M］. 长沙：湖南教育出版社，1993.

# 第二编
## 指示的言语形式

# 第4章 指示的语言层面

## 引言

　　"指示"源于希腊语，原意为"指向""指明"。皮尔斯于 1894年第一次提出了"指示"的概念。他指出："符号可分为三种。第一种是象似性符号或者称为图像符号；第二种为指示符号，如'Hi!There'，这些能作用于听话人神经并引起他们注意的感叹词都属于指示符号；第三种是象征符号，如单词、词组、演讲、书和图书馆。"莱昂斯（Lyons，1977）指出，在现代语言学中，"指示"指的是把话语跟其空间时间坐标相联系起来的人称代词、指示代词等实词及其他语法、词汇形式的功能。莱文森（Levinson，1983）指出，"指示"关注的是话语如何依赖对其语境的分析而得以解释的现象。最早的指示语研究只局限在"这""那"上，后来才扩展到人称代词、方位代词和其他词语上。

　　指示语是语言和语境发生联系的最直接和显著的标志，是话语成分对语境信息的表达。何刚（1996，2011）认为：指示是说话者从自我或拟想自我角度出发对语境的识别和指称。如果把言语行为的语境类型分为即刻社交语境、社会语境和文化语境，那么，指示语和三种不同语境的联系便有以下三种情况：即刻语境指示语体现的是说话当时当地的情境特征；社会语境指示语体现的是语用共同体在特定社会阶段赋予交际的设定和交际特征，是社交对即刻语境的投射；文化语境指示语是文化对即刻语境的投射，它可以促进互动双方缩短心理距离，增强彼此的认同感，有利于言语行为效果的达成。

　　文化指示语是经过文化投射、具有丰富指示的文化信息、实现文化心理认同并有助于现实语境功能的语言形式。它是被文化语境优选的那些语言形式。比如："求新""求异"是创造性的内在动力，是美国人的文化心理特征之一。凡是与"new"和"different"有关的东西便极有可能获得人们的心理认同，因此我们可以看到"new world""new frontier""new policy"之类的词语频繁出现在美国社会中。

　　文化指示语的语言形式多种多样，下面笔者将从语言层面做具体分析。本章把文化指示的语言层面分为语音层面、词汇层面和句法层面。

# 4.1 语音层面

　　美国英语作为英语的一种国别变体，有其独特之处。在语音层面上，有时一个单词的发音也能反映出文化信息，有时为表示文化认同，即便是错的发音，你也要跟着错，如果大家都这么说，你偏偏要矫正，说明你对该文化不认同，与之格格不入。曾有这样一个例子，新加坡派往联合国的代表许通美（Tommy Koh）曾说："当我在国外开口说话时，我希望我的同胞很容易就能识别我是新加坡人。"这可以看出，语言的民族变异有时是刻意追求的，英语的特定发音也是具有文化指向性的。

　　在发音上，美国英语的发音几百年来产生了一些变化，而在英国是没有发生的（起码在标准口音中）。比如，[ɑ:]和[ɒ]两个音合并为[ɑ]，造成 father 和 bother 同韵。这在北美英语中极为普遍，除波士顿口音外，其他几乎全部美式口音都发生了这种变化。又如，在弱化元音之前，[t]和[d]音都变成齿龈轻击音，如 ladder 和 latter 几乎是同音字，也许只能通过前面元音的拖长程度来区分等。

　　在美国之音（VOA）节目当中有这样一个例子，一个英国人来到美国，在餐厅想要杯水（water）时，他说"waw-tuh"，结果餐厅里没人听得懂。为了融入美国当地，使美国人能听懂，这个英国人只好试着修改他的发音，他说"waw-da, can I have some waw-da please"，这回总算有人听出来了他的意思。

我们都知道，由于历史的原因，有很多黑人生活在美国，成为美国社会一个令人注目的社会族群，他们所使用的语言也由于带有鲜明的民族特色而享有了一个独特的名字——黑人英语。然而，并不是所有的美国黑人都使用黑人英语，黑人英语作为一种英语变体使用于美国社会中那些经济地位低下的黑人中，或者是那些虽然已上升到中等收入水平，但与原来的阶层仍保持联系的黑人中。就语音而言，黑人英语最为显著的语音特征是对词尾的辅音连缀进行简化，如 passed/pa: s/、past /pa: s/、desk /des/。又如，在对于 from 和 protect 这类单词的处理中，首音是辅音，后面的[r]的发音被省略，读成/fom/和/potect/；把诸如 think 中的 th 的音素[θ]发成[t]，this 中的 th 的音素[ð]发成[d]；把诸如 bath 中的 th 的音素[θ]发成[f]，brother 中的 th 的音素[ð]发成[v]等。

有学者曾对黑人英语做过这样一个实验：要求本土美国人听 A、B 两组发音人的录音，辨别发音人是白人还是黑人。结果发现：许多人认为 A 组发音人是黑人，B 组发音人是白人。但他们的判断是错误的，其实 A 组是白人，B 组是黑人。因为这两组发音人的背景都比较特殊：白人发音人要么一直在黑人地区生活，要么在黑人文化占主导地位的地区长大；黑人发音人主要是在白人地区长大、生活的，跟其他黑人接触较少。文化背景的特殊性导致了白人的发音像黑人，黑人的发音像白人。我们可以得出这样的结论：（1）在美国，黑人英语和白人英语之间存在着某些差别，听辨准确率接近80%。（2）这些差别不是天生的，而是通过学习获得的，因为和白人一起生活的黑人习得了白人的语言模式，而和黑人一起生活的白人则习得了黑人的语言模式。实验说明，语言的种族变异并非基于种族或生理基础，其实是反映语言背后文化的影响。

## 4.2 词汇层面

在词汇层面上，本章将词汇分成几个意义大类，比如表示空间、时间和人称的词汇（包括单词和词组），通过举一些典型的例子来做具体分析。不采用传统的词性进行分类的原因在于英语词语中一词多义的情况很多，而且如果几个不同词性的词是由一个词根变化发展而来，它们的意义是相关的，所以会有很多重复的情况出现，这样会给分析造成不必要的困难（词汇和文化的联系是一定的，词汇可以携带附加的文化含义）。

### 4.2.1 表示人称的文化指示词汇

表示人称的文化指示词汇主要包括两部分：人称代词及其相应的物主代词，表示人称的名词或词组。

我们先来讲讲人称代词。人称代词包括第一人称代词、第二人称代词和第三人称代词及与它们相对应的物主代词。

当代美国英语中的第一人称代词主要有两个，一个是单数的"I"，另一个是复数的"we"。下面让我们来看看以下两个例子。

例 1：

"If *we* don't act, taxes will go up for every single American, starting next year. And *I'm* not about to let that happen," Obama told the audience.

"Their philosophy is simple: *we* are better off when everyone is left to fend for themselves and play by their own rules. Well, *I'm* here to say they are wrong," he said.

（Mason, 2011）

在以上两句话中，奥巴马从复数第一人称指示转到单数第一人称指示。这里的"we"是指他的政府和听众。奥巴马为了获得连任，必须继续推广他的政策，获得更多选民的支持，所以他用复数概念的"we"把自己和选民联系起来，目的是强调他们的利益是一致的，呼吁民众支持他的政策并采取一定的行动。但是作为一国的总统，尤其是在一个崇拜和尊重个人意愿的国度里，奥巴马清楚地意识到他的民众希望看到他个人的态度。这就是为什么他很快用"I"来自称，并且明确地表明了自己的态度（这里不是个人态度，而是作为民众利益和关切代表的"总统"的态度，这是一种公仆文化态度）。

例 2：

Mr. Lugar said at a breakfast with reporters this month that he believed that many Tea Party supporters were motivated by anger about how things have turned out for them. "They want to express themselves, but their complaints often boil down to nothing more specific", he said, "than *we* want this or that stopped, or there is spending, big government."

（Zernike, 2011）

在例 2 中，美国共和党参议员查理卢格（Richard Lugar）在提到自己时没有用单数"I"，而是用了表示复数概念的词"we"，目的是在强调他所代表的不是个人，而是具有同样观点的同一党派的所有人士。这里的"we"不包括听话人，但是包括了没有出现在会话现场的具有同样观点的人。说话人以此来划分不同政见的人群，使不同政见的人的界线泾渭分明。同时反映出说话人的立场，以及持有相同立场人的团结。这在一定程度上反映了美国的政治文化：在政治上，美国由于是多党轮流执政，要进行选举，各个党派从不遮掩自己的政治观点，同时对对方的观点可以自由攻击，这也反映出他们政治上的一种民主。

接下来，我们来看看第二人称代词"you"的文化语境分析。按照指示方法的不同，第二人称指示语可分为三类，第一类为确指，第二类为泛指，即不定指称，第三类则为虚指。笔者主要结合这三类不同的第二人称指示语料，探讨当代美国英语中第二人称指示语的文化内涵。

确指的第二人称指示语是在对话中有确定指称对象的用法，即在交际情景中，说话的一方总是用第二人称来指代听话的一方，而且不借助任何手势或者眼神就可以确定指称对象，具有确指的作用。我们来看看以下三个例子：

例 3：

Son: Dad, I love *you*.

Dad: I love *you* too.

（http://corpus.byu.edu/coca/）

例 4：

Hassan: Romeo, let me introduce my daughter to *you*.

Romeo: Really? *You* got a white kid that white?

（http://corpus.byu.edu/coca/）

例 5：

Interviewer: *You* three senators have records of working across party lines, and yet *you*'re retiring. Let me ask *you* why *you*'re doing that. First of all, Senator Lieberman, why are you retiring?

（http://corpus.byu.edu/coca/）

例 3 中，父亲和儿子互称为"you"，都确指对方；例 4 中普通朋友之间也互称为"you"，也都确指对方；例 5 中，采访者用"you"和"you three senators"直接指称三位参议员。由此可以看出来，无论谈话双方身份地位如何，无论听话者是长辈、晚辈、政界要员、普通朋友抑或其他尚不知其身份的陌生人，当代美国英语中都一概用"you"进行指称，而没有特定的敬称或尊称等，这从一定程度上表现出美国文化中人权和平等的因素。美国是一个开放性的社会，尊重任何个人的社会角色，而且在人际交往中习惯用直接的方式而非拐弯抹角的方式，这从第二人称"you"的普遍使用当中也可以体会出来，至少在称呼上是没有任何特定等级或者特殊尊者的。

第二人称的泛指是指在语言的运用中，第二人称并没有确定的指称对象，可以脱离具体语境泛指任何人。这种用法在语用学理论中被称为指示语的"非指示性用法"。其指称对象是非确定的，因此也叫不定指称。在当代美国英语中，这一用法主要在口语中使用，在书面语中则经常用第三人称指示语"one"代替，如"It doesn't matter what you look like, just what you do"，这句话中的"you"就是泛指任何人的。泛指用得比确指稍少，且多用于公共情境和政治情境之中。以下是来自杨百翰语料库的语料：

例 6：

Well, what I think is interesting is, the presidencies are founded on the idea that *you* have the power and the ability to communicate to the vast majority of the American public. When *your* numbers drop, *you* no longer have that power, and *you* no longer have the ability to fashion policy when you don't.

（http://corpus.byu.edu/coca/）

这段发言中，"you"用来泛指所有人，表示所有人只要有能力且支持度高就有可能成为美国总统。由此可以看出，"you"第二人称指示语多用于公共和政治场合，用来指代所有公民。从这一用法可以看出，美国文化奉行平等和公平的原则，认为所有的公民都是平等一致的，都应该公平正义，都有可能成为总统，也都可以公平地行使自己的选举权。由此也可以看出，美国是一个开放的社会，在各个社会阶层当中具有很大的流动性，其在语言中则体现为，所有人都可以统称为"you"，且在政治选举等特定情境下也是同样的用法，以示所有公民在政治上的平等权利。

虚指指称任何人或物，出于构句的需要或者口语的习惯。最典型的例子，就是美国人在感到愤怒之时往往会骂的一句粗话 "fuck you"，这里的 "you" 实际上没有指示任何对象，只是一种习惯性的口语用法而已。因此，这种用法的第二人称指示语通常没有实际的字面意义，而只有语法或者语用上的意义。这一用法多用于口语当中，使用率最小，使用也最简单。

以下还有几个虚指的例子：

例 7：

He was just so bigoted, like, it was just ridiculous. And I felt very uncomfortable to the point where, *you* know, it almost angered me that no one said anything.

（http://corpus.byu.edu/coca/）

此处第二人称指示语 "you" 并未指代任何人或任何物，只是相当于在口语中的一个过渡词，没有实际所指，也没有实际意义，实际上说话人并不认为听话方知道此事激怒了他。

例 8：

Teacher: Einstein was ranked as the greatest scientist of our age. I bet *you*.

（http://corpus.byu.edu/coca/）

在这则语料中，老师告诉所有的学生爱因斯坦是最伟大的科学家，后面所接的 "I bet you" 并非老师真要与听到此话的学生打赌，而是起一个强调的作用，因此第二人称代词 "you" 也并未指任何人，是虚指。

由以上两则语料可以看出，为了话语过渡或者其他的特定目的，"you" 作为第二人称代词会常被用作虚指。为什么在用作话语过渡时都是用 "you know"，而几乎没见过有用第一人称和第三人称代词虚指作为过渡的？笔者认为这里体现的应该是美国文化当中的礼貌特性和对他人的一种尊重。在与他人的谈话中，用"you know"来进行过渡，可以突出听话者的主体地位，使听话者的精力更为集中于双方的对话，明显比用"I know"或者"he/she knows""they know"等更能让听话者居于有利地位。把说话者自身居于一个更为谦卑的位置，这无疑是一种礼貌的行为，也更有利于对话的进行。

在言语活动中，第三人称代词用来指称说话人与听话人以外的第三方，如"他""她""它""他们"等。在本章中，第三人称指示语包括人称代词（主格和宾格）及物主代词。

例 9：

Everyone should do what *he* considers best.

（http://corpus.byu.edu/coca/）

例 10：

As she walked through one of the world's largest slums, she asked God how *He* could let those people suffer. She said *He* answered her back, "What are you doing about it?"

（Lassin, A. N., 2011）

例 9 中，用"he"来泛指所有人；而在例 10 中，用大写首字母的"He"来指代上帝（God），上帝的形象在美国人的心中是阳刚的、权威的，而非阴柔的女性形象。这两个例子在一定程度上反映了美国文化中男性作为主导的一面，然而我们也要看到，随着女权主义的发展以及男女平等观念的普及，"he"泛指所有人的用法更多地被舍弃，换以更加恰当的"one""she/he""he or she"以及"they"。

例 11：

*She* is my motherland.

（http://corpus.byu.edu/coca/）

例 12：

*She* was a fine ship.

（http://corpus.byu.edu/coca/）

　　在以上两个例子中，"she"分别被用来指向祖国和船只。在美国，我们常常可以听到男性把喜爱的物品，如车辆、机器等比作"她"，就像照顾女性一样照顾它们。而把国家比作"她"，看到的更多是母亲的形象，体现女性包容、慈爱的一面。

例 13：

People should do what *they* think best.

（http://corpus.byu.edu/coca/）

例 14：

Someone I met at a party said *they* knew you.

（http://corpus.byu.edu/coca/）

例 15：

*They* say his wife ran off with a younger man.

（http://corpus.byu.edu/coca/）

例 16：

Apparently she has something *they* call "glue ear".

（http://corpus.byu.edu/coca/）

　　例 13 中，"they"泛指复数的所有人；例 14 中，"they"指代单数的某个人；例 15 中，"they"则泛指某一地区的一群人，"they say/think"在口语中表示"据说，据信"；例 16 中，"they"用来泛指某一特定团体中的所有人，如医生、科学家、教师群体等。当泛指普通人的时候，美国人一般用"they"来避免单指"he"或者"she"，通过这样的方式，不会厚此薄彼，比较好地避免了性别歧视。这在某方面反映了美国人平等的观念。当指某一特定团体时，有时没有直接说出名称，而是用"they"带代替，一是这样不指名道姓说更加礼貌，二是反映出这个特定团体跟说话人之间的距离感，可能是由于身份地位的不同，也可能是职业和专业知识的不同。

### 4.2.2　表示时间的文化指示词汇

在美国人的生活中，时间是最受重视的。有这样一种说法："Americans are slaves to nothing but the clock（美国人是时钟的奴隶）"。对他们来说，时间好像就是一个几乎可以看得见的通道。在他们的语言中，就有一些同时间有联系的词，比如时间可以安排（Time can be budgeted）、节省（saved）、浪费（wasted）、侵占（stolen）、消磨（killed）和节减（cut）等。美国人还对时间收费（charged），他们认为时间是一种珍贵的商品。由于人们非常珍惜时间，所以他们很讨厌那些不知趣地浪费别人时间的人。通常情况下，美国人不会在轻松随意的气氛中通过长时间的闲谈来招待他们的来访者。多数美国人在日程表上写满了约会，把时间分成一段一段的。这些日程之间可以划出若干个甚至短到 15 分钟的间歇。他们经常留给一个人两个或三个（或者更多个）日程时间段，然而在商界，无论他们在干什么，几乎总是一个约会紧接着另一个约会。因此，时钟的嘀嗒声一直回荡在他们的耳边。

与时间相关的、丰富多彩的词语真实反映了美国人惜时如金的文化观。以上提到的"budget time""save time""waste time""steal time""kill time""cut time"就是最好的例子。我们可以以"save time"和"steal time"为例，感受它们在美式英语中的日常用法：

例 17：

I remember fondly how I enjoyed spending and wasting time in my life. But the modern world seems always to be racing to *save time*. I do not trust mail that is displayed *instantly* on a screen by pushing a button.

I object to the cult of instant obsolescence, which makes everything I use irreparable. The shoemaker, the dressmaker, the tailor have almost disappeared because their individual activities take too much time. It is now cheaper and faster to buy new things. There is no replacement for most things I have cherished. The lovely Blackwing 602 soft-lead pencil with a removable and reversible eraser is nowhere to be found.

（Grumbach, 2011）

在这则语料中，说话者用"save time"形象地表达了现代社会生活节奏之快，人们连消费和享受服务都在追求省时、快捷。这其实也是对美国现代生活一种写照。又比如：

例 18：

Under the watchful eye of his uncle and coach, Toni, Nadal has learned to dictate play as well as rely on his indefatigable defense. He can flatten his backhand to hit through the court, use his deft hands to end points at the net and stand closer to the baseline when necessary to *steal time* from opponents. He has improved his serve significantly, and his forehand is a whirring, lethal weapon.

（http://corpus.byu.edu/coca/）

这则语料是在描述纳达尔（Rafael Nadal）打网球时的各种技巧，如平展反手击球、用他灵巧的手在网前得分、在必要时站起来靠近基线从对手那里抢时间等，这里"steal time"形象地说明在体育比赛中运动员对时间的分秒必争。可见，时间的概念体现在美国社会的各个层面，体育赛事里，时间的概念显得尤为迫切。

美国人时间观当中的另外一个显著的特征就是，美国人非常注重未来。日常生活中，我们经常可以听到或看到美国人使用类似"hope""imagine""look forward to"这类指示未来的时间表达式。

例 19：

I *hope* somebody has a sense of humor here because there's got to be humor in death.

（http://corpus.byu.edu/coca/）

例 20：

What Legacy Do I Leave? Can I make a difference? And what do I leave behind? These two key questions reflect the times and nature of futuring. Obviously we *hope* for positive answers.

（http://corpus.byu.edu/coca/）

美国人都很喜欢用"希望"（hope）这个词。他们称自己所在的土地为"希望之地"（land of hope）以及"愿望之地"（the promised land）。早期的移民者在美国安家立业的过程中，希望一直支撑着他们，在美国移民的信念当中有这么一条："Improvement is possible. Opportunities must be imagined"。正是因为他们相信美国就是"希望之地"（land of hope），他们才能历尽千辛万苦，最终建成美好家园，所以"希望"（hope）也是一个能够反映美国人时间文化的词。希望预示着未来，给人继续前行的力量。希望之于美国人，力量之大，从移民精神上就能看得出来。

例 21：

In his 1983 mayoral campaign, Federico Pena challenged us to "*Imagine* a Great City." What candidates need to tell us in these daunting economic times is how they intend to "Manage a Great City."

（http://corpus.byu.edu/coca/）

在 1983 年的丹佛市长竞选中，候选人佩纳（Federico Pena）极力推崇市民设想丹佛未来会成为一个大都市，而只字不提如何应对眼前低迷的经济形势。试图通过为市民勾勒城市未来的蓝图，来赢得民心。

例 22：

"The problem with this speech is he's talking so much about *winning the future* that he's in danger of losing *the present*," said Richard Norton Smith, the presidential historian, who counts himself an Obama admirer. "I could *imagine* millions of people out there watching that speech, thinking to themselves, 'Well, these are good ideas, but how is that going to get me a job?'"

（http://corpus.byu.edu/coca/）

奥巴马的一次演讲引起了大家的争论。总统问题历史学家诺顿（Richard Norton Smith）认为奥巴马的演讲过分地强调未来而忽略了眼前的问题。他说他能想象出民众听完奥巴马的演讲会感叹：这些想法听起来真不错，可是我们眼前的工作到底该怎么解决呢？

这两则语料都跟美国的政治有关，都提到了一个现象，美国的总统、州长或其候选人，在面临危机和矛盾时，为了赢得民心，总是会试图通过引导民众畅想（imagine）未来，来转移大家对眼前问题的注意力。虽然这个方法会引来很多争议，但是"imagine"毕竟能给人带来希望，所以这个词不仅是美国总统、市长的最爱，也是美国民众的最爱。这个词也最能够形象地体现美国人重视未来的时间观念。

例 23：

Prospectivists think about these things in relation to their future reception rather than simply recreating *the past*. They *look forward to* better things rather than looking to the past as always being preferable to the present or the future.

（http://corpus.byu.edu/coca/）

"look forward to"这个短语也是一个非常能够体现美国人重视未来的时间观的指示词。比如在这个语料中，"They *look forward to better things rather than looking to the past as always being preferable to the present or the future*"就极为精确地表达了"美国人向往未来，重视现在，而不喜欢过多地缅怀过去"的文化态度。

具有文化指向功能性的时间指示词还包括一些能够集中体现某一个时间点或时间段的文化特征表达式，它可以是名词或名词词组，不局限于一些常规的时间表达式。这里的文化应该是广义的，包括美国的政治、经济、科技、战争、历史等各个领域。比如"世界经济大危机"（the Great Depression）就是一个具有文化涵义的时间指示词，它特指 1929—1933 年的那一场始于美国进而波及整个世界的经济危机。因为它超强的影响力和波及范围，人们用"世界经济大危机"（the Great Depression）或者"经济大萧条"（the Great Recession）特指这一次危机，而不是用"经济危机"（economic crisis）来指示这次经济危机。另一个在近现代美国历史上有名的事件是"Watergate Scandal"，一般译作"水门事件"或"水门丑闻"。它是美国历史上最不光彩的政治丑闻之一，对美国本国历史以及整个国际新闻界都有着长远的影响。在 1972 年的总统大选中，为了取得民主党内部竞选策略的情报，1972 年 6 月 17 日，以美国共和党尼克松竞选团队的首席安全问题顾问詹姆斯·麦科德（James W. McCord, Jr.）为首的 5 人闯入位于华盛顿水门大厦的民主党全国委员会办公室，在安装窃听器并偷拍有关文件时，当场被捕。由于此事，尼克松于 1974 年 8 月 8 日宣布将于次日辞职，从而成为美国历史上首位辞职的总统。水门事件之后，每当国家领导人遭遇执政危机或执政丑闻，便通常会被国际新闻界冠之以"门"（gate）的名称，如"伊朗门""情报门""虐囚门"等。

### 4.2.3　表示空间的文化指示词汇

文化指示语在美国英语中所包含的丰富文化语境信息，不但存在于人称文化指示语、时间文化指示语中，还可以从空间文化指示语中体现出来。空间域是人类语言中最基本的认知域之一。空间概念是人类其他概念形成的基础，是人类赖以生存的最基本的概念。上下、前后左右、东南西北的方位关系应该是人类最基本也是最朴素的空间认知。

第一，我们来看一下空间指示语中的东南西北。东南西北方位词本身是指方位，最初并无其他含义，随着社会的发展，逐渐承载了社会及文化的含义。《礼记·月令》中记载："[孟春之月]东风解冻"以及我们常说的"等闲识得东风面，万紫千红总是春"，在这里东风指的是春风、和暖的风，是春天的象征。从狄更斯所著的《大卫·科波菲尔》一书中的"How many winter days have I seen him, standing blue nosed in the snow and east wind（在很多冬日里我都看到他站在飞雪和寒风中，鼻子冻得发紫）"这句里，可以看到东风对英国人来说是从欧洲大陆北部吹来的刺骨的寒风。有趣的是在英国诗人雪莱（Shelley）的《西风颂》中，西风指的却是温暖的风，相当于中国文化中的东风。这是由于所处的地理位置和气候差异的不同，造成各民族对于东风和西风的理解截然不同。因此，方位的指示也是具有文化含义的。

社会地位高的人所占的空间更多,这一现象在世界各地很普遍。社会地位、权力与空间的联系在生活中也常见。空间具有象征权力和地位的功能，这在许多文化中都可见。方位也是如此。如在中国传统方位观念中，东方、南方为尊，西方、北方为卑。宴客席位上论资排辈，分尊卑长幼。最尊贵的客人坐在西边席上——背靠西、面向东；次席位是背靠北、面向南；再次是背靠南、面朝北而坐；最卑的座位是坐东朝西，主人自己坐，所以主人被称为"东家"，宴客叫"做东"。美国城市常常是按地图坐标方格模式建造的，以北南、东西为轴，因而有东区、西区之分。纽约的城市东区聚居着穷人，为贫民区；而西区则是富人、有地位的人的聚居区。

**方位的地域文化指示。**由于在一定地理位置居住的人们长期以来必定会有一定的特质，这一特质会被外来人贴上一定的标签，如南方人、北方人等。在美国也有南北之分。美国北部是英国最早的殖民开拓者的后代聚居处，也是资本主义工业发展的重地。北方经济发达，种族多样性及文化的多样化使之与传统、保守的南方截然不同。因而北方人和南方人有着不同的标签。

例 24：

Davis: But for me, any *hillbilly* down south—I'm from the south—and anybody can see those words "homosexual" on there.

（http://corpus.byu.edu/coca/）

　　如例 24 中的"hillbilly"就带有标签性质。"hillbilly"在美式英语中指小乡村的人，尤其指来自南部山区的人，常含有贬义，因为美国南部多山、多农场。南部腹地甚至被称为《圣经》地带"，因为当地居民多是虔诚的基督徒。这里的第一批移民是英国新教徒，但南方人在性格上缺乏独立和革命意识，较保守。这里气候温暖、农业发达。当地人生活态度很放松，生活方式传统，而且普遍热情好客。自南北战争以来经济一直低迷，且种族问题一直很敏感。人们可能认为南方人居住在农场里，从小就会骑马游泳，说话有口音；南方没有大城市；那里的女孩长得金发碧眼却不聪明，等等。这些说明美国人对南方人长期持有地域政治及文化的偏见。

　　同样，"Yankee"指的是美国北部或东北诸州的人。美国东北部是第一批英国新教徒的定居地，因此也被称为"新英格兰"。那里的冬天非常冷，土地也不肥沃，不适合农业生产。但由于面向大西洋、面向曾经活力四射的欧洲，所以这一地区的经济主导力量是制造业和商业，文化教育非常发达，种族成分也很复杂。这里因天气寒冷，东北部的人每天都忙着挣钱，所以时间一长，一提到"Yankee"就想到他们生活节奏快、办事效率高、直爽和务实的特点。不同的地域、自然宗教、风俗以及情感是文化差异的根源。

　　**方位的政治文化指示。**"the North""the South""the East""the West"指的是美国的北部、南部、东部及西部。后出现了"the east""the west"。"the east"指的是包括中国在内的亚洲国家；"the west"

指的是西方国家。这种空间变化从指美国国内的东与西扩展到美国以外的空间。随着全球政治发生变化，后来在冷战期间，"the east"指的是"华约"国家以及中国；而"the west"指的是"北约"国家。当然，现在冷战早已结束，"the east"指的是包括中国、日本及印度在内的东亚及南亚国家。同样，"南南合作"（South-south cooperation）、"南北对话"（North-south dialogue）等也具有政治指示的特征。由于不发达国家通常位于南半球，在这里"南"指"不发达国家"；而"北"指"发达国家"，因为发达国家多居于北半球，从此可看出美国的空间扩张概念。

**方位的隐喻文化指示。**方位词的隐喻用法也可体现出文化的指示作用。如："Poor Smith was one of those who went west in the explosion（可怜的史密斯是在这次爆炸中魂归西天的人之一）"，在这里"go west"是"死"的委婉说法，和汉文化的"上西天"是相通的。这或许是 17 世纪大量欧洲移民来美国后，去西部（the Wild West）开拓时期留下的。当时美国西部生活充满了未知的艰辛与风险，只有少部分人能生存下来，所以"go west"逐渐成为"死"的代名词。2 世纪时的托勒密绘制世界地图时北部在上方，南部在下方。他的地理学理论在 15 世纪的欧洲得到复兴，并成为所有地图绘制工作必须遵循的标准，因而美国人觉得"去南方"（to go to the south）也就是"南下"（to go down to the south）。20 世纪逐渐演变出的新俚语"go south"或"head south"，意思也都与"down"相关。如"The stock market went south after a brief morning rally""Everything went south after I lost the job"。

**方位词的数字化。**由于上面提到的地图上北在上，而南在下，"north"渐渐有了"多于"（more than）的意思。如："The world population is north of 6 billion people"（世界上有超过 60 亿的人口）。

第二，我们看一下方位词里（in）、外（out）。一般来说，"in"可以表示静态的包含关系以及由外至内的动态关系，"out"表示静态的非包含关系及由内至外的动态关系。从"in"和"out"这对词我们可以看出，英语里把所有的事物皆看成是有一个物理空间的容器。如"我们按时到达那里了"（We got there in time）、"时间到了"
（Time is out）。这两个句中把"时间"（time）看成是一个容器。"in
time"在时间这个容器之内，便是"及时"；在时间容器之外便是时
间用完了。在英语里很多表示方位的词通过置于一定的语境下而表
达出不同的概念，"in"和"out"也是如此。从中我们可以窥出美
国的一些文化。

美国社会学家霍尔（E. T. Hall，1963）把人们交往的空间距离
分为 4 种，即亲密空间、个人空间、社会空间及公共空间。这些空
间是一个社会所默认的静态的交往空间。现实生活中人们常常会突
破某个空间进入另一个空间，而这是借助"in"和"out"来表达的。

例 25：

Don't count me *in* that elite circle.

（http://corpus.byu.edu/coca/）

例 26：

Another participant added: "You need to make people feel needed.
People want to get involved if they feel respected when asked to come.
They want to feel that they can make a contribution that is really needed.
If I come here just one time and I get a negative response then I am *out*."

（http://corpus.byu.edu/coca/）

每个社会存在着许多群体，这些群体是相对封闭的，从"count
in"和"count out"看"in"和"out"有属于不属于某一社会群体
的指示作用。在例 25 中说话者不愿意被算在精英圈子里。例 26 中
"out"表示退出某一组织。

例 27：

In America, part of the ethos, part of the American dream, is that
more is better. And the more is better usually applies to the material

realm. And that doesn't *pan out*, that doesn't work, it doesn't make us happier.

（http://corpus.byu.edu/coca/）

例 28：

Maybe you dismantle a bicycle, your kid's bicycle, and you wash the brake parts in gasoline and you have in the pan, you have gasoline and grease and various things, but you don't throw the *pan out*. You take the *pan out* and wash it and scour it thoroughly, and then it can be used for cooking.

（http://corpus.byu.edu/coca/）

上面两个例句中虽然都有"pan out"，但意思截然不同。例 28 中的两个"pan"是名词，表示平底锅。而例 27 中出现的"pan out"是从美国西部淘金热时遗留下的。淘金后期，金矿渐少，当时淘金者用平底锅从水中舀出泥沙及水，然后慢慢筛出细小的金子。这就是"pan out"的来源。既然金子可以"pan out"，那么别的事情也可以"pan out"，即转义为"成功"。

第三，我们来看一下空间指示语"上"的文化指示信息，主要有以下四点：

① 表示最好的、最高级别的，比如"high-class""high-minded""top-ranking""top secret""top ten""top flight""top scientists""the tops"等。在下例中，我们可以体会一下其文化指示性在会话中的彰显。

例 29：

Shakespeare is supposed to be bawdy and irreverent and not taken very seriously. And even when he wrote it, he took things that were kind of sort of historical and then twisted them to make political points. And 400 years later, we have this concept of Shakespeare as very, very *high class*. And, you know, oh, no one could ever possibly understand it.

（http://corpus.byu.edu/coca/）

例 29 的对话中涉及对莎士比亚作品的评价。以前人们并不看重莎士比亚的作品，但是如今莎士比亚却享有很高的声望，其作品也被看作旷世杰作。在这里，空间指示语"high"表示一种抽象的程度，"high class"表达了文学性和艺术性都很高的含义。

② 表示"上"的空间指示语还能表示开心、获得快感、情绪高涨的意思。在具体语境中的语料如下例所示：

例 30：

Everybody's entitled to a fair and impartial trial by their peers and you certainly don't expect them to be drunk and *high on drugs*.

（http://corpus.byu.edu/coca/）

这里的语境是关于酒驾的审讯现场。"high on drugs"表示因为吸过毒而神情恍惚，常常和"drunk""alcohol"等与喝酒有关的词语同现。因为醉酒和吸毒在某种程度上都会使人出现神志不清或者飘飘然的感觉，因此在美国英语中由麻醉品引起的快感也可以直接用"high"来表达，而情绪高涨时可以说"run high"。

③ 在美国英语中，"上"还可以表示在天上、天堂。这和美国的宗教文化有密切关系，比如基督教中用"在天上的上帝"（God on high）或者"上天之力"（the powers above）指上帝或者其他神灵。请看下例：

例 31：

Giuliani: Let's remember the words of the 93rd Psalm which tells us from thousands of years ago, "The Lord *God on high* is mightier than the thunder of great waters. He is mightier than the breakers of the sea." May God bless those who have been taken from us, and welcome them to the Kingdom of Heaven. And most of all may God give us the strength to persevere.

（http://corpus.byu.edu/coca/）

在基督教文化中，上帝是在天堂中的，天堂是上帝统治和管理的王国，因此才有例 31 中"天国王朝"（Kingdom of Heaven）的说法。因此在提到上帝时，英语中可以用表示上帝所在的位置的空间指示语"high"来转喻上帝。

④ 空间指示语"上"还可以表示方位，包括在北方、内陆地区或者向着城外的方向。比如"up-country"是指内地地区，"uptown"是指位于或者向着市镇外围的住宅区。同时，在北半球风吹的方向是以逆时针旋转的，这或许也和英语中逆风被称为"upwind"有关联。在日常会话中也可以找到很多与此有关的语料，如：

例 32：

Mr. Vin-Scelsa: (Voiceover) At first John and Yoko lived like Bohemians in Greenwich Village, but then they moved *uptown* to the swank Dakota overlooking New York's Central Park. Still, they were social activists.

（http://corpus.byu.edu/coca/）

著名的格林威治村（Greenwich Village）位于纽约南部，而中央公园（Central Park）则坐落于纽约曼哈顿岛的中央。这个例子中提到约翰（John）和约科（Yoko）从格林威治村搬迁到能够俯瞰中央公园的地方，使用了指示词"uptown"，即向北迁移。而最后一句话点出他们仍然是社会活动积极分子（social activist），则说明了他们的社会身份，这和前面提到的他们之前住在格林威治村是相关联的。因为住在格林威治村的多半是作家、艺术家、社会活动家、理想主义分子等，他们大都个性乖张，和世俗格格不入，这也是"格林威治村"作为一个专有名词所带有的文化含义。

第四，我们来看一下表示"下"的空间指示语所体现出来的文化指示性，主要有以下几个方面：

① 在空间概念中表示"下"的指示语，可以用于表示一些负面的信息，如等级低下、不好的、消沉的等抽象概念。这可以从部分词语中看出来，如"inferior to somebody"指比某人等级低下，"inferiority complex"指自卑情结，"down-hearted" 指情绪低落的、消沉的等。在具体语境中如下例所示：

例 33：

"Usually people at the *bottom of the class* are the most successful if you measure it in terms of how much money they make," says Stephen Szpisjak.

（http://corpus.byu.edu/coca/）

本例中，"bottom of the class"是指"阶层最底层的人"，可以通过其所赚得的与其努力之比来评判是否成功。可见，"bottom"不再是指空间上的底部、尾部，而是指等级上的下端。

② 表示空间方位"下"的词语还可以用于指代内心深处。比如：

例 34：

Jimmy Carter: "My real belief is, that *from the bottom of his heart*, he wanted to avoid any kind of war or conflict that would directly affect the Soviet people."

（http://corpus.byu.edu/coca/）

在这个例子中，"打心底里"（from the bottom of his heart）表示他衷心希望能够避免直接影响苏联人民的任何形式的战争或者冲突。可见，这里的"bottom"是指心灵深处。

③ 有些表示"下"的方位词还可以表示犯错误、做错事情。比如短语"the Fall"是指亚当和夏娃偷食禁果后人类的堕落，再如下

例所示：

例 35：

Eve *fell* for the serpent.

（http://corpus.byu.edu/coca/）

例 35 是《圣经》中的例子，指夏娃受到蛇的哄诱，偷食了知善恶树所结的果，犯下错误。表示倒下、向下的动词"fall"含有"犯错"的意思。

④ 与表示"上"的概念指代天堂相对，表示"下"的词语可以指代地狱。例如：

例 36：

In the living room, Marietta stands uncomfortably, while Deborah, back on the couch, watches her like a guard dog, like some emissary from the *underworld* of the socially damned.

（http://corpus.byu.edu/coca/）

在接受地狱观念的某些宗教文化里，天堂的空间方位是在上的，地狱是在下的。本例中的"underworld"就是指地狱。

第五，我们来看一下表示"左"的空间文化指示语，其关键词有"left wing""the Left""have two left feet""left-handed compliment""left-handed marriage""left bank"等。

① "the Left"指党团的左翼，或者泛指社会主义拥护者。"Left wing"指左翼思想、左翼知识分子、左倾政策。如下例所示：

例 37：

Wallace: Do you think Barack Obama will take on the *left wing*, the anti-war wing base, of his party on Afghanistan?

（http://corpus.byu.edu/coca/）

美国的两个政党，即民主党和共和党，民主党是中左翼，代表中下层，共和党是中右翼，代表中上层。因此，此例中福克斯新闻主持人华莱士（Wallace）才发出奥巴马是否会左倾反对阿富汗战争的疑问。

② 一般来说，人们做事习惯用右手，因此右手通常比左手灵活，而左手则相对笨拙。在英语中，"left-handed compliment"就有了贬义的色彩，表示虚情假意的恭维。其来历是按古代日耳曼人的婚俗，若是贵族子弟娶了一位门第低微的女子为妻，结婚时，他不能按惯例举右手盟誓，而只能举左手。而"left-handed marriage"则指贵族男子与平民女子的婚礼。与此类似，英语中"have two left feet"指行动笨拙的。

例 38：

Not long ago, when I was riding 150 miles per week in preparation for a tough century, I returned to my hometown for a family gathering. My brother greeted me with what turned out to be a *left-handed compliment*. "You must be cycling again," he said. Flattered, I acknowledged that I had been training and asked how he knew. "Your butt's gotten big." he said, "It always gets bigger when you've been cycling a lot."

（http://corpus.byu.edu/coca/）

在这个例子中，作者因为从事自行车运动而受到他兄弟的假恭维。他兄弟说可以从作者变大的臀部看出作者又在骑自行车了，因为骑得多的时候总会这样。

第六，表示"右"的空间文化指示语，其关键词有"right wing""the Right""right-handed man""right bank"等。

① "the Right"指政党或团体的右翼、右派。比如：

例 39：

Colmes: And AOL is somewhat on the *right wing* policy. I write for AOL, and you see some of the responses I get and I'm getting tweets from people saying –

Pinkerton: *Right wing*, but not too *right wing*.

Colmes: It's a little bit *right*, but AOL is a little bit *right*.

（http://corpus.byu.edu/coca/）

在本例中，会话参与者所谈论的是对美国在线（American on-line，简称 AOL）立场的定位。"Right wing"和"right"都是指其观点右倾。

② 和方位词"右"有关的词语搭配还可以表示重要的、主要的，比如"right-hand man"是指非常可靠的帮手、得力助手，也可以翻译为汉语中的"左右手"，如下例所示。

例 40：

"It's strange, Claire. We thought that the world was ours. He was president, and I was his *right-hand man*, and we were only in our forties. We would either defeat the East or reach accommodation with them, and then move on to greater things."

（http://corpus.byu.edu/coca/）

第七，空间文化指示语"前"的英语关键词有"front""ahead""forward"等。其词义信息的文化指示性主要体现在以下两点：

① 空间指示语"前"表示未来的、与未来有关的。如"forward-looking"指有前途的、进步的。如下例：

例 41：

We may object to Christmas products hitting the shops in September, but a little *forward planning* would reduce the stress levels significantly.

（http://corpus.byu.edu/coca/）

本例中的观点是，不必在九月份就准备圣诞产品，但还是要稍事提前准备以大大减少压力。空间指示语"forward"在这里表示时间上的提前，而非空间上的前方。

② 可以指有组织的、常有过激活动的政治团体，如"The National Front Party"指国民阵线党，是法国的极端右翼组织。

第八，空间指示语"后"的英语关键词有"back""behind"等，在空间上的"后面"含有在背后支持、赞成的文化语义信息。如"My family is right *behind* me in my ambition to become a doctor""She's the candidate who is *backed* by the Labour Party"，这里的"behind"和"back"都是"支持"的意思。

## 4.3 句法层面

文化指示体现在句法层面，即是说特定的句法结构能反映出一定的文化信息。比如，美国人在表达自己观点的时候，很喜欢用"I believe"这个句子结构。如下例：

例 42：

*I believe* that Jon Stewart is a loose cannon. *I believe* that he's a liberal. *I believe* that he has it in for conservatives. And that's why I think if any of these ads are inaccurate, if any of these ads cause trouble, that's Jon Stewart actually trying to undermine my exploratory committee, because, again, I don't have a Super PAC anymore. That's Jon Stewart's Super PAC. It's one of the reasons why it's so hard to form this.

（http://corpus.byu.edu/coca/）

这段话的背景是，在美国总统选举前，不同党派的人表达自己的看法。这里的说话者连续用了多个"I believe"来加强自己的观点，他认为美国电视新闻评论节目主持人乔恩·斯图尔特（Jon Stewart）是"a loose cannon"（做事不靠谱的人，或政治上不属于任何派别的人），是"liberal"（自由主义者），认为他是支持保守党等。

从这个例子可以看出美国人核心价值观当中个人主义的体现。美国是个尊重个性、崇尚个人主义的国家，个人主义渗透到美国人政治、生活、文化的方方面面。例子当中的美国人，就用"I believe"这个结构把自己的政治观点明确地表达出来。

在美国人的日常生活中，还有一个句式也非常常见，即"I do＋动词原形"的强调结构。请看下例：

例 43：

All those points are true, but, Amy Walter, on the other hand, he's coming into the chamber at a time, facing an unpopular Congress, when there is a fair amount of good economic news at his back, at least the beginnings of it.

That is true. But *I do think* that the frustration that most Americans are feeling goes back to the point that they want to see somebody who's going to do what he says he's going to do, which is I'm—he can't just say that he's going to transcend all of this. They want to see some actual—something that's really coming back for them, to them. They want to see somebody who looks more like a commander-in-chief than a candidate, and that's where I think.

（http://corpus.byu.edu/coca/）

这段对话同样出现在美国大选期间，电台嘉宾和主持人在讨论一个候选人。嘉宾认为该名候选人站出来的时机不对，将不受国会的欢迎，因为现在开始有些好的经济消息。但主持人在肯定对方的同时，认为大多数美国人感到沮丧的原因是他们想看到候选人说将来会做些什么事情，他们想看到候选人能真真正正做出一些事情，想看到一个像总司令一样能发号施令的人，而不仅仅是一名候选人。为了让自己的观点更清楚明确表达出来，该主持人使用了"I do think"来开头。

例 42 和例 43 也在一定程度上反映出美国民众在公众场合，可以自由谈论政治话题，坚持己见，相互讨论，甚至争论。

# 结语

综上所述，文化指示语是经过文化投射，具有指示丰富的文化信息，实现文化心理认同，并有助于现实语境功能的语言形式。它是被文化语境优选的那些语言形式。这些语言形式在语音层面、词汇层面以及句法层面（时态、语态、语气、结构等）均有所体现。

I'm *gonna* see him this afternoon.（*going to* 有黑人语音特征）

My friend drives a *Ford pick-up truck* to work.（皮卡车）

Tomorrow *will always* be better than today.（将来时、未来取向）

So you have to *live your own life*.（短语：独立自主）

***Most*** of the American women like *making their husbands and sons successful*, but ***some of them*** want something *for themselves*. ***They want*** good jobs. When they work ***they want*** *to be better paid*. ***They want*** to be as successful as men.

因此，观察文化指示现象，需从具体情境出发，仔细分析那些可能引起文化联想的话语成分和句法语义结构，解读它们各自携带的文化语境信息，为话语整体的合理、合适及有效的理解和解释提供扎实的基础。

# 参考文献

Dickens, C. *David Copperfield*[M]. Westminster: Penguin Group, 2001.

Grumbach, D. The View from 90[EB/OL]. [2011-03-02]. American Scholar, https://theamericanscholar.org/the-view-from-90/.

Hall, E. T. A System for the Notation of Proxemic Behavior[J]. *American Anthropologist*, 1963, 65: 1003-1026.

Lassin, A. N. Woodlands mom builds home for pregnant girls in Nairobi [EB/OL]. [2011-07-22]. Chron, https://www.chron.com/life/houston-belief/article /Woodlands-mom-builds-home-for-pregnant-girls-in-1545961.php

Levinson, C. *Pragmatics*[M]. Cambridge: Cambridge University Press, 1983.

Lyons, J. *Semantics*[M]. Cambridge: Cambridge University Press, 1977.

Mason, J. Obama hits Republicans, Wall Street in populist speech[EB/OL]. [2011-12-07]. Reuters, https://cn.reuters.com/article/ us-usa-campaign-obama-id USTRE7B527620111207.

Shelley, J. *Ode to the West and Other Poems*[M]. Dover Publications, 1993.

Zernike K. Tea Party Gets Early Start on G.O.P. Targets for 2012[EB/OL]. [2011-01-29]. The New York Times, https://www.nytimes.com/2011/01/30/us/ politics/30teaparty.html

戴德、戴圣等. 礼记[M]. 南昌：江西美术出版社，2012.

何刚. 文化语境的建构——拟想的模型[J]. 中国外语，2006，3（5）：73-77.

何刚. 话语、社交、文化——文化驱动的社会语用视角[J]. 外语教学理论与实践，2011（3）：35-41，74.

# 第5章 指示的话语层面

## 引言

指示不仅限于话语内部，在特定情况下，还可超出话语的内部结构，以整体的出现完成对文化语境的指向或示意（indicate or suggest）。比如，讲到男女平等，从前的情况是什么？有人说："Men rule the world, and women rule the men"（男人统治世界，女人统治男人）；还有人说："Behind every successful man, there is a woman, either his mother or his wife"（每一个成功男人的背后都有一个女人，不是他的母亲就是他的妻子）。两个话语都体现了传统美国人对女性的背景化处理"（站在前面的总是男人自己，女人总是支持她们的男人的，因此凸现文化意识中男人的重要性）。可是女权运动引起了女性对自己的社会文化定位的不满和修正，于是出现了"Some women want to stand side by side with men（有些女人想和男人并肩站在一起）。这句话同样普通，可是却反映出女权主义者不甘继续充当配角的文化心态。因此，话语作为一个整体，有时也可以指向文化语境，引起人们的文化联想和解读。为了更加清晰地理解话语的文化指示功能，我们有必要重新审视"话语"这一概念。

话语，是人们说出来或者写出来的语言，是一个借助句法、语义结构却又高于此种结构的、包含说写者主客观信息的功能体。它是从功能视角理解言语片段而产生的一个解释性范畴。"西方自福柯以来，话语分析作为一种理论和方法，已经广泛地运用于社会科学的各领域。从20世纪80年代起，话语也成为中国学者使用最多的术语之一。"（高玉，2006：104）。孙静怡（2012：10-14）提出，作为人文社会科学的一个重要研究范式，话语分析在各学科中发挥着重要作用。语言转向在本质上是转向话语分析。施旭（2008：131-140）提到近年来，我国社会科学领域陆续有学者提出了学科中存在着照搬西方和文化失语问题，他指出话语分析工作者和教师应该考虑学科的本土化以及学术的文化多元化问题。虽然施旭研究的对象是中华话语，但给研究外国语言的学者一个重要的启示，学者在进行话语分析的时候不仅要考虑说话者的语境，还要考虑文化背景。国内外关于指示语的研究很多，主要是研究空间指示语、时间指示语、人称指示语、地点指示语，对文化指示语的研究较少，从话语层面研究文化指示语的先例就更少了。

## 5.1　概念界定

在分析具体的例子之前，我们对本章中重要的概念"话语""话语构式"及"情境"进行界定，并划分出分析文化指示语的几个方面。

### 5.1.1　话语的概念

"话语"（utterance）指的是在特定情境中由一个说写者说出或写出的、包含着完整信息和统一功能的话，是不同于语句（sentence）的言语交际单位，是一个"功能—语用"概念。

"语言的真正生命不在语言体系，不在语言结构中各种成分的相互关系，而在于话语。"（白春仁，2000：162）

"英国语言学家韩礼德（Halliday）认为'语言的基本单位不是词，也不是句子，而是话语'，他所谓的话语既指口语，又指书面语。"（王福祥，1994：48）。韩礼德将话语看作语言的基本单位。

王福祥（1994：55）提到话语实际上是指连贯性的话语，是指任何书面的或者口头的，在内容和结构上组合成为一个整体的文字材料或言谈。

"话语"常常被定义为大于句子单位的、与语境相连的语言运用。话语是构成我们社会生活的主要部分，甚至是核心部分。我们的日常生活大部分是通过语言交际实现的，大部分生活实际上就是语言生活。日常会话和通信、大众传媒、商务谈判、课堂交流、法律文件、文学作品、宗教布道等都属于话语的范畴。对于"话语"一词，不同学术背景的人有不同的理解（施旭，2008：133）。

"话语，根据法国思想家福柯的研究，可以看作语言（社会普遍性语法系统）和言语（个人的实际语言行为）结合而形成的更丰富和复杂的具体社会形态，是指与社会权利关系相互缠绕的具体语言方式。"（李江梅，2009：25-32）

英语中的"discourse"和"utterance"都可翻译成汉语中的"话语"。在《牛津高阶英汉双解词典》第 6 版中，"discourse"的解释是"①the use of language in speech and writing in order to produce meaning; ②language that is studied usually in order to see how the different parts of a text are connected"，第一种解释可翻译成"话语"，第二种解释有时也翻译成"语篇"。"utterance"的解释是"the act of expressing something in words; something that you say"。由此可见，两者的主要区别是"discourse"的研究对象既有书面语也有口语，而"utterance"研究的对象是口语。本章的"话语"对应的是英语中的"utterance"。

从形式上来说，话语可以是一个词、一个短语、一个句子或者一整段话。比如，在朋友之间相遇的时候表达问候，可以用词"Hi"，也可以用句子"How are you?"。人们可以通过一个词表达愤怒的情绪，也可以通过一长段话表示。从功能上来说，话语可以传递一定的信息，比如新闻播报者给观众播报新闻；话语可以起到人际交往的作用，说话者通过话语与听话者维持关系。

话语层面与语言层面、会话层面的研究不同在于，语言层面是对话语内部的细微研究，如语音、词汇和句法，而话语层面是将话语当作一个整体研究；与会话层面相比，它是单方面的研究，它研究的是会话过程中一方所表达的思想，而会话更注重会话双方语言之间的关联性。在国际语言学界和语用学界，话语研究层出不穷，从早期以俄国学者弗罗斯诺夫（Volosinov，1929/1973）的以话语为基础的语言学主张（utterance-centered linguistics）到新近的话语语气、语力和真值的解释（William B. Starr，2014），对话语各方面的关注，一直是方兴未艾，兴趣盎然。

### 5.1.2　话语构式的概念

"构式是一定的语言形式和意义的匹配，其意义独立于其组成成分的个体意义，也不完全等同于各个个体意义的简单相加。"（赵琪，2012：7-11）。话语的构式即说话者试图通过怎样的形式表达自己的思想和意思。本章主要通过几种句型来展现说话者的意图。

陈述句是用来描写客观事物，阐述事理，说明人或事物的行为、状态和特点的句子。陈述句的基本结构是"主语＋谓语"，比如，"Mary is a doctor""John wrote a letter"。

疑问句是表示疑问的句子，在英语中，分为一般疑问句和特殊疑问句。一般疑问句的基本结构是"系动词/助动词/情态动词＋主语＋其他成分＋？"，如"Will he come？""Does Tom work hard？"。特殊疑问句的基本结构是"特殊疑问词＋be/助动词/情态动词＋主语＋其他成分＋？"，如"What do you mean？""Why don't you just have a try？"。

祈使句是用来表达命令、请求、劝告、警告、禁止等的句子。祈使句的主语通常为第二人称，所以省略，句子由动词原形和其他成分组成，否定式要加助动词，句末带有感叹号，如"Be quiet！""Go ahead！"。

感叹句是表示赞美、惊讶、厌恶等情感色彩的句子。感叹句的表现形式多种多样，可以是一个单词或一个词组。如"Hello！""Oh, my God！"。陈述句、疑问句以及祈使句也可以转化成感叹句，如"He's a good man！""How can you do this！""Don't go with us！"。感叹句主要的表现形式只有两种，即"what"和"how"引导的感叹句。"what"修饰名词，"how"修饰形容词、副词或动词，如"What a nice day it is!""How time flies!"。

### 5.1.3 特定情境

语言的使用依赖一定的环境，对话语的理解同样要结合特定的语境。

马林诺夫斯基于 1923 年最早提出"语境"的概念，把语境归纳为情景语境和文化语境，认为语言研究必须同时考虑语言使用者的文化和生活环境。

根据冯广艺（1999）的《语境适应论》，语境从范围上可分为广义语境和狭义语境；从内容上可分为题旨语境和情景语境；从表现形式上可分为外显性语境和内隐性语境；从情绪态度上可分为情绪语境和理智语境；从语种上可分为单语语境与双语语境；根据运用，可划分为伴随语境、模拟语境等。

朱永生（2005：11）指出韩礼德建立起情景语境和文本意义系统的一一对应关系；同时接受了马林诺夫斯基的文化语境概念，认为情景语境和文化语境相互关联,情景语境是文化语境的具体实例,文化语境是情景语境的抽象系统。胡壮麟等（1989：172）提出"具体的情景语境来源于文化语境"。

语境具有整体性，情境具有局部性，更加具体。本章根据说话人所处的场合，将情境分为公共场合、朋友邻居和家庭生活。

## 5.2 话语与文化指示

指示语反映的是语言形式和语境之间的关系，文化指示语指的是能反映文化信息的话语单位。"为了更加有效地解读言语信息，不但要依赖话语发生的即刻语境，还要考虑指示语中隐含的文化语境信息，它一方面将语言结构和语境关联起来，另一方面也反映了说话人的文化态度和价值观。"（李耸，2011：112-115）从话语层面上观察文化指示，就是以话语整体为焦点，考察其整体信息对文化语境的指向或折射，以发现说话者使用特定话语的用意，乃至文化价值。

### 5.2.1 话语构式的文化指示

（1）陈述类话语

陈述句看似平淡无奇的语气，却在平淡中含藏着说话者千种不同的思想，无意之中折射出美国的文化。

马丁·路德·金（Martin Luther King, Jr.）1963 年 8 月 28 日在林肯纪念堂前发表《我有一个梦想》（"I Have a Dream"）的演讲中，以"Five score years ago, a great American, in whose symbolic shadow we stand today, signed the Emancipation Proclamation"（一百年前，一位伟大的美国人签署了《解放黑奴宣言》，今天我们就是在他的雕像前集会）开头，这里指 1863 年，美国当时的总统林肯颁布了《解放奴隶宣言》，宣布废除叛乱各州的奴隶制，黑奴获得自由。一百年的时间过去了，黑人却未能得到实际的解放。演讲者并不完全在陈述一个事实，而是指向政府的政策与实际实施效果的偏离。当中还用了 8 个"I have a dream"（我有一个梦想），句子为陈述句，不仅是描绘一个事实，也表达了演说者的"美国梦"，白人可以拥有梦想，黑人也可以，作为美国公民，无论是白人还是黑人，都应该享受到作为公民的基本权利，拥有梦想，并为梦想付出努力，也应该得到同等的待遇。演讲中运用了三个"We can never be satisfied"（我们绝不会满足）、两个"We cannot be satisfied"（我们不会满足）、一个"We are not satisfied"（我们现在并不满足）和一个"We will not be satisfied"（我们将来也不满足），这里的"we"代表着追求平等和自由的所有黑人，表达了演讲者希望政府兑现民主的承诺、给予黑人与白人同等权利和自由的强烈愿望、为了达到目的不妥协的态度。这种追求不是仅限于当前，而是长久的坚持。

（2）质疑类话语

疑问句表达说话者疑问的语气，暗示某种态度、理念和价值观。

例 1：

Lynette: What're you doing? That's *private.*

（美剧《绝望主妇（*Desperate Housewives*)》）

在《绝望主妇》（*Desperate Housewives*）第一季第一集的结尾，主妇们在整理玛丽·艾莉丝（Mary Alice）的遗物时，发现了一封信，加布里埃尔（Gabrielle）试图拆开信，丽奈特（Lynette）的提问话语虽有质疑的结构，却并不是真的问她在干什么，而是指向加布里埃尔（Gabrielle）有违文化原则的行为。勒内特（Lynette）想提醒对方的是：信件属于私人物品，别人无权私拆他人信件。因此，该质疑话语不仅指示了美国文化中的隐私观念，更起到了维护文化原则的作用。

（3）使役类话语

祈使句属使役类话语，意欲让听者做出某个指定的行为。

在马丁·路德·金的著名演讲《我有一个梦想》，演讲者提到"Go back to Mississippi, go back to Alabama, go back to South Carolina, go back to Georgia, go back to Louisiana, go back to the slums and ghettos of our northern cities, knowing that somehow this situation can and will be changed"（让我们回到密西西比去，回到阿拉巴马去，回到南卡罗来纳去，回到佐治亚去，回到路易斯安那去，回到我们北方城市中的贫民区和少数民族居住区去，要心中有数，这种状况是能够也必将改变的。我们不要陷入绝望而不可自拔），句中提到的"Mississippi"（密西西比）、"Alabama"（阿拉巴马）、"South Carolina"（南卡罗来纳）、"Georgia"（佐治亚）、"Louisiana"（路易斯安那）位于美国南部，是南北战争时期黑人的聚集地，南部的经济相对落后，奴隶主雇佣黑人进行劳动，这些黑人长期受到欺压，在贫困和屈辱中挣扎生存。演讲者用这些地方影射所有贫困的地区，呼吁黑人维护自己应有的权利。

人们在表示鼓励的时候也会用到祈使句。如在《绝望主妇》第一季第一集：

例 2：

Susan: I don't know. I'm sorry you guys, I just... I just don't know how I'm going to survive this.

Mary Alice: *Listen to me*. We all have moments of desperation. But if we can *face them head on*, that's how we find out just how strong we really are.

（美剧《绝望主妇（*Desperate Housewives*）》）

苏珊（Susan）因为身陷情感危机，感到手足无措，而此时玛丽·艾莉丝用祈使句转移她的注意力，鼓励她："每个人都有绝望的时刻，只要勇敢面对，继续前行，我们便会发现自己是多么坚强。"这句话表明了美国人积极乐观的生活态度，关注未来，而不是一味地停留在过去。

（4）感叹类话语

人们通过感叹句抒发情感，表达惊讶，兴奋或赞美。

例 3：

Bree: "Can we talk about something else-something less depressing?"

Susan: "Well, here's something. Mike told me he loved me."

Lynette: "*Oh, my god*!"

（美剧《绝望主妇（*Desperate Housewives*）》）

这是《绝望主妇》中主妇之间的对话。当苏珊提到迈克（Mike）说爱她的时候，勒内特表现出了惊讶。美国人善于直接表达自己的情感，但是对于情感又很谨慎。在恋爱初期，异性之间可能会说"I like you"表达喜欢之情，却很少说"I love you"。美国人尊重爱情并勇敢地追求爱情，美国人希望婚姻是建立在爱情的基础上，而不是受各种客观因素制约。因此苏珊提到迈克表达爱意时，勒内特表示惊讶。

美剧中的人物常常会用"Oh my god"的感叹，但实际生活中，出于对宗教的敬畏，美国人往往用委婉语"Oh my gosh"。《圣经》中规定：不可妄称耶和华上帝的名字；妄称上帝者，耶和华必以为他有罪（You shall not take The Name of The Lord your God in vain; for The Lord will not hold him guiltless who takes His Name in vain.）。"Oh my god"也用于感叹美好的事物，赞叹造物主的伟大。当提及耶稣基督时，往往不说"Jesus"而改用"Jeepers"，或不说"Christ"而说"Cripes"等近音词。对"hell""devil"等与宗教有关的词也会尽量避讳。"What a hell"有时也改换成"What a heck"。

### 5.2.2 特定情境下的文化指示

（1）公众场合话语

公共场合是指处在人群经常聚集、供公众使用或服务于人民大众的活动场所时产生的情境，通常指三人以上的场所。

1）演讲话语

演讲又叫讲演或演说，是指在公众场所，以有声语言为主要手段，以体态语言为辅助手段，针对某个具体问题，鲜明、完整地发表自己的见解和主张，阐明事理或抒发情感，进行宣传鼓动的一种语言交际活动。

演讲往往围绕某一个特定的主题，比如政治演讲往往蕴含着演讲者的政治倾向、政治理念和政治目的，学术演讲是演说者与听众分享长期研究的成果，宣传演讲往往是为了通过营销推广实现商业利益，此外，还有典礼上的演讲等。演讲是个人活动，背后可能有强大的团队支持。美国诞生了很多优秀的演讲者，而政治界的名人似乎都是杰出的演讲者，美国总统每周更是为国民带来最新的演讲。马丁·路德·金的演讲《我有一个梦想》经久不衰，堪称经典，美国各任总统的精彩演讲也为世人津津乐道，世界名校校长的演讲更是学习的好材料。

演讲中，演讲者为了吸引受众的注意力，达到自身的目的，会采用各种方式，往往重复有关主题的内容，使用排比句、创造性的话语，等等。

著名演讲《我有一个梦想》的地点是林肯纪念堂前。林肯纪念堂是美国人民为了纪念美国总统林肯在解放奴隶和维护美国统一上做出的巨大贡献而建造的，是美国标志性的建筑之一。由于林肯为人类平等做出了巨大贡献，洁白的林肯纪念堂自横空出世之日，就成为民权运动的圣地。演讲者选择在这个地点演讲，是为了更好地激发黑人的斗志，维护作为公民的基本权利。演讲者先是将历史与当下对比，指明政府的承诺没有兑现，黑人的处境依然恶劣，接着提出自己期待的情景，最后呼吁所有人为自由而努力。

例 4：

I have a dream that one day this nation will rise up, live up to the true meaning of *its creed*: "We hold these truths to be self-evident; that *all men are created equal.*" I have a dream that one day on the red hills of Georgia the sons of former slaves and the sons of former slave-owners will be able to *sit down together at the table of brotherhood.* I have a dream that one day even the state of Mississippi, a state sweltering with the heat of injustice, sweltering with the heat of oppression, will be transformed into an *oasis of freedom and justice.* I have a dream that my four little children will one day live in a nation where they will *not be judged by the color of their skin but by the content of their character.* I have a dream today. I have a dream that one day down in Alabama, with its vicious racists, with its governor having his lips dripping with the words of interposition and nullification, one day right down in Alabama little black boys and black girls will be able *to join hands with* little white boys and white girls as sisters and brothers. I have a dream today. I have a dream that one day every valley shall be exalted, every hill and mountain shall be made low, the rough places will be made plain, and the crooked places will be made straight, and the glory of the Lord shall be revealed, and all flesh shall see it together.

（King, 1963）

　　这是演讲中最著名的一段演说词，集中反映了全文的思想，演讲者提出他的梦想是有一天美国能够真正践行美国信念，实现"人人生而平等"、公民共享自由和正义、黑人的孩子和白人的孩子能拥有同等的权利。演讲者希望能尽可能多地引起听众的共鸣。人们应当努力追求这种自由、公正，因此得以实现幸福。美国梦，是美国人民人人都向往的理想境界，是受到文化鼓励的核心信念。没有梦想，就不会产生为之奋斗的动机、力量和行动，也不会带来持久永续的繁荣，更不会有个人的发展和人性的解放。因此，梦想被赋予了重要的文化价值，梦想可以因人而异，但其主流都是一致的：进步、向上、发达、更美好的生活。马丁·路德·金的演讲之所以经久不衰，就是因为他用梦想激活了美国人的文化信念，梦想（dream）在此处也就成了"文化指示语"。

　　奥巴马 2008 年 11 月 5 日赢得大选之后，在芝加哥进行的演讲《是的，我们可以》（*Yes We can*）堪称经典。奥巴马是首位拥有黑人血统，并且童年在亚洲成长的美国总统，与不同地方、不同文化背景的人共同生活过。在这个演讲中，奥巴马充分展现了其作为出色的演说家和领导者的魅力。这篇演讲的题目本身就透露出美国人积极乐观的态度，并且相信一切皆有可能。演讲开头用非常有气势的排比句吸引听众的注意，接着演讲者对为这次竞选做出贡献的家人、朋友、工作人员以及投票的民众表示了感谢。奥巴马把竞选的胜利归功于所有人，宣扬了民主的思想。演讲给人的感受是受命于危难之中的总统也承担起了自己的重任，虽然美国身陷经济危机，但他依然有信心使美国重新振作起来。奥巴马也表达了自己与众不同的政治理念，愿意倾听民众的心声，愿意与民众一起奋斗，为美利坚合众国的强大做出贡献。奥巴马同时讲述了 106 岁老妇人投票的故事，生动而深刻，既让人看到一百多年来美国发生的积极变化，同时也激励人们，这么多大风大浪我们都曾经经历过，这次危机我们也一定能挺过去。整个演讲动之以情、晓之以理，恰到好处。下面选取的是这篇演讲的一些片段：

例 5：

It's the answer spoken by *young and old, rich and poor, Democrat and Republican, black, white, Latino, Asian, Native American, gay, straight, disabled and not disabled* - Americans who sent a message to the world that we have never been just a collection of individuals or just a collection of Red States and Blue States: *we are, and always will be, the **United** States of America.*

（Obama, 2012）

例 5 以各色各样的美国人为背景，指向美国社会的文化多元性，但更为重要的是，在多元性和差异性之上，说话者对一个团结、统一和强大美国的信念、期待和呼唤。演讲中提到了饱受争议的同性恋者，也从侧面表示了对这个群体的尊重。奥巴马提到了红色州盟和蓝色州盟，分别指共和党和民主党，暗示虽是民主党当政，共和党也应为了美国的利益，共同做出应有的贡献。最后这句话不仅是指向说话人的文化信念，更是在重建这种信念。

例 6：

Even as we stand here tonight, *we know there are* brave Americans waking up in the deserts of Iraq and the mountains of Afghanistan to risk their lives *for us. There are* mothers and fathers who will lie awake after their children fall asleep and wonder how they'll make the mortgage, or pay their doctor's bills, or save enough for college. *There is new* energy to harness and *new* jobs to be created; *new* schools to *build* and threats to meet and alliances to *repair.*

（Obama, 2008）

　　这段提到了时事问题，使用了排比类存在句式话语，表明说话者心中装着在伊拉克和阿富汗的美军士兵，了解他们在用生命践行军人使命；他也了解国家的经济危机给生活带来的困扰，包括能源以及就业情况，担心各种现实的问题冲击美国人民的生活。这让人们认识到奥巴马的亲民形象，他懂得关心民众的生活问题。同时也明确本届政府的责任与担当。他使用了美国人偏好的"new"（崭新）来激活人民对政府的期待，这也是一种指向未来的文化期待。

　　2）学校话语

　　在美国学校里，学生家长可以和学校老师甚至校长直接沟通，对学生的各种问题进行协商。美国的一切教育活动全部是公开运行的。家长们可以通过家长委员会了解学校的最新发展、各类情况变化的最新信息；学校也能及时了解家长们关注的事情。家长委员会不是和学校对立的组织，他们监督、督促校方的工作，同时也付出实际行动支持学校的工作。每个家长都利用自己的专长或经济实力以各种形式来充实学校教育资源以及改善学校教学条件，如更新图书馆藏书、设立各类奖学金、在学校做义工、举办各类业余讲座等，包括由家长牵头联系社会名人举行各种义演、义卖，筹款给学校，其目的是加强家长与学校的合作，提高学校教育质量，保护自己子女的权益。

　　例 7：

Mrs Gump: *What does normal mean, anyway?* He might be a bit on the slow side, but my boy Forrest is going to get the *same opportunities* as everyone else. He's not going to some special school to learn to how to re-tread tires. We're talking about five little points here. *There must be something* that can be done.

　　　　　　　　　　　　　　　　（电影《阿甘正传（*Forrest Gump*）》）

　　甘太太提到阿甘应该有同样的机会上学。美国文化中特别强调机会平等而不是结果平等。美国教育制度也比较主张人人平等。它反映出美国人的信念，就是所有的学生都应该有机会接受优质的教育，只要个人有这个意愿就行。美国人相信人是可以改变的，即使中小学成绩不好的学生，如果机会来了还是能有好的表现。美国家长也都努力为孩子争取应有的权利。

（2）朋友邻居话语

朋友邻居之间交往属于日常交往，由于关系的紧密，话语更加随意，不像在公共场合有所收敛和保留。

1）困境

在困境中，美国人往往怀着积极乐观的态度，团结互助，共同应对出现的困难。

例 8：

Susan: Yeah. I'm just so angry. If Mary Alice was having problems, she should have *come to us*; she should have *let us help her*.

Gabrielle: What kind of problems could she have had? She was healthy, had a great home, a nice family. Her life was?

Lynette:-our life.

Gabrielle: No, if Mary Alice was having some sort of crisis, *we'd have known*. She lives 50 feet away, for god's sakes.

（美剧《绝望主妇（Desperate Housewives）》）

这是《绝望主妇》中主妇听闻好友玛丽·艾莉丝自杀时的谈话，苏珊表达了对玛丽的不理解，如果她有困难，应该告诉朋友，让朋友与其共渡难关，而不是选择极端的方式。同时，加布里埃尔表示如果她有困难，朋友应该是知道的，说明朋友之间关系的亲密和互助精神。

例 9：

Edie: That reminds me. My insurance cheque still hasn't come yet. Can I stay with you for a few more weeks?

Mrs Huber: Of course. What kind of *Christian* would I be if I denied shelter to a friend in need? Oh look, here's something we can salvage, your measuring cup. We can just scrape off the burnt part and it'll look good as new.

（美剧《绝望主妇（*Desperate Housewives*）》）

这是艾蒂（Edie）在自己家被烧成灰烬后，在废墟堆里寻找可用物品时与哈伯太太（Mrs. Huber）的对话。美国人生活中有两样东西非常重要：第一是税，多如牛毛，生老病死都躲不开大大小小的税；第二就是保险，虽然比不上税那么多，但每家多少都有保险。在美国买保险就等于买平安，想要平安，就要保险来垫底。美国人只要购买了房子，第一件事就是购买房屋保险。如果不买保险恐怕连房屋都买不到。房屋保险最基本的功能是避免房屋被破坏或损毁而遭受经济上的损失。艾蒂暗示在此时应该收到保险公司给予的赔偿，说明保险已经深入美国人生活。当艾蒂提出可否与哈伯太太住一段时间，哈伯太太爽快地答应，同时用一个疑问句指示宗教文化：作为基督徒的她怎能不关爱身边的人呢？基督教的道德核心就是"爱"，爱身边的人，大家都是兄弟姐妹。

2）聚会

美国人比较喜欢聚会，包括生日聚会、节日聚会等，聚会汇集了各种情境。

例 10：

Mike: Hi, nice to meet you. *What do you do*?

Carlos: I do something in *Wall Street*.

Mike: Oh, great. *I am Mike.* I work with a securities firm.

Carlos: Nice to meet you. I am Carlos.

（美剧《绝望主妇（*Desperate Housewives*）》）

这个对话是迈克和卡洛斯（Carlos）第一次见面时的对话，可以看出美国人在与陌生人见面时，会通过了解对方的工作来确认对方的身份，迈克开始对话时，只是问了对方的工作，却没有介绍自己，甚至连姓名都没有告知对方，也许迈克在没确定对方的工作之前不想透露自己的有关信息。卡洛斯没有正面回答自己的工作，而是告知对方工作地点在华尔街。华尔街是美国的金融中心，也是财富的象征，华尔街比任何事物都更能代表金融和经济力量。对美国人而言，有时华尔街等同于精英主义和强权政治的资本主义，但同时华尔街也能唤起美国人对市场经济的骄傲。在美国人的心目中，华尔街是一个依靠贸易、资本、金融和创新，而非殖民主义和掠夺成长的国家和经济系统的象征。当对方给出明确回复之后，迈克说"Oh, great"，是因为对方的工作与自己有相似之处，感觉彼此之间的距离近了许多，陌生感减弱，即使对方没有询问迈克的工作，迈克也会主动告知。由此看出，工作是确立美国人身份的重要指示方式。

例 11：

Carlos: *Children make everything worthwhile.* You guys are the *future Legacy.*

Andrew: Thanks.

Carlos: After we're all dead, you'll be the only ones left to carry on. Gabrielle and I are about to start a family.

（美剧《绝望主妇（*Desperate Housewives*)》）

这是朋友之间的小聚会，卡洛斯的母亲被车撞伤后，布利兹（Breeze）携儿子安德鲁（Andrew）前来问候。卡洛斯提到孩子可以使一切变得有意义，这是美国人的一种对未来的希望。美国人把希望寄托在下一代，不会留恋过去的美好，而是重视下一代的创造。卡洛斯很坦然地提到自己死后，希望下一代可以继承。美国人对死亡抱着平和的态度，认为死后可以重生。

（3）家庭生活

美国的家庭一般有两三个小孩，爷爷奶奶一般不与儿孙住在一起。美国人的价值观可总结为个人独立，个人权利和自由平等。

子女教育：美国人对孩子主要以爱的方式进行教育，美国孩子从小就生活在爱的环境中。在家庭中，家长尊重孩子的意愿，理解和支持他们的想法。当不能满足孩子的要求时，家长能够耐心解释，讲道理说服，从不强迫，很少有大骂子女的现象。美国人对自己子女讲话时也用礼貌用语，让孩子感受他人对自己的尊重。

例 12：

Lynette: Oh! Excuse me, I'm sorry, I'm looking for my boys. Three boys with red hair, have you seen them?

Lady: Yeah, I also saw you drive away and leave them.

Lynette: I know, I was just trying to scare them into behaving. Did you see where they went?

Lady: Yeah, yeah, they're in my kitchen.

Lady: Listen, uh, it seems to me that you have some anger management issues.

Lynette: I have 4 kids under the age of six; I absolutely have anger management issues.

Lady: Yeah, well I think you need to *talk to somebody*, because *abandoning your children*?

Lynette: I-I-I didn't abandon them, I came back!

Lady: Yeah, I'm just saying, it's not normal.

Lynette: Well, my kids aren't normal, and now I don't have time for this, lady, so. Boys! Get out here.

Lady: No, I don't think they should go anywhere until you calm down.

（美剧《绝望主妇（*Desperate Housewives*）》）

《绝望主妇》中，勒内特无法忍受三个孩子的捣蛋，为了教训他们，她途中让孩子下车。过了一会儿，她回去接孩子时，发现孩子已经不在原地。于是她询问住在附近的女士，女士并没有立即将孩子的行踪告诉勒内特，而是用陈述句指责她丢下孩子的不负责任行为。女士认为勒内特在管理孩子方面存在问题，"talk to somebody"是指勒内特需要社会服务机构的帮助，否则她这样丢下孩子的行为是要受到处罚的。美国人不主张通过发怒的方式教育子女。家长对子女的任何不负责任的行为，都会受到邻居或周围人的监督，他们有权将这些事报告给相关机构，有专门的机构会大力保障儿童的权利。

例 13：

Mrs Gump: Don't ever let anybody tell you they're better than you, Forrest. *If God intended everybody to be the same, he'd have given us all braces on our legs.*

（电影《阿甘正传（*Forrest Gump*）》）

在阿甘的孩提时代，他要靠支架固定自己的腿来走路，所以在旁人眼里，阿甘是一个外表怪异的弱智。阿甘妈妈选择说话者身份对少年阿甘传递信息：不要被别人歧视的话语吓到，如果上帝想要每个人都一样，那么他们也该用支架固定自己的腿来走路。上帝的公平在于允许个体的不同，甘太太鼓励阿甘要接纳自己，与别人不同并不丢人。

例 14：

Olive: Am I pretty?

Grandpa: Olive, you are the *most beautiful girl* in the whole world.

Olive: You are just saying that.

Grandpa: No，I am not. I'm madly in love with you. And it's not because of your brains or your personality, it's because you're *beautiful, inside and out.*

（电影《阳光小美女（*Little Miss Sunshine*）》）

　　这是电影《阳光小美女》(*Little Miss Sunshine*) 中祖父与孙女之间的对话，奥利芙（Olive）希望去参加选美，可又对自己没有信心，祖父则表达了他对孙女的欣赏，不仅赞赏了她的头脑和个性，还赞赏了她内外兼备的美。美国人喜欢用鼓励的方式帮助子女成长。只要子女想要去完成梦想，就会鼓励支持子女，使他们尽量挖掘自己的潜能。电影中为了使奥利芙顺利参加选美比赛，全家付出了很多代价。电影展现了美国人关怀子女的方式和追求梦想的坚定。

　　父母长辈：在美国社会中，子女满 18 周岁即可离开父母，独立生活，父母也不会再给予经济上的支持。长辈与晚辈之间也是保持友好和谐的关系。子女有权决定自己的事情，父母可以提供意见，而最终的决定权还是在子女。

　　例 15:

Bree: Phyllis, is there something you'd like to say?

Phyllis: You made the last years of Rex's life miserable and now he's dead and he'll never have another chance at happiness.

Bree: *You are no longer invited to the funeral.*

（美剧《绝望主妇（*Desperate Housewives*)》）

　　这是《绝望主妇》中，布瑞（Bree）和婆婆讨论丈夫葬礼时的对话。对话中媳妇直呼婆婆的名字，并不是不尊重的表现，在美国文化中这反映了双方之间的平等。由于婆婆指责布瑞使自己的儿子生活不幸福，布瑞一气之下拒绝她来参加丈夫的葬礼。虽然菲利斯（Phyllis）是布瑞的长辈，是她丈夫的母亲，却无法决定葬礼举办的方式，甚至可以不被邀请，这也是美国文化中家庭独立的表现。一旦子女成年，父母便无法干预其婚姻和家庭生活。

　　（4）宗教信仰

　　宗教对美国人来说，不仅是一种信仰，还渗透在日常生活中。一个美国人参加某个宗教组织，便意味着在社会上获得了某种身份和地位，他也会为自己在社会群体中拥有一席位置而感到心安理得。

那些不信教的人往往会被看作异类。美国人的一生，许多重要活动都同宗教有联系。无论出生、结婚还是死亡都要举行宗教仪式。美国人参加宗教仪式，都要仪态庄重，衣着整齐。如果到美国人家中做客，或许会碰到他们在饭前做祷告，如果客人不信仰他们的宗教，可以不参加祷告，主人也不会介意。

例 16：

Gabrielle: No, me? No, no. Confession is not really my thing.

Father Crowly: That's a *shame*.

Gabrielle: Okay. You can stop condemning me with your eyes. Right now. I know you know about the affair. But you know nothing about my life. Look, it's not even an issue anymore. John and I are finished.

Father Crowly: Gabrielle, the church is pretty clear on this. If you commit a *mortal sin*, and you die without *repenting*, you *go to hell*.

Gabrielle: Well, aren't you just a ball of fun. So, if I confess, it'll clean the slate, right?

Father Crowly: Well, not only that. If you want *God's forgiveness*, you have to be *truly sorry*, and you have to promise not to commit the sin again.

（美剧《绝望主妇（*Desperate Housewives*)》）

《绝望主妇》中，当加布里埃尔说忏悔不是她会做的事情时，神父觉得遗憾。加布里埃尔知道神父发现了她出轨的事情，她觉得一切都结束了。神父的话蕴含了基督教的教义：基督教强调认罪、悔改、饶恕、谦卑，等等。人自出生就带着原罪，人要对自己的罪过及罪念进行忏悔，得到上帝的原谅，死后才能上天堂，不然就会下地狱。因此，基督教徒做了一件坏事之后，就会到神父那里忏悔，以减轻自己的罪恶。

## 结语

通过上述语料的分析和讨论，我们可以看出，文化指示不仅仅发生在话语结构内部；一个看似极为普通的话语，只要在合适的情境中，也可以起到指示文化的作用。我们从话语层面上分析文化指示语，通过陈述式、提问式、使役式及感叹式话语所折射的文化语境信息，展示了美国文化背景下话语及言语活动的投射，进一步说明了文化和言语交际的关联方式，为文化的话语化、本地化解释提供了有效的前提。总之，特殊情境中的特殊话语不仅执行着具体的情境意向，更会激活特殊的文化联想。而正是这样的联想，才可能使这个话语显得非同一般，从而具备特定的文化能量。

## 参考文献

King, M. L. I Have a Dream: Full Text March on Washington Speech [EB/OL]. [1963-04-28]. NAACP, https://www.naacp.org/i- have-a-dream-speech-full-march-on-washington/

Obama, B. Yes, We Can[EB/OL]. [2008-01-08]. Emerson Kent, http://www.emersonkent.com/speeches/yes_we_can_obama.htm.

Obama, B. Barack Obama's Victory Speech-Full Text[EB/OL]. [2012-03-06]. The Guardian, https://www.theguardian.com/world/ 2012/nov/07/barack-obama-speech-full-text.

Starr, W. B. Mood, force and truth[J]. *Language and Value*, 2014, 31: 160-181.

Volosinov, V. N. *Marxism and the Philosophy of Language*[M]. Cambridge MA: Harvard University Press.1973.

白春仁. 边缘上的话语——巴赫金话语理论辨析[J]. 外语教学与研究，

2000，32（3）：162-168.

冯广艺. 语境适应论[M]. 武汉：湖北教育出版社，1999.

高玉. 论"话语"及其"话语研究"的学术范式意义[J]. 学海，2006，4：104-112.

胡壮麟，朱永生，张德禄. 系统功能语法概论[M]. 长沙：湖南教育出版社，1989.

李江梅. 中西方文论话语的文化规则比较[J]. 云南电大学报，2009，11（2）：32-35.

李筝. 政治讲话中框架的构建与重构——以文化指示语、隐喻、否定式为例[J]. 海南大学学报人文社会科学版，2011，29（5）：112-115.

施旭. 话语分析的文化转向：试论建立当代中国话语研究范式的动因、目标和策略[J]. 浙江大学学报（人文社会科学版），2008，1：131-140.

孙静怡. 话语分析：语言转向的归宿[J]. 外语学刊，2012，2：10-14.

王福祥. 话语语言学[M]. 北京：外语教学与研究出版社，1994。

赵琪. 英语构式形成与识解的转喻动因[J]. 外语与外语教学，2012，2：7-11.

朱永生. 语境动态研究[M]. 北京：北京大学出版社，2005.

# 第6章 指示的会话层面

## 引言

在上一章中，我们讨论了指示的话语层面，界定了话语、话语构式和特定情境的概念以及与指示的关系，通过对案例的分析，了解美国文化背景下在话语层面上的文化指示。本章将讨论指示的会话层面。

言语交际中会话是一种基本形式，它是"发生在互有交际要求的两人或多人之间的一段连续话语（Crystal & Davy，1975：86）"。会话分析（conversation analysis）是话语分析的一个分支，主要研究对象是日常口语会话，把书面语排除在研究范围之外，其研究重点是考察在自然情况下收集到的大量数据中反复出现的模式（刘虹，2004）。目前主要有两种研究会话的模式。

第一，社会学的研究模式。会话分析学派的主要创立者哈维·萨克斯（Harvey Sacks，1974）认为，会话是人类日常行为最常见的形式，对真实会话材料的研究比传统的内省法更能揭示更多的社会规律。萨克斯和另外两位美国社会学家谢格洛夫（Schegloff）、杰弗逊（Jefferson）开创了会话分析的研究，他们发现日常会话具有重要结构特征，反映了某一种语言的母语者所拥有的交际能力（Sacks, et al, 1974）。他们通过对日常会话语料的仔细研究，发展出一套影响巨大的会话分析理论。该理论的主要观点有三：其一，是话轮转换规则。他们认为，一套控制话轮构建的机制就是将下一个话轮分配给参与会话的一个人，并且协调转换，以便把间隙和重叠减少到最低程度，并提出了"转换关联位置"这一概念。其二，是对相邻语对的研究，萨克斯等人认为，一次会话至少由两个话轮组成，会话是成双成对的。这种两两相对的语句被称为"相邻语对"。他们具体分析了相邻语对之间的匹配关系，并提出了一条运用相邻语对的规则。其三，是纠偏机制，萨克斯等人认为，话轮转换体系跟纠偏机制是互相协调的，当话轮体系出现问题，多于一个人同时说话时，就需要纠偏，有的人就要在到达自己可能的结束点之前停止说话。

第二，语用学的研究模式。语用学研究会话结构的目的是要通过探索自然对话的顺序结构来揭示会话构成的规律，解释会话的连贯性（何兆熊，2000）。会话语用结构分析就是研究各语句在整个交际过程中的作用、意义及语用联系（周梅等，2002）。何兆熊认为会话结构分析可从两个不同方面入手，一个是局部会话结构的语用分析，另一个是整体会话结构的语用分析。局部会话结构分析是对整个会话交际过程中的不同阶段进行的语用分析，相邻语对是研究会话局部结构的较合适的基本单位。整体会话结构分析的研究对象是为达到某个交际目的而进行的一段对话，由三个部分组成：会话的开端、本体和结尾。在此基础上，文化语用学更强调对会话的文化语境合适性进行探讨。文化语用学的中心内容就是研究分析给定话语的言语行为所承担/设定（assume）的文化功能（Brogger，1992），它从三个方面对会话中的言语行为进行文化设定：（1）言语行为的文化语境设定；（2）言语行为的文化功能设定；（3）言语行为的文化亲和力设定（何刚，2004）。尽管会话通过多个言语行为来完成，但其文化设定是不变的。

许多学者从语用功能和认知角度，对会话话题的结构、分类等进行了论述，对其定义也各有看法。萨克斯和谢格洛夫（Sacks & Schegloff，1973）在他们的会话分析理论中指出，"话题应该在有全面的组织结构的对话中被讨论"，但是他们并没有结合语料对会话话题进行分析，只是引用"话题"这个概念进一步分析了话轮的特征而已。荷兰语言学家范迪克（Van Dijk，1977）定义话题为"如果一个概念或者一个概念结构（命题）能够把一个序列的概念结构有机地组织起来，那么它就能够成为话题"，而且根据语篇组织的不同层次，将其细分为句子话题、段落话题和总话题。麦卡锡（McCarthy，1991）认为，从一个正式的层面，话题可以被定义为围绕特定主题或言语标记（比如词汇标记和语音标记）的会话连续。理查兹（Jack. C. Richards，2003）等编写的《朗文语言教学及应用语言学词典》对话题的定义是"谈到或写到的东西"，同时指出："关于哪些话题可以谈论而哪些不适合谈论，不同的言语社团有不同的规矩。例如，有些社团认为疾病、死亡、个人收入、年龄等不适宜做谈话的话题"。（孙毅兵等，2004）因此，探讨话题选择有助于全面分析和研究会话。

　　文化语境是语境的子类范畴，自马林诺夫斯基（Malinowski，1929）首次提出"文化语境"概念之后的近百年来，语言学家从不同角度对文化语境进行了阐述和延伸。马林诺夫斯基定义文化语境为"人们在语言交流过程中能够通过预料、推测进而理解的知识结构"，它包括历史、风俗、习俗、价值标准和思维方式等。萨莫瓦尔等人（Samouvar, et al.，2001）认为文化语境包括知识的储存、经历、价值、行为、态度、宗教信仰、时间概念、空间关系、学科领域等诸多方面。克拉姆契（Kramsch，2000）将文化语境描述为一个言语社区成员共享的，有助于成员之间言语理解的历史知识、信仰、态度、价值观等。我国学者也对文化语境做了很多探讨，"从语用学的角度看，文化语境是一种关于言语行为的文化信息特征"（何刚，2006：42）。一方面，文化语境"作为人的行为模式的深层结构，规范和制约着言语交际"（曹京渊，2008：103）；另一方面，在特定的文化语境中理解话语，必须"依赖该文化特有的解释原则，才能做出'关联'的推导和解释"（何刚、张春燕，2006：35），它包括历史地域文化、宗教文化、社会风俗和价值体系（索振羽，2000），或者更加细化为"言语社团自己的历史、文化、风俗习惯、社会规约、思维方式、道德观念、价值取向（黄国文，2003）"。可以看出，文化语境尽管是一种非语言语境，但是它是言语理解过程中必不可少的关键因素和背景知识，尤其在话语推理过程中要充分利用和具体分析文化语境，才能保证社交言行的合理性、合适性和有效性（何刚，2011；2013）。

## 6.1 文化语境下的会话分析

美国的罗纳德·斯考伦和苏珊·王·斯考伦（2001）在他们合著的《跨文化交际：话语分析法》一书中提出，尽管文化是一个比较庞大的概念和体系，很难与话语表达和理解建立起直接的联系，但是，我们可以通过话语系统和会话结构来揣摩和感受到文化的存在。因为，它们往往就是社会行为模式、文化模式的重要反映或者就是其中之一种。说话人在会话过程中自然会使用不同的指示方式来折射文化，这种指示方式由于文化、民族和国家的不同而显示出独特的文化性。比如，在路上遇到熟人相互问候时，中国人的会话方式是问对方"吃了吗？""去哪儿？""干嘛？"等，而听话人根据中国文化习俗会说"吃了""出去一下""上班"等应景的话。这种问候话题的应答形式折射了中国人群体和谐的文化心理，大家就像一家人，你的温饱冷暖等问题也是我关心的事。但是这种问候方式在美国文化中是行不通的。美国人相互寒暄（American small talk）的形式是"问候—问候"，例如，"Hi!"—"Hi!""Good morning!"—"Good morning"，或者是"问候—感谢"，例如，"How are you?"—"Fine, thank you!"。从美国人问候话题的这两种不同应答形式，可以很明显地发现美国人的平等意识和个人主义价值观中的隐私权意识，可以看出话题的应答形式是在会话层面的一种指示文化语境的方式，它折射了说话人和听话人的文化意识，而会话中说话人和听话人如何在多个话轮应答的过程中进行话题的起承转合，就更是与文化语境密切相关了。

爱德华·霍尔（2010）在《超越文化》一书中创造性地提出文化具有语境性，可以分为高语境和低语境，并且分布在一个连续体的两端。高语境交际是指大多数的信息存在于物质环境中，或内化在人的身上，需要经过编码的、显性的、传输出来的信息非常少。

低语境交际则相反，大量的信息都编入了显性代码中。他尤其指出
美国这个国家的文化虽然不在文化流的底层，但是靠近文化流的低
端，也就是说美国文化是一个低语境文化（爱德华·霍尔，2010）。
我们可以从霍尔对高低语境的定义中看出，低语境文化把所要传递
的信息清晰地包含在了文字中，语言本身起到了重要作用。古迪孔
斯特（Gudykunst，1996）基于霍尔对高低语境文化的研究进一步指
出，两种语境下的成员与陌生人沟通的时候，高语境成员比低语境
成员更加谨慎，高语境文化成员会试图揣测对方的背景以及了解对
方个人信息，低语境成员则更注重谈话中的信息传递是否清晰，他
们喜欢用简单明了的信息加强谈话的有效性。

　　此外，学者们区分了两种会话方式：高介入会话方式和高体贴
会话方式（Tannen，1984；Yule，2000）。会话方式是会话的动态形
式表达，反映了会话参与者的态度、会话兴趣、会话意向、会话期
待等重要因素。高介入会话方式是指在参与会话时所采取的一种积
极的、语速和频率较快、话轮之间几乎没有停顿、对话双方或几方
话语互相重合的会话方式。该会话方式具有言语信息交流量较大、
频率较快、交谈双方或几方均积极地用言语方式参与表达自己的观
点以及话语的重合率比较高等特征。高体贴会话方式指的是在参与
会话时所采取的语速和频率较慢、话轮之间停顿时间较长、避免重
合、不打断、不强加的会话方式。该会话方式具有非言语信息量较
大、频率较慢、交谈双方或几方均倾向用非言语方式表达或参与表
达自己的观点以及话语的重合率比较低等特征。

## 6.2　文化语境下的话题分析

　　来源于形式语言学的优选原则，可以帮助我们建立一个有效分
析话语的文化语用信息和情景功能的模型（何刚，2006）。每种文化
都会优选一整套用于维持、巩固和增强文化亲和力的言语行为特征，
同时设定一些行为或互动特征为避选项。文化优选需要遵循"有利

于亲和力"的原则：凡是有利于产生文化亲和力的特征（话语的、行为的、环境的、事件的、人物的），都将被文化优选和突显，而那些不太有利于增强文化亲和力的特征可能被想当然地忽略，另一些可能对文化亲和力产生破坏作用的特征则被标注为"不选或避讳"的特征。因此，我们有了一组很有用的区别性文化语境特征：优选或优势文化特征（culturally favored features，CFF）、避选或劣势文化特征（culturally disfavored features，CDFF）。据此文化对言语行为的设定造成了两种主要的对立特征：优选语境特征和避选语境特征。进一步分析，言语行为的主要特征也可以加以区别。于是，我们得到了文化优选意向和文化避选意向。所谓文化优选意向，指的是在特定文化语用共同体中，一些被倡导的、鼓励的和受保护的、有利于文化意识（信念、价值观、道德观等）和范式的维持、加强和发展的意向，而避选的则是那些可能或被证明一定会产生破坏作用的意向。文化优选的言语行为形式往往只针对特定的、敏感的话题（何刚，2006）。人们在会话中所谈论的话题也就有了优选和避选之分。

## 6.3 美国文化特定的会话分析

会话是人们日常交往中最常见的一种形式，同时也是人们传送信息、获取信息的一个重要方式。一个民族所包含的所有文化事实和文化心理都在这个民族的会话里有所反映。在实际会话中，谁先说话、谈论什么、如何谈论等问题也是受一定的社会文化规则指导和约束的。文化不同、语言不同，人们的会话交际行为必然有别，指导会话交际行为的规则也会随之千差万别。美国文化是欧洲文化的继承和发展（何道宽，1994），是美国人在 200 多年的生活历史中逐步形成的关于周围世界、社会活动、人际交往、个人行为、彼此行为等的文化互知和文化见识。美国属于工业国，又是一个民族众多、文化多元的社会，人口迁移量大、速度快，加上"个人主义"

和"隐私"的观念，使人们相互之间不易培养共同的生活经历和背景，在交流中不得不靠语言来表达意图，由此形成低语境文化（Gudykunst，1983）。沟通对于美国人非常重要，而沟通的具体形式就是会话。从会话的社会功能来说，会话可以消解人们相互之间的差异，达到相互的协调与合作，实现社会的和谐。因此，会话在美国社会不仅实践着社会功能，更实践着重要的文化共识功能。美国人会话中的言语行为一定是受到其文化的设定而承担建构文化语境功能的（何刚，2004）。

### 6.3.1 宏观层面美国文化语境下的会话分析

美国人会话过程中所表现出来的会话方式折射了美国特有的文化语境，具有其独特的会话动态特征和话语行为特征。

第一，美国是低语境文化，所以美国人会话时所表现出来的最主要的动态特征是高介入式（high involvement style），在此模式中，对话人在参与会话时采取一种积极的语速，对话双方话语互相重合度高（Tannen，1984）。

例 1：

莫妮卡（Monica）和瑞秋（Rachel）的住处，大家围坐在厨房餐桌旁。瑞秋的信用卡都摆在桌上，旁边有一把剪刀。

Rachel: Oh God, come on you guys, is this really necessary? I mean, I can stop charging anytime I want.

Monica: C'mon, you can't live off your parents your whole life.

Rachel: I know that. That's why I was getting married.

Phoebe: Give her a break, it's hard being on your own for the first time.

Rachel: Thank you.

Phoebe: You're welcome. I remember when I first came to this city. I was fourteen. My mom had just killed herself and my step—dad was back in prison, and I got here, and I didn't know anybody. And I ended up living with this albino guy who was, like, cleaning windshields outside port authority, and then he killed himself, and then I found aromatherapy. So believe me, I know exactly how you feel.

(Pause)

Ross: The word you're looking for is 'Anyway'...

（美剧《老友记（*Friends*）》）

　　首先，这段对话从句子层面可以看出美国文化对于他们言语行为的影响。瑞秋的朋友们在劝说她勇敢地做一个独立的人，you can't live off your parents your whole life（你不能一辈子靠父母生活），这正是美国文化预设的独立自主精神，也是美国文化优选的话题之一。其次，从会话方式层面可以看出，在这段对话的前半部分，这几个朋友在谈论美国文化中优选的话题时表现出了明显的高介入式的会话特征，瑞秋、莫妮卡和菲比（Phoebe）三个人说的话前后结合得很紧密，几乎没有任何停顿，表明他们的会话态度很积极，而且对于这个话题很感兴趣。可是，在会话的后半部分菲比滔滔不绝地讲了一大段话，当她停下来的时候，大家的反应就是短暂的沉默。菲比此时的言语其实是违反了美国文化预设的会话模式，即美国人之间的典型谈话模式应该没有人说很长时间话，会话参与者通常在对方说了一句话后的几秒钟之内说下一句话，大家轮流发表意见，这就是美国人喜欢的言语互动形式。也有人把这种互动方式称为"妙答（机敏的应答 repartee）""看美国人聊天就像看一场乒乓球赛，你的头得来回不停地快速摆动，以至于你的脖子都快断了"。如果有人持有话轮时间过长，美国人就会失去耐心或者无法专注于对方说的是什么，所以当菲比在一个话轮里说得太多时，大家也许是无意识地表现出不合作的会话态度，或者就根本没有听懂菲比的话。这其实也是制片人故意为之的一个笑点，从影片中我们也可以听到在这时候出现了场外观众的大笑声。

　　因为美国人高介入式的会话方式，所以沉默是不受社会认可的会话行为，具有消极意义（Samovar, et al, 2001）。会话过程中，美国文化鼓励自发地表达观点和详细的评价，在美国高介入式的会话特征影响下，美国人的文化共识就是会话参与者话说多了不好，不说话也是不好的。美国人无法忍受会话中的沉默，认为"沉默让人不舒服""很尴尬""是对说话人的忽视"（Viswat & Kobayashi，2008）。如果出现了沉默，美国人就会试图用各种方法去填补。

例 2：

Rachel: (entering) Hi you guys!

Chandler: How did the job stuff go?

Rachel: He offered me one.

Ross: (gasps) You know what? This calls for a bottle of Israels finest.

Rachel: The job is in Paris. (They all stare at each other)

(Silence)

Rachel: Oh, God! Please, somebody say something.

Ross: So if you take this job you'll be moving to Paris?

Rachel: I know, it's huge, and it's scary, and it's... really far, far away from you guys, but this is such an incredible opportunity for me. And I've already talked to them about our situation with Emma, and they said they'll do whatever we need to make us feel comfortable.

Ross: Okay.

（美剧《老友记（*Friends*）》）

瑞秋得到了一个去巴黎工作的机会，代价是离开大家。朋友们听到这个消息后既震惊又意外，一时没人反应过来该说什么。一段时间的沉默让瑞秋很害怕，迫切希望谁能说点什么，即把自己想的说出来，尽管从朋友们的表现中可以猜测到大家的震惊和不接受，但是瑞秋还是需要有人能把心里想的说出来，朋友们不说话，她就不知道自己的这个决定对于大家而言是好是坏。在瑞秋的要求之下，罗斯（Ross）最先反应过来续上了对话，之后瑞秋的解释其实完全可以放在沉默的那段时间，但是对于瑞秋而言，在她发布了新消息之后，她需要先得到其他人的反馈信息才可以继续她的这段对话。这清楚地表现了美国的低语境文化，语言是信息的最主要的载体，通过语境或参与会话者传递的信息只是极少的一部分，人们需要把所要传递的信息清晰地包含在言语中，是语言本身而不是说话当时的环境起作用。听话人是不能忍受模糊的言语信息或沉默的。

第二，从语言形式上看，美国人在会话中也是尽可能地使用一些有代表性的话语和行为，由此呈现出美国低语境高介入式的会话方式（特征）。

比如，you know 在美国文化语境下就起到了提醒对方注意、避免过长的停顿、确认听话者理解了所讲话语、补充说明等语用功能。

例 3：

在《当幸福来敲门》（*The pursuit of happiness*）这部电影中，主人公克里斯（Chris）是一个有了目标就会全力以赴、不畏困苦，即使面对客户的拒绝也能保持微笑，对儿子克里斯托弗（Christopher）严格管教、言传身教的人。影片中有一个场景是克里斯和儿子在玩篮球，儿子想要成为职业球员，克里斯对于儿子的梦想先是下意识地给予了否定，之后发现自己不该那样打击儿子的积极性，于是换了种方式赞赏并教育儿子要保护自己的梦想，要通过自己的努力去实现它。

Christopher: "Hey, Dad, I am going pro.

Chris: "Okay. Yeah, I don't know, you know (补充说明). You'll probably be about as good as I was. That's kind of the way it works, you know (确认). I was below average. You know (提醒注意), so you'll probably ultimately rank somewhere around there, you know (避免过长提顿), so... I really...You'll excel at a lot of things, just not this. I don't want you shooting this ball all day and night. All right?"

Christopher: All right.

Chris: Okay.

　　然后克里斯托弗沮丧地低着头，手往裤子里一插，撅着嘴，脸上写满了失望,克里斯若有所思地看着儿子从自己身边低着头走过，把篮球放进塑料袋里。克里斯似乎若有所动，表情很严肃地对儿子说了下面一番话。

　　Chris: Hey. Don't ever let somebody tell you, you can't do something, not even me, All right?

　　Christopher: All right.

　　Chris: You got a dream, you gotta protect it. People can't do something themselves, they wanna tell you you can't do it. If you want something, go get it.

　　　　　　　　　　（电影《当幸福来敲门（*The pursuit of happiness*)》）

　　父子的会话话题表明美国人的性格特征之一是相信并崇拜个人奋斗，强调依靠自身力量实现自我价值。由此可以看出美国人的个性独立，主要建立在个人奋斗和个人能力基础上，在有关个人的发展问题上个人有权做出决定，任何人不得横加干涉，即使那人是自己的父亲也不行。

## 6.3.2　美国文化微观语境下的话题分析

　　人们在会话的开始就要建立会话的话题。话题是人们交际的核心，因此，话题表述是否得当在很大程度上会影响到会话的进展和结果（郭宏丰，2008）。然而语言意思不单单是主观意愿的表达，它还得受社会习俗的制约。在美国文化语境下，美国人话题的选择、进展以及转换等策略会受到美国社会规范、言语规则和交际情境的制约，这些都和美国文化密切相关。

　　（1）话题开始

　　作为一种表示问候应酬的辅助性语言，寒暄语的表达是发生在会话开始的行为。雅柯布森（Jakobson，1960）把寒暄功能（phatic function）列为语言的功能之一，认为当交际双方出现尴尬、沉默时，寒暄交谈最可能发生，其目的在于维持社交接触而非探究语码所传递的信息。拉韦尔（Laver，1974：217）也认为寒暄最基本的社会功能是"人们之间相互活动中造成关键的心理空白时所进行的人际关系的细节处理"。戈夫曼（Goffman，1967）认为寒暄语具有建立和延续各种人际关系的作用，而且寒暄语也必须遵守社会文化准则。寒暄时使用的语言是高度规约的，因此，听话人几乎总是能够判断说话人在进行寒暄。为了营造友好和谐的社交气氛，美国人的寒暄语大都直截了当。与陌生人或不太熟悉的人寒暄，美国人常通过打招呼——问询目前的状况（像天气、体育运动、正在发生的事，等等）进入正题。

例 4：

赛斯（Seth）是一位安装空调的技师，他来拉里（Larry）家是为了评估空调的安装是否合格。两人是第一次见面。

Seth: Excuse me.

Larry: Hey, how are you guy?

Seth: Are you ~Larry? Are you ~Larry?

Larry: Yes. How are you?

Seth: Are you? You're the guy.

Larry: Hunh?

Seth: You're the guy to talk to then.

Larry: I'm the guy.

Seth: I didn't know if I had the right place.

Larry: Yeah, you got it. I just—

Seth: What are you doing there?

Larry: You're probably trying… Yeah this is strange. What's this [guy] doing?

Larry: I'm putting water in a twenty—six gallon container, inside my ... truck.

Seth: Wow. That's quite a p—

Larry: Cause I had to haul it to a property, which doesn't have any water, and I have to spray the road.

Seth: Ah.

Larry: Cause the road…before you can drive on it,

Seth: Interesting.

Larry: It needs ... more uh ... more ... stability... . Evidently. So give me one second to lock this thing.

Seth: Is that to keep the dust, keep the dust down?

Larry: Well, no, it's not that so much, it's uh, they put, ... they put uh, a type of uh ... base on it that needs water and, that just hasn't happened yet.

Seth: Oh, I see. So there's some chemical reaction that has to take [place],

Larry: Yeah. I guess... a good a... analogy. No. That should hold it in there. Okay. Nice to meet you.

Seth: How you doing. Good to see you.

Larry: What's your name?

Seth: Seth.

Larry: Seth. Okay.

Seth: Here's my card here.

Larry: Thanks ~Seth. I think it's warming up a bit here.

Seth: Is this the house we're looking at?

Larry: I'll take you down in the basement.

Seth: Is the furnace down in the basement?

Larry: What's left of it?

（Santa Barbara Corpus）

在例 4 中，赛斯先用"excuse me"引起拉里的注意，然后拉里回应"Hey, how are you guy?"但是赛斯没有正面回答，而是先确定拉里是不是他要找的人，当确定了以后赛斯并没有马上进入正题，即说明自己来的目的，而是对拉里正在做的事表示了兴趣，结果两人谈论了很长一段时间，在拉里向赛斯清晰地解释了整件事后，两人这才又回到最初的话题——相互介绍。所以在介绍的这个话轮中间加入了很长的一段无关话题，但最终两人还是完成了寒暄的步骤，进入他们真正的主题——赛斯来看拉里家的空调安装是否合格。在这里寒暄就起到了表述话题的前奏作用。同时，两人寒暄的话题也紧密围绕拉里此时正在做的事展开。

打招呼是一种日常言语行为。在具体情境中文化优选的招呼形式和功能却是有区别的（何刚，2007）。不同的问候语就是不同人际关系的指示词，也就是说，根据人们问候时所说的话就可以推测出两人的关系如何。例如，在美国情景喜剧《生活大爆炸》中，莱纳德（Leonard）和谢尔顿（Sheldon）是室友，也是好朋友，两人之间的问候通常是"Hi—Hi"或者"How's your day?—Fine"。但是有一次由于一件小事，两人决定断绝朋友关系，他们的问候语就发生了变化。

例 5：
所有人围坐在桌子旁吃饭。这时，门开了，谢尔顿进来。
Sheldon: Hello, dear friends.（然后谢尔顿看向莱纳德坐的方向，说）And Dr. Hofstadter.
Leonard（抬起头）：Sup?
Sheldon（犹豫了一下）：Sup?
（美剧《生活大爆炸（*The Big Bang Theory*）》）

在这里，有两点值得注意的地方。一是称呼。称呼是当面用的表示彼此关系的名称。一个名叫 John Smith 的人在不同场合，可以分别被称为 Sir、Mr. Smith、Boy、John、Dad 等。布朗（Brown）和吉尔曼（Gilman）（1972）把称呼分为名字称呼和称号加姓氏称呼，并认为前一类称呼标志着"关联"（solidarity），后一类称呼标志着"权力"（power）。称呼语更是直接表达社会距离、人际关系的言语手段（Barker& Galasinski，2001）。在例 4 中谢尔顿和大家打招呼时说"Hello, dear friends. And Dr. Hofstadter",很明显谢尔顿把莱纳德排除在"朋友"之外,而且霍夫斯塔特博士(Dr. Hofstadter)是一个正式称呼用语,本应出现在正式场合,在此使用表现了说话人和听话人之间的社会距离比较疏远。谢尔顿通过称呼莱纳德为霍夫斯塔特博士(Dr. Hofstadter)来表明自己和莱纳德不是朋友关系。二是问候语。在美国文化语境中,如果对方是陌生人或工作伙伴,出于尊重个人隐私和节省时间的文化语用规则,人们用"Sup"代替"what's up",被问候的一方一般回答"not too much"或者"nothing",亦可直接用"what's up"或"Sup"作为回应。而莱纳德和谢尔顿本来是一对好朋友,但是断绝朋友关系以后,两人之间的问候就不再是朋友之间"how's your day?"之类的问候语,而采用了"Sup?",回答也是"Sup?",莱纳德和谢尔顿通过问候方式的改变传达了"我们不再是朋友"的信息。也就是说问候语其实是人际关系的指示方式,通过打招呼时使用的问候语,将交际双方的身份、地位、角色以及二者之间的亲疏关系突出出来并加以确定。

（2）选择话题

前文说过,来源于形式语言学的优选(Barton,1990)原则,可以帮助我们建立一个有效分析话语的文化语用信息和情景功能的模型(何刚,2006)。在日常会话中,美国人喜欢交谈的大众话题是天气、工作、业余爱好、地方和全国性事件、熟悉的人,或者过去的经历,尤其是会话者们都有过的经历。不熟悉的人之间不会讨论政治和宗教,或者过于私人的话题,像类似性(sex)、身体排泄(body function)、个人能力的不足(perceived personal inadequacies),是只有在关系很近的朋友之间才会讨论的私人话题。最明显的例子就是美国情景喜剧《老友记》和《生活大爆炸》。这两部剧中的很多情节都和性有关,但这并不是说美国人是很开放的民族,而是因为这两部剧的背景设置就是发生在好朋友或者说亲密朋友之间的故事,所以他们的话题才会涉及很多在我们看来很私人化或者很开放的内容。

以下几例都是取自《老友记》不同剧集里关于上厕所的说法。

例 6：

Phoebe: Oh hey Mon? Rach is here! Ohh, you're still pregnant. Oh, I'm sorry. I know how uncomfortable you are. Y'know what? You look great. Yeah, like fifty bucks.

Rachel: Oh, I have to go pee. Apparently this baby thinks that my bladder is a squeeze toy. (Goes to the bathroom.)

（美剧《老友记（*Friends*）》）

例 7：

Joey: What if we have to pee?

Chandler: I'll cancel the sodas.

（美剧《老友记（*Friends*）》）

例 8：

Joey: I'm gotta go to the bathroom.

Phoebe: No, you can't go. No—no—no, I can't hold this table on my own. If they ask me to move, I'll cave.

Joey: If you ask me to stay, I'll pee. (leaves)

（美剧《老友记（*Friends*）》）

例 9：

Michelle: Thank you so much for letting me do this. Public bathrooms freak me out, I can't even pee, let alone do anything else.

Ross: But, what's great is that you don't mind talking about it.

Michelle: It's so amazing I met you the same day that Eric broke up with me, because it's like you lose a boyfriend, you get a boyfriend.

Ross: Uh—ah!

（美剧《老友记（*Friends*）》）

从例 6 至例 8 中可以看出，不管是同性朋友还是异性朋友之间，美国人在谈论到类似上厕所之类的话题时基本没有顾忌，直接会说 pee，而不用 go to the bathroom。例 8 中，乔伊（Joey）先说了 go to the bathroom，这是因为他俩是在公共场合，所以乔伊还是有所顾忌，但是当菲比不配合时，乔伊就直接说出了 pee。然而这种对于"上厕所"话题的无所顾忌只能是在关系非常密切的朋友之间才可能发生。作为对比，在例 9 中，米歇尔和罗斯是刚认识不到半个小时的"朋友"，米歇尔直接说出 pee 这个单词的时候，对于罗斯而言就是无法忍受的，所以罗斯才会说 what's great is that you don't mind talking about it.，这充分证明美国人会话话题的可深入度和可及性都是和美国文化语境密切相关的。

在美国文化中，美国人非常尊重个人的隐私权，在交谈中忌讳提及诸如年龄、婚姻状况、个人收入、信仰之类的话题，认为那些纯属个人隐私，不便询问，否则便被视为不礼貌，故而在与人相处的过程中，都非常有原则地不过问对方上述隐私。在与朋友相处时对自己认为不合理、不喜欢的事情会直截了当地说出自己的不同意见。

在美国人看来，"老"就意味着"不中用了""该退休了"。由此，年龄成为一个禁忌话题，尤其是对于女性，询问女士的年龄是相当不礼貌的事。

例 10：

谢尔顿教佩妮如何玩电脑游戏。

Sheldon: I must say you're playing very well for a woman of 23.

Penny: Twenty—two.

Sheldon: Right, 22.

（美剧《生活大爆炸（*The Big Bang Theory*）》）

在这一集中，佩妮说自己 22 岁，有两种理解：第一，佩妮独自一人在外谋生，她不想透露自己的真实年龄，所以说 22 岁；第二，佩妮是 22 岁，但是谢尔顿说错了佩妮的年龄，佩妮非常计较谢尔顿把自己年龄说大了一岁，所以纠正了谢尔顿。总而言之，谢尔顿当面指出佩妮的年龄已经违反了美国的社会习俗，再加上佩妮对此话题敏感的反应都增加了剧情的喜感。

例11：

佩妮开车载谢尔顿去超市的路上。

Sheldon: This car weighs, let's say 4, 000 pounds. Now add 140 for me, 120 for you...

Penny: 120?

Sheldon: Oh, I'm sorry. Did I insult you? Is your body mass somehow tied into your self—worth?

Penny: Well, yeah.

Sheldon: Interesting. Anyway, that gives us a total weight of, let's say 4, 400 pounds.

Penny: Let's say 4, 390.

（美剧《生活大爆炸（*The Big Bang Theory*）》）

和年龄一样，体重也是美国人日常生活中的禁忌话题。在描述体型方面，女性非常忌讳被人说"胖"。当谢尔顿估算佩妮的体重为120磅（约54千克）时，佩妮表现出非常计较谢尔顿对自己体重的估算，正如谢尔顿所说"体重跟自我价值有关系"，在谢尔顿得出总重之后，佩妮还是从中减去了10磅，这体现了佩妮忌讳"胖"的心理，也正是幽默所在。

话题的选择在很大程度上受文化规范的制约。一般来说，具有共同的社会知识和文化背景的人互相之间对话题的表述和理解不会有什么问题。日常对话中，说话者和听话者是在共享其文化中优选和避选话题的前提下进行对话的，因为这些话题是默认的文化共识。

（3）话题推进

文化对社交言行的驱动，表现在它对互动情境中特定意向的优选、驱使。在情境化的话语信息演算中，任何一个意向的生成，都会经过大脑的情境化选取；一个装有文化信息的大脑，始终会针对特定情境的需要进行语境化处理，首先确定某一特定需要是否具有文化的关联；如果有文化关联，它是一种弱关联还是强关联；如果是弱关联，可以忽略吗？如果是强关联，那么，文化可否确定意向的文化属性？在谈及对方的某些话题时，美国文化倾向选择较直接的方式（何刚，2003）。在《幸福来敲门》中，克里斯（Chris）和主考官马丁（Martin）以及推荐人杰伊（Jay）之间的一段对白。

例 12：

Martin: Jay?

Jay: Yes, sir. （从称呼看出，社会地位不同）

Martin: How many times have you seen Chris?

Jay: I don't know. One too many, apparently.

Martin: Was he ever dressed like this?

Jay: No. Jacket and tie.

Martin: First in your class in school? High school?

Chris: Yes, sir.（从称呼看出，社会地位不同）

Martin: How many in the class?

Chris: Twelve.

Martin: It was a small town. I'll say...（打断老板的话，坦诚，急于说出自己的想法）

Chris: But I was also first in my radar class in the Navy, and that was a class of 20. Can I say something? I'm the type of person if you ask me a question, and I don't know the answer. I'm gonna tell you that I don't know.（诚实是第一位的）But I bet you what. I know how to find the answer, and I will find the answer.（努力工作） Is that fair enough?

Martin: （转换话题）Chris. What would you say if a guy walked in for an interview without a shirt on and I hired him? What would you say?

Chris: He must've had on some really nice pants. （表现了美国人

的幽默）

（电影《当幸福来敲门（ *The pursuit of happiness* ）》）

　　这段对话由很多话轮组成，具体分析如下：首先，这是面试的场合，话轮是以询问——回答，即上司问、下属回答的形式进行，符合话题框架。其次，克里斯的会话方式有所转变，先是对上司的问题简洁回答，当马丁对克里斯的能力有所怀疑时，克里斯的会话方式有明显转变，从简洁回答直接转变为抢话，宁愿打断老板的话也要明确表达自己的想法，而且美国人的幽默也在最后一句凸显，尽管知道自己的着装不符合面试的场合，但是还是不忘幽默一把。最后，从话题推进来看，权势和自信是限制会话人会话行为的两种文化语境。总话题是关于是否录用，克里斯在对权势和对自己能力的自信两种文化语境进行选择时，起初是权势起作用，而会话后半部分起作用更大的是美国深层文化语境，即个人独立、相信自己，依靠自己的优选文化话题占上风，不去顾忌社会地位的不同，要让别人对自己信服。在克里斯的自我辩护中，明显体现了美国文化语境所优选的话题特征：诚实、努力工作、自信、公平竞争，等等。

　　因此，话题是人们会话的核心，但交谈中的话题不可能是固定不变的。人们总是因境生题，有感即发，想从一个话题转换到另一个话题（郭宏丰，2000）。在美国文化语境下，美国人话题的选择、进展以及改变对话的策略会受到美国社会规范、言语规则和交际情境的制约，而这些都和美国文化语境密切相关。

# 结语

　　文化指示因文化语境特征或隐或现，在会话中文化指示或提示需要依靠说话人和听话人的文化自知和互知；但是，文化的渗透力无处不在，影响着不同民族人们的思维活动。每一个操不同语言的人都有一种自己对客观事物的态度和价值标准（曹京渊，2008），本书对会话中的美国文化语境指示方式做了初步研究，归纳了在会话过程中人们共同遵守的美国文化语境原则。由于美国文化的低语境特征，大部分会话信息必须出现在传递的讯息中，以便补充语境中缺失的部分（内在语境及外在语境）（霍尔，2010）。因此，在理解、分析美国人会话时，只有将与美国文化语境相关的内容和规则作为参照系，才能使交际双方在言语层面、意识层面达到文化语用信息交流的目的。一方面，美国文化低语境的特征使美国人在对话中大量使用带有文化指向性的表达方式来进行信息的交流；另一方面，美国人这种独特的交谈方式和互动模式也折射出美国特有的文化语境。美国人的这种会话行为贯穿于会话的整个过程，他们尽可能用语言表达一切，通过多个言语行为交换实现会话的情境功能。在日常会话中，美国文化语境确保美国人按照其文化所倡导或优选的方式进行互动，确保人际交往的良好氛围和社会互动的正常进行，确保其文化亲和力的巩固、加强和持续。美国人的会话方式和会话话题推进模式也都受到美国文化互动原则、规则和态度的支撑和制约，因此在这个意义上，可以说会话的过程和细节也具有文化指向或指示功能。

## 参考文献

Barker, C., Galasinski, D. *Cultural Studies and Discourse Analysis: A dialogue on language and identity*[M]. London: SAGE Pulications, 2001.

Barton EIlcn L. *Non-sententiai Constituents*[M]. Amsterdam: John Benjamins, 1990.

Brogger, F. C. *Culture, Language, Text: Culture studies with the study of English as a foreign language*. London: Scandinavian University Press.1992.

Brown, R., Gilma, A. The pronoun of power and solidarity[A]. In: Sebeok, T. A. *Style in Language*. 1972: 252-281.

Crystal, D. and D. Davy. *Advanced Conversational English*[M]. London:

Longman, 1975.

Du Bois, J. W. Santa Barbara Corpus of Spoken American English (SBCSAE)[EB/OL]. https://catalog.ldc.upenn.edu/LDC2000S85.

Goffman, E. *Interaction Ritual: Essays on Face to Face Behavior*[M]. Garden City, New York: Doubleday and col, Inc., 1967.

Gudykunst, W. B. *Personal Communication Across Cultures*[M]. Thousand Oaks: Sage, 1996.

Gudykunst, W. B. Uncertainty reduction and predictability of behavior in low—and—high context cultures[J]. *Communication Quarterly*, 1983 (31): 49-55.

Jakobson, R. *Style in Language*[M]. New York: John Wiley & Sons, 1960.

Kramsch, C. *Context and Culture in Language Teaching*[M]. Oxford: Oxford University Press, 2000.

Laver, J. *Communicative Functions of Phatic Communion*[M]. London: Longman, 1974.

Malinowski, B. *The Scientific Theory of Culture of Fei Xiaotong*[M]. Beijing: Hua Xia Press, 1929.

McCarthy, M. *Discourse Analysis for Language Teachers*[M]. Cambridge: Cambridge University Press.1991.

Richards, J. C., Schnide, R. *Longman Dictionary of Language Teaching & Applied Linguistics*[M]. Beijing: Foreign Language Teaching and Research Press, 2003.

Sacks, H., Schegloff, E. A. Opening Up Closing[J]. *Semiotica*, 1973, 8: 289-327.

Sacks, H., Schegloff, A., Jefferson, G. A Simplest Systemtatics for the Organization of Turn—taking for Conversation[J]. *Language*, 1974, 50(4): 694-735.

Samovar, L. A., Porter, R. E., Stefani, L. A. *Communication Between Cultures* (4th ed) [M]. Belmont, C. A.: Wadsworth Publishing Company.2001.

Tannen, D. *Conversational Style: Analyzing talk among friends*[M]. Norwood: Ablex.1984.

Van Dijk, T. A. *Text and Context: Explorations in the semantics and pragmatics of discourse*[M]. London: Longman, 1977.

Viswat, L., Kobayashi, J. Cultural Differences in Conversational Strategies—Japanese and American University Students[EB/OL]. [2008-10-01]. *Journal of Intercultural Communication*, http://immi.se/intercultural/nr18/viswat.htm

Yule, G. *Pragmatics*[M]. Shanghai: Shanghai Foreign Language Education Press, 2000.

爱德华·霍尔. 超越文化[M]. 北京：北京大学出版社，2010.

曹京渊. 言语交际中的语境研究[M]. 济南：山东文艺出版社，2008.

郭宏丰. 论英语会话中的言语性话题转换信号[J]. 宁波大学学报，2000，13（2）：44-48.

郭宏丰. 英语会话语用分析研究[M]. 杭州：浙江大学出版社，2008.

何道宽. 论美国文化的显著特征[J]. 深圳大学学报，1994，11（2）：85-96.

何刚，温婷. 文化的语境化：文化信息的情境介入——兼论文化指示语的作用[J]. 语言教育，2013，1（1）：44-51.

何刚. 话语、社交、文化——文化驱动的社会语用视角[J]. 外语教学理论与实践，2011（3）：35-41，74.

何刚. 论言语文化行为[J]. 修辞学习，2007（6）：16-20.

何刚. 情感表达——文化语境与行为[J]. 外语学刊，2003（1）：37-42.

何刚. 文化设定与言语行为——语用方式的文化解释[J]. 外语研究，2004（5）：7-11，18.

何刚. 文化语境的建构——拟想的模型[J]. 中国外语，2006，3（5）：73-77.

何刚，张春燕. 试论文化语用原则[J]. 修辞学习. 2006（5）：34-38.

何兆熊. 新编语用学概要[M]. 上海：上海外语教育出版社，2000.

黄国文. 语篇分析概要[M]. 长沙：湖南教育出版社，2003.

刘虹. 会话结构分析[M]. 北京：北京大学出版社，2004.

斯考伦. 跨文化交际：话语分析法[M]. 北京：社会科学文献出版社，2001.

孙毅兵，师庆刚. 会话分析中的"话题"面面观[J]. 外语与外语教学. 2004（9）：13-16.

索振羽. 语用学教程[M]. 北京：北京大学出版社，2000.

周梅，张啸. 礼貌的文化内涵和中西会话语用结构对比分析[J]. 重庆大学学报，2002，8（4）：107-110.

# 第三编　指示的功能解释

# 第7章 指示的信息功能

## 引言

在第二编中，我们主要讨论了指示语在语言、话语和会话等层面的言语形式表征，了解了指示语在语音、词汇、句法等微观层面和在话语构式及会话动态结构等宏观层面的体现方式。这些结构特征的出现不是随机和偶然的，它们是功能意义的载体，是为一定的交流目的而服务的。也就是说，这些言语形式的表征状态有其特定的服务目的功能。在第三编中，我们将集中介绍指示语的功能性作用，通过对常见的时间、空间、人称指示语的分析，探讨指示语的信息功能、话语结构功能、行为支持和驱使功能以及人际关系功能。本章主要讨论指示的信息功能。

## 7.1 指示的信息功能界定

指示是日常生活中的一种常见现象，它反映了语言结构对言语交际中所涉及的人、事、物、时空等信息的指称、指引关系。指示语即为行使指示功能的语言结构形式，它映射出了话语与语境之间的关系，体现了话语中的时间、空间及移动等概念，涵盖了话语进程、会话双方的相互识别及相互关系等指示信息。指示语所表达的这些指称意义或含义统称为指示信息（李捷等，2010）。指示语如何行使传递这些信息的功能即为本章讨论的重点——指示的信息功能。

## 7.2 指示的信息功能范畴

前文我们讨论过，指示语按照其指示性质与语境结合的不同情况，主要可以分为三大类：时间指示（temporal deixis）、空间指示（spatial deixis）和人称指示（person deixis）（Yule，1996）。费尔默（Fillmore，1971）认为在上述三种指示中，还可划分出话语指示（discourse deixis）和社交指示（social deixis）。莱文逊（Levinson，1983）则认为指示语可以直接划分出上述五种类型，即时间、空间、人称、话语和社交指示。这些指示在不同的语境中依据交流需求传达了不同的信息。有些信息可以凭借语言性语境直接明了地传达，有些信息的传递则需要依托非语言性语境间接地传递。"文化语境"就是一种典型的非语言性语境，指示的信息依靠该语境可以折射出言者意欲传达的更深层次的隐性信息。文化指示性不仅普遍存在于上述的指示语中，在一些语汇的选择与使用上也有所体现；因此，本章认为除去上述提及的指示分类之外，文化指示也是一种不可忽视的指示标记，凡是具有文化信息指示功能的指示语均可被视为文化指示语。

## 7.3 文化指示信息功能的体现

文化指示可以通过传统意义上的时间、空间及人称等指示来传递，也可以通过对一些语汇的选择与使用来传达。下面我们就一一介绍这些指示语的文化信息传递功能。

### 7.3.1 时间指示的信息功能

时间的表示方法有两种：时间指示和绝对时间。时间指示是以发话时刻为参照点来推算和理解时间，必须参考发话时的语境，如：

now（现在）、today（今天）、this week（本周）等；而绝对时间则相反，它不依赖于语境因素，以日、月、年份为计算和理解基础，如：date（日期）、month（月份）、year（年）等。时间指示语通常由指示修饰语（deictic modifiers），如：this（这）、next（接下来）、last（最后）等和时间单位组成，可以通过词汇、短语或时态等语法机制来实现。

（1）时间指示副词的信息功能

时间指示副词在英语表达中主要有 now（现在）、then（然后）、today（今天）、yesterday（昨天）、tomorrow（明天）、before（在……前）、afterwards（之后）、later（稍后）、next（接下来）、soon（不久）等。时间副词 now 既可以指说话的即刻时间（如例1），也可以指包括说话时间在内的一段时间（如例2）。

例 1：

MARI: *Now* what am I doing with this…

PETE: …So just like this? Butter them? … It's already open?

（Santa Barbara Corpus）

例 2：

HARO: Was he a little kid?

MILE: No he's sixteen *now*.

（Santa Barbara Corpus）

时间指示副词 then 表示非现在（non-now）的时间，既可以表示过去，相当于汉语中的"当时""那时候"（如例3）；又可以表示未来，相当于汉语中的"到那时"（如例 4）；除此之外，还可以表示事情的先后顺序，汉语经常译为"然后"（如例5），这时指过去还是未来要依语境而定。如：

例 3：

I spent years on the dole trying to get bands together and I never worried about money *then*.

（https://www.collinsdictionary.com/）

例 4：

DIAN: Because he has no money … no family money but she has money and she has no way to get a husband, so they agree…to get married because he will *then* …have access to her money and title and she'll have a husband.

（Santa Barbara Corpus）

例 5a：

RICH: She does because I mean we went to church together for the last three Sundays.

FRED: Yeah.

RICH: And *then* we went to the movies after…and her folks were at church.

例 5b：

PETE: They aren't particularly stringy

MARI: Oh. *Then* just snap them.

ROY: That probably looks like a three-person salad bowl.

（Santa Barbara Corpus）

从上述几例来看，now 的使用方式与汉语的"现在"基本对应。但是 then 则有所不同，它既可以指代过去的时间，又可以指代将来的时间，同时又可表事物的先后顺序，这三种不同的指称概念在汉语中是无法找寻到一个对应词来集中体现的，而是需要三种不同的表达。由此可见，在时间轴的概念域中，汉语母语者对于时间的"前"与"后"的概念划分清晰，而英语母语者是前视后视兼顾的；也可以这样理解，汉语的时间指示词具有单向性，而英语的时间指示词则具有双向性。这点也可以从一些时间指示短语的使用方式中得到印证。

（2）时间指示短语的信息功能

英语中有大量的时间指称可以通过形容词、副词及名词的组合表达，见下：

例 6：

the preceding month

the following month

the months ahead of us

Maureen put the nightmare behind her.

（笔者自拟）

例 6 中，preceding 和 following 两词分别表示"前/上"和"后/下"，在时间上一个表示过去，一个表示将来。而 ahead 基本意义是表示"在……面前"，但是"the months ahead of us（未来的几个月）"却表示未来的时间；behind 基本意义是表示"在……后面"的意思，可在例句中却表示过去。由此可见，在水平方向时间轴的概念中，英语使用者的视觉是双向的，既可以是过去，也可以是未来。而汉语中的指示语绝大多数都是"前"表过去，"后"表未来，是单向的。英语使用者的这种时间水平双向观，反映了其前瞻性与多维性的文化特点。

美国是一个推崇自由、民主、文化多元，科学与宗教信仰兼具的国家，其开放性的地域和社会环境都促进了该国文化开放、综合及多维的特点，既有自觉与反思，也有革新与前瞻性。而中国半封闭的大陆性地形及长期闭关锁国的社会环境，使人们的思维模式局限于本土文化之内，倾向总结吸取前人的经验教训，以史为鉴，历史感相对偏重，与美国文化形成对比（燕莉，2007：124）。

同时，我们注意到英语使用者同汉语使用者除了对水平方向时间轴的认知存在差异外，在垂直方向时间轴的概念认识上也略有不同。在汉语中，我们会经常借用方位词"上"来表示过去的时间，如上一次、上星期、上个月等。这种时间上下流的概念与莱考夫（Lakoff，1980）等人所提的"时间在动"隐喻中的时间流向正好相反（燕莉，2007：124）。这一点在戴浩一和黄河（1988）对中美学生关于时间顺序和汉语次序的对比研究中也得到了印证。他们的研究显示，很多美国学生对于汉语中"上"表过去、"下"表未来的用法感到困惑不解，认为这是一种违背直觉的时间指称使用方式。美国学生普遍认为"上"应表示一种向上运动，应该是积极的、表示未来的概念，而"下"则与历史和过去有关。这从他们的一些宗教观念中也可窥见一斑，他们认为死后人将升入天堂，所以时间的流向应该是"自下而上"的，"上"应该表示未来之意。戴浩一与黄河（1988）认为这种思维模式的差异性反映了中国人倾向"时间在动"的隐喻，而美国人则偏好于"自己在动"的隐喻，与个人的主体意识紧密相关。有关指示方式与主体意识的关系，我们将在第 14 章给予详细的讨论。

（3）时间指示参照单位的信息功能

时间单位可以分为历法时间单位（calendric time units）和非历法时间单位（non-calendric time units）。历法时间单位是指在固定的历算系统中，按一定的规则所划分的年、月、日、星期等时间单位，其主要特点是每一单位都有固定的称呼，表特定时段，大时间段由一定数量的小时间段组成，起点和终止点是约定俗成的，不可以随意改变。非历法时间单位是指一定进位制系统中的时间单位，可按照相应的进位制规则加减，其主要特点是每一单位没有固定称呼，只表相应的长度，大时间长度由小时间长度累加而成，起始点和终点不固定，可以任意选择，如"学年"（李捷等，2010）。

然而，需要注意的是，"星期"虽为历法单位，但是以哪一天为第一天则受到社会文化因素的制约和影响。英语中的星期命名部分沿袭了罗马星期单位传统（如：Sunday、Monday、Saturday），部分源自北欧和日耳曼神话（如：Tuesday、Wednesday、Thursday 及

Friday)。信奉《圣经》的地区（如欧美国家）倾向以星期日（即"圣日"）为每周的第一天，而其他大部分非基督教信仰地区（如大部分亚洲国家），则通常视"星期一"为一周的开始。

同时，在指称"上星期 X"的表述中，我们也会发现文化所造成的英汉表达差异性。汉语在表达"上星期 X"时，英语的对应表达可以有两种。一种表达是 last X，另一种是 X of last week。至于选取哪一种表达，就要看 X 的指称对象与说话人即刻时间（即编码时间）的对比。也就是说，当编码时间≤X 的时候，则用 last X；如果编码时间>X 时，则用 X of last week 表达。举个例子来说，如果编码时间是星期日至星期四（此处以星期日作为一星期的开始来计算）之内的任何一个时间点，那么要想表达"上周四"，就应该是 last Thursday；而如果编码时间是星期五至星期六之内的任何一个时间点，要想表达"上周四"就应该是 Thursday of last week，而 last Thursday 此时应指的是刚刚过去的本周的周四。

英汉语言中"上星期 X"的区分性表达主要是源于各自文化中不同的星期参照单位。汉语文化中是把整个一星期视为一个单位，其中的"星期几"为这一整个周期中的一部分；而英语中星期的参照单位实质上是以"天"为基准的（燕莉，2007：124）。这点也同样影响了我们日常的日期表述习惯，英语习惯是日/月/年的由小至大的顺序，而汉语习惯是年/月/日这种由大至小的顺序，这些都在一定程度上反映了英语重个体、汉语重整体的社会文化；同时，也可窥见指示的话语结构功能对人们日常语言表达及生活行为习惯的影响。

（4）时间指示的时态信息功能

英语中的动词都具有"时"和"体"。"时"是表示话语表述时间与说话时刻之间的关系；"体"描述一个动作在不同阶段的特性，如起始、未完成、持续、重复或终结等（李捷等，2010）。两者虽表不同概念，但都是配合起来使用的。英语动词时态是时间指示的方式之一，巴希勒（Bar-Hillel，1954）曾指出动词的时态具有指示性，其指示的信息视具体语境而变化。如：

例 7：

I am reading the newspaper.

I was reading the newspaper.

I read the newspaper.

I have read the newspaper.

（笔者自拟）

汉语则通常以语境和词汇（如副词、语气词）来判断时间。如：

例 8：

我正在读报纸。

我刚刚在读报纸。

我读了这份报纸。

我已经读过这份报纸了。

（笔者自拟）

总体来看，英语的语法化程度相对较高且比较规则。在无时间状语干预的情况下，可以通过动词自身的时态较为准确地定位指代的时间信息，这种形式简约却能精确表意的语法系统，不仅展现了西方语言系统特有的时间指代功能，也体现了西方偏重精确叙事的文化内涵及思维模式。针对类似的指示话语结构功能，我们将在第8章中为大家详细叙述。

### 7.3.2 空间指示的信息功能

空间指示又称地点指示，指话语交谈中所指地点在不同语境中的远近距离。英语空间方位表达关系的主要形式是介词＋名词短语，这是因为英语是一种分析型语言，介词由于其本身词汇意义的相对完整性，在英语中能起到很大的方位指示作用。而汉语是一种意合型语言，介词在汉语的表意体系中独立性地位不强，需附有方位词才能使其空间指示意义更加完整，因此汉语的空间方位主要依托方位词来实现，主要形式是介词＋名词＋方位词。

（1）空间指示的维度信息功能

在空间指示概念的表述中，英美民族由于其具有确定性和形式化的思维特质，在对世界的认知过程中，往往追求对客观世界认识的精确性（冯桂玲，2006：33）。而汉民族"天人合一"思维形式的特点就是坚持普遍联系、整体思考，不讲究分门别类的精确，而讲究融会贯通的全面（曾传禄，2005）。以"在……上"为例，其在汉语中的表达可表示不同维度的空间关系，如"（眼睛/眼镜/笑容）……在脸上"；然而在英语中，则需要用"in/over/on（…the face）"三个不同介词来表示。

此外，对于某种具体空间关系指代的概念域，英美民族与汉民族也呈现出差异性。如英语空间指示短语"at home"中，"at"映射出家的概念是一个"点"，而汉语则倾向把家看成是一个"域"或"体"；而汉语中所要指示的"上/下"关系在英语中则多体现为"里/外"关系，如"在月光下→in the moonlight"（冯桂玲，2006：34）。

（2）空间指示的数量信息功能

空间指示不仅可以指向物理方位和距离，同时也可将描述空间概念的范畴投射到数量概念中。如空间指示词"up"和"down"就经常被用以指示数量的多少，"up"经常指"多"或"增长"的概念，"down"则经常指"少"或者"减少"的概念。如：

例 9：

The instability in the Middle East is driving *up* that price.

（http://corpus.byu.edu/coca/）

例 10：

The number crept *up* to 786 in 2010 and rebounded to 945 for 2011.

（http://corpus.byu.edu/coca/）

例 11：

Cocaine production was *down* 28 percent last year according to the U. N.

（http://corpus.byu.edu/coca/）

例 12：

I'd listen to his heart slow *down* and speed *up* while he told me about the exotic places he had traveled to after college.

（http://corpus.byu.edu/coca/）

这与汉语中关于"上"和"下"的空间指示表达有异曲同工之处。汉语中也经常用空间指示词"上"和"下"来表示数量的增减。如：

例 13：

70 年代以来，由于石油价格急剧*上*涨，促使科学家的目光又注意到飞艇这种省油的飞行工具。

（http://ccl.pku.edu.cn:8080/ccl_corpus/）

例 14：

美利率*上*调，希望加速推动美元汇率攀升。

（http://ccl.pku.edu.cn:8080/ccl_corpus/）

例 15：

1972 年 1 月，鉴于汽车生产质量*下*降，他请余秋里抓这个问题。

（http://ccl.pku.edu.cn:8080/ccl_corpus/）

例 16：

他在 2003 到 2004 年的篮板总数*下*滑到 6 个以下的比赛只有 10 场。

（http://ccl.pku.edu.cn:8080/ccl_corpus/）

然而，汉语语料库中显现出有大量使用成对空间词的用法，即使用"上下"或"左右"来表达模糊数量概念。如：

例 17：
这条雨带两侧的冷暖气团的势力不相上下，势均力敌。
（http://ccl.pku.edu.cn:8080/ccl_corpus/）

例 18：
经过半年左右的排练，大型历史剧《孔子》如期在剧院演出。
（http://ccl.pku.edu.cn:8080/ccl_corpus/）

像这样成对空间词的使用方式在英语中则鲜有发生，这仍与不同民族的文化与思维模式紧密相关。英美民族在认知世界时，物我分开，追求客观、准确、明晰地认识世界。在英美文化中，上与下、左与右是表示方向完全相反的两对概念，很少把它们结合起来谈论同一事物（冯桂玲，2006：35）。这与汉民族的中庸思想不同，汉语的中庸之道认为凡事都有"中间"这样一个度。虽然"上/下"和"左/右"的空间指示方向截然不同，但是两对概念中仍存在一个中间量作为模糊的过渡界限，因此，在汉语中才会常现这两对空间指示词成对使用的情况。这也使得人们在实践言语行为时，英美民族更趋近于简洁、明了和精确的表达方式，而汉民族则趋同于相对迂回、委婉、含蓄的折中表述。由此可见，不同文化中的指示语也显示出了对其使用者的行为驱动和优选支持的趋异取向。有关这一点，我们将在第 9 章（指示的行为支持、驱使功能）中加以详细讨论。

（3）空间指示的人际信息功能

空间指示词中表示"上""下""高""低"等空间关系的概念，经常被投射到社会人际关系中，用以指称人际关系及地位的差距。表示"上/高"的概念经常被用以指称职位及社会地位较高、权势相对较强大的社会群体，而"下/低"则用以指称职位及社会地位较低、

权势相对较弱小的社会群体。汉语中这样的例子不胜枚举，如：上
级、上层、下属、下手、高官、高管、低层、低下等。英语中也有
这样丰富的表达：

例 19：

On Dec.15, the American military's *top* brass gathered at Baghdad
International Airport to fold up the U. S. Forces-Iraq battle flag.

（http://ccl.pku.edu.cn:8080/ccl_corpus/）

例 20：

It took her a minute to focus on her blue eyes, … her long
silver-gray tail, the oyster shells lining it, symbols of her *high* rank.

（http://ccl.pku.edu.cn:8080/ccl_corpus/）

例 21：

I was near the *bottom* of the class of a dozen men and women.

（http://ccl.pku.edu.cn:8080/ccl_corpus/）

例 22：

Mothers' Perceptions Collins argues that Black women develop a
"unique" vision of the school world based on their perceived *low* social
position.

（http://ccl.pku.edu.cn:8080/ccl_corpus/）

由此可见，不论东方文化还是西方文化，部分空间指示词在指示人
际社会关系中具有极大的相似性。即便是在美国这个崇尚人人自由
平等的社会里，人们仍然无法挣脱现实社会生活中，这个基于物质
基础、具有创新精神却又不乏务实追求的社会带来的激烈社会竞争、
资源分配不均及社会地位有别的现实问题。在美国军队中，有森严
的等级制度，士兵的首要任务就是服从；在公司里，同样有精确的

管理体系，每个人按照自己的职位行使着赋予的权利、承担着应有的责任和义务；在国家政府机构，总统拥有至高无上的权力。可以说，每一个人在社会关系中都有自己一个相对应的"空间位置"。

### 7.3.3 人称指示的信息功能

人称指示语可以大致分为三类：第一人称指示语（包含发话人在内）、第二人称指示语（包含受话人）和第三人称指示语（既不包含发话人，也不包含受话人）。先来看一下第一人称指示语。

（1）第一人称指示语的文化信息功能

第一人称指示语通常指发话人或说话方，在英语里分单、复数不同表达形式，可以通过"I""me""my""mine""we""us""our""ours""myself""ourselves"等语言结构来表现。我们知道"we"作为第一人称复数指示代词，有"包含受话人"（we-inclusive-of-addressee）和"不包含受话人"（we-exclusive-of-addressee）之分。在美国这样一个多民族、多种族的多元文化国家里，包容性显得尤为重要。然而，由于观点或文化上的差异，总会有些极端分子以极端的手段处理事情。在悲剧发生后，如何让大家稳定情绪、互相包容、团结一致、继往开来，是国家领导者亟待解决的头号问题。下面这段文字引自奥巴马在 2011 年 1 月 8 日图森市枪击案之后发表的演讲：

例 23：

So sudden loss causes *us* to look backward, but it also forces *us* to look forward; to reflect on the present and the future, on the manner in which *we* live *our* lives and nurture *our* relationships with those who are still with *us*. *We* may ask *ourselves* if *we*'ve shown enough kindness and generosity and compassion to the people in *our* lives. Perhaps *we* question whether *we*'re doing right by *our* children, or *our* community, whether *our* priorities are in order.

（https://abcnews.go.com/）

在这段文字中，我们将涉及的第一人称指示语使用频次分类总结如下：

表7.1　第一人称指示语使用频次汇总表

| 指称语 | we | us | our | ourselves |
|--------|-----|-----|-----|-----------|
| 频次 | 5 | 3 | 6 | 1 |

通过上表，我们可见第一人称指示所涉及的所有语言结构在这里均有体现。在短短82字的段落中，第一人称的使用频次多达16次。在这里，we及其他第一人称相关指称均表示包含受话人，通过这些人称指示的使用，强调了说话人和受话人立场一致的坚定信心，具有极强的感染力和号召力，起到了凝聚民心、促进团结的感召作用。同时，这段文字中的空间指示语"forward"及时间指示语"present"和"future"也意在强调美国人民珍视当下、憧憬未来，为了民主、自由的同一美国梦想齐心协力、努力打拼的精神。

下面的这个例子不仅体现了第一人称指称所传递出的团结一致的信息，还强调了美国文化中历来重视的团队精神。

例24：

"Collectively, *we* didn't play well. Collectively, *our* spirit wasn't good. Collectively, *our* defense wasn't good," D'Antoni said. "*We* just didn't do what *we*'re supposed to do. *We* have to solve *that* somehow."

（https://www.nydailynews.com/）

这段话是美国著名篮球队之一——纽约尼克斯队前主帅德安东尼在一次比赛失利后接受采访时所表达的观点。很明显，他对队员的场上精神和表现都有所不满。然而，他并没有用"you"这样的第二人称指示来指称自己的队员，而是选择了"we"。这样的语用视点的变化可以体现发话人的情感倾向或认识倾向（Field，1997）。在某些特殊的语境中（如公开采访、演讲、法庭等语境），说话人为了顺应语境，会以听话人、事件当事人或受事全体为中心来考虑问题，根据对方在物质、精神、情感和心理等方面的需要来调整自己的视角与站位，这种调适的过程即我们常说的移情（empathy）过程。在本例中，德安东尼以"we"取代"you"的指称方式，不仅降低了对球员直接批评会导致的对方名誉与自尊心受损程度，也表达了主帅愿意与球员协同一心的立场，拉近了双方之间的距离，强调了美国人民向来重视的"球队紧密团结如一人"的文化内涵。

（2）第二人称指示语的文化信息功能

第二人称指示语在英语中通过第二人称代词"you""your""yours"来体现。第二人称代词可以是指称性的，也可以是非指称性的。当人称指示需要依托语境确认时，即为指称性用法；反之，当人称指示无须依托语境便能明确时，即为非指称性用法。通常情况下，第二人称代词的非指称用法常用来表示泛指。通过前面章节的论述，我们知道第二人称指示语通常都是以受话人为中心，或者是针对受话人的。这在信息的传递上不仅明确了指称对象，也突显了说话人欲明确或拉开与受话人的距离，强调受话人作为独立个体的事实。例如：

例 25：

"The reason is, that's freedom, freedom of speech. In America you have a right to be stupid—if you want to be," he said, prompting laughter. "And you have a right to be disconnected to somebody else if you want to be … The important thing is to have the tolerance to say, you know, you can have a different point of view."

（Peralta, 2013）

这段文字是美国前国务卿约翰·克里（John Kerry）上任后出国访问时发表的首次演讲。演讲中，通过对第二人称代词 you 的反复使用，强调了美国公民作为个体拥有极大的自由权，不论在精神、行动和观念都可以遵从自己的意志与意愿（当然前提是在法律允许的范围内）。再如：

例 26：

Why is *he* talking again? Didn't *you* learn *your* lesson moron? Keep *your* stupid mouth shut!

（Everett, Swift, 2013）

这里的"he"和"you"实指同一人——美国著名乡村音乐原创歌手泰勒·斯威夫特（Taylor Swift）的前绯闻男友约翰·梅尔（John Mayer）。他被很多人认为是泰勒创作的歌曲 *Dear John* 中的主人公原型。而他自己面对《纽约时报》记者采访时，也认为泰勒歌曲中的 John 指的是自己，并且深感自惭形秽，称不知自己当年伤害泰勒如此之深。而上面这三句话则是网友对于这则新闻的网评。很明显，网友对于约翰·梅尔的态度是极其反感的，除了运用了反义疑问句和命令句外，直接把约翰的形象同 moron 和 stupid 挂钩。这里的 you 鲜明地体现出了说话人不希望受话人蹭歌星的热度，希望受话人与歌星保持一定距离。当然，与受话人有距离感并不总表示关系疏远；有的时候，这种距离感是为了表达对对方的一种尊敬。这可以从英语当中的一些第二人称敬语的使用方式中窥见一斑。比如，英语中对"陛下"的直接尊称是 Your Majesty、对"殿下"的直接尊称是 Your Highness、对阁下通常都用 Your Excellency 来称呼等。这里我们还要特别指出，在英国，高等法院以上的法官被尊称为 My Lord，而在美国是 Your Honor。一个使用的是第一人称指示，而另一个则使用的是第二人称指示。这种表达的差异性主要是由两国的历史文化原因所致，早期的英国法律多由王室成员制定，然后通过各地领主或国王派出的巡回审判官予以执行，所以对于英国民众而言，他们就是带有人身依附含义的"My Lord"；同时，按照惯例，平民被任命为大法官后都会获得晋升，取得终身贵族头衔（但并不能被子女继承），所以这些法官确实有 Lord（勋爵）的贵族头衔，为此他们也被称为"司法贵族"（Raymond Wang, 2012）。而在美国，根本没有贵族传统，且法官的审判权是人民赋予的，法官同其他行业一样，只是一种普通的职业，没有特权，更没有领地，因此被尊称为带有平等尊重意味的"Your Honor"（郭磊，2011）。

（3）第三人称指示语的文化信息功能

第三人称指示在英语中主要由代词"he""she""it""one""this"
"that""they""these""those"来实现。该类指称的基本功能之一是
前指和后指。如：

例 27：

If one wants to see the ruins, *he* must find his own guide.

（笔者自拟）

例 28：

When *she* came back, Mary found the whole building on fire.

（笔者自拟）

例 27 中的 he 用来指代前文的 one，是一种前指方式。例 28 中的 she
则具有后指效应，指代后面的 Mary。有的时候，专有名词或称谓名
词也可以充当第三人称指示。在日常语言实践中，我们会发现第三
人称指示会用以代替第一人称指称说话人。如：

例 29：

Derek: *Derek* wants one more cupcake, Mummy.

（https://www.eslpod.com）

当说话人提出某个要求而又怕被拒绝时，这样的指称方式给说话人
留出了一旦被拒绝感到失落的心理落差空间。如：

例 30：

English as a Second Language Podcast is written and produced by
Dr. Lucy Tse, hosted by *Dr. Jeff McQuillan*. This podcast is copyright

2013 by the Center for Educational Development.

（https://www.eslpod.com）

以上这段文字是《英语为第二语言》播客节目（ESL podcast）中，主持人杰夫·麦克奎兰博士（Dr. Jeff McQuillan）在节目尾声时说的一段话。在介绍主持人时，并没有用人们惯用的第一人称指称"I"，而是选用了称谓名词充当的第三人称指称。这里的第三人称指称显得比较客观，显然是突出了职业的作用，淡化了个人的角色，常见于诸多英美新闻及教育类节目。

第三人称指示不仅可以代替第一人称来指称说话人，也可以代替第二人称指代受话人。尤尔（Yule，1996：11）指出使用第三人称代词形式来代替第二人称指称受话人，表达了一种距离感（distance）和疏远感（non-familiarity）。如：

例 31：

Would *her highness* (you) like a cup of tea?

（笔者自拟）

试想这句话是一位丈夫对刚刚发完脾气的妻子所说的一句话。句中的 her highness 与前文涉及的 your highness 一样，都表尊敬称谓。然而，我们知道夫妻之间是一种相对亲密的人际关系，在互相称谓时，通常会使用非正式用语，一般使用第二人称指示词"you"称呼彼此是最为常规的用法之一。在本语境中，由于两人刚经历过不愉快的谈话，为了避免尴尬，丈夫选择了第三人称指示这一不寻常的表达方式，既缓和了两人的冲突情绪，也表现出了美国人惯有的幽默。

美国人除了幽默感强，其容纳他人或异议的胸襟也是为人称道的。在美国这样一个多元文化的国度里，出现分歧和差异是再平常不过的事情，但是，美国人对待分歧与差异的态度却有其自己的特点。请看下例：

例 32：

Barbara: There's a man in you somewhere, I suppose. But why did *he* let you hit poor little Jenny Hill? That wasn't very manly of *him,* was it?

（Shaw, 2001:148）

芭芭拉（Barbara）此时正与受话人对峙，但是她并没有使用第二人称"you"予以直接称呼，而是选择了远称"he/him"。这种第三人称的借用既表达了对受话人的不满，又让人听起来似乎不是特别针对受话人说的。显然，说话人在此处虽与受话人有意见行为的分歧，但是仍然以一种宽容、委婉的表达方式向受话人传递了自己的意见，认为受话人的行为不当，但又不失对受话人的尊重和对其自尊的维护。这亦与美国的"包容"文化紧密相连。美国人在寻求自我肯定（self-affirmation）的同时，也会表现出对他人的包容和尊重。对于他们来说，即便是势不两立的对手，也会给予对方尊重及被尊重的权利（Peto，2002）。

通过对人称指示信息功能的分析，我们发现该类指示具有极强的拉近或疏离人际关系的功能，具体情况要视其所处语境而定。关于这一方面的内容，我们将在第 10 章与大家进行详细讨论。

## 结语

本章分别通过对时间、人称和空间指示的分析，探讨了常现指示语在英美文化的语境中所体现出的不同信息功能。通过分析，我们发现指示语除了基本指称功能之外，还可映射出其隐含的内在的社会文化因素。这种隐形元素折射着不同的语境，扮演了不同的语用功能，具体可以体现为三个不同层面：指示的话语结构功能、指示的行为支持和驱使功能，以及指示的人际关系功能。指示的话语结构功能多体现在各指示语在词汇的选择、时态的使用及短语的结合方面；指示的行为支持和驱使功能多体现在各指示语使用者在特定文化语境中，择取自己优选的文化站位和视角，以达到一定的交际目的和语用移情的交际效果；指示的人际关系功能不仅体现了各指示语在人际关系交流时体现出的语用移情效果，同时也展现了其另一面，即语用离情的交际效果，指示在人际关系距离的调节中起到了重要的作用。总体来说，指示语的使用及其功能的判定并不能简单地依据指称对象，而要综合社会、文化、权利等多方面的社交因素来考虑。

# 参考文献

Bar-Hillel, Y. Indexical expressions [J]. *Mind*, 1954 (63): 359-379.

Carmelo Anthony booed by NY Knicks fans as 76ers cruise past Jeremy Lin & Co., 106-94 at Garden. [EB/OL]. [2012-3-12]. New York Daily News, http://www.nydailynews.com/sports/basketball/knicks/carmelo-anthony-booed-ny-knicks-fans-76ers-cruise-jeremy-lin-106-94-garden-article-1.1037137.

Collins, C. Collins COBUILD Advanced Dictionary of American English [M]. Boston: Heinle ELT, 2006.

Everett, C. Taylor Swift, Harry Styles Split After Two Months. [EB/OL]. [2013-1-07]. New York Daily News, https://www.nydailynews.com/ entertainment/gossip/taylor-swift-harry-styles-split-months-article-1.1235124.

Peralta, E. John Kerry to German Students: Americans Have 'Right to be Stupid'. [EB/OL]. [2013-2-26]. NPR, https://www.npr.org/sections/thetwo-way/2013/02/26/172980860/john-kerry-to-german-students-americans-have-right-to-be-stupid.

Fillmore, C. J. *Lectures on Deixis* [M]. Stanford: CSLI Publications, 1971.

Lakoff, G., Johnson, M. *Metaphors We Live By* [M]. Chicago: University of Chicago Press, 1980.

Levinson, S. C. *Pragmatics* [M]. Cambridge: Cambridge University Press,

1983.

Margaret, F. The Role of Factive Predicates in the Indexicalization of Stance: A Discourse Perspective[J]. *Journal of Pragmatics*, 1997, 27(6): 799-814.

ABC News. Obama Speech Addresses Tragedy in Tucson[EB/OL]. [2011-1 -12]. ABC News, https://abcnews.go.com/Politics/obama-speech-transcript- president-addresses-shooting-tragedy-tucson/story?id=12597444.

Peralta, E. John Kerry to German Students: Americans Have 'Right to be Stupid'[EB/OL]. [2013-02-26]. The Two-Way, https://www.npr.org/sections/ thetwo-way/2013/02/26/172980860/john-kerry-to-german-students-americans-have -right-to-be-stupid.

Peto, F. *American between Good and Evil*[M]. Hungary: Kner Printing Co., 2002.

Shaw, G. B. *Major Barbara*[M]. Penguin Classics, 2001.

Yule, G. *Pragmatics*[M]. Shanghai: Shanghai Foreign Language Education Press, 1996.

戴浩一，黄河. 时间顺序和汉语的语序[J]. 国外语言学，1988（1）：10-20.

冯桂玲. 汉英语空间隐喻的对比分析[D]. 云南：云南师范大学，2006.

郭磊. 为什么国外法庭上称呼法官为"Your Honor"，而称呼领主、贵族小姐为"My Lord"，"My Lady"[EB/OL]. [2011-06-26]. 知乎，http://www.zhihu.com/question/19735306.

Raymond Wang. 为什么国外法庭上称呼法官为"Your Honor"，而称呼领主，贵族小姐为"My Lord"，"My Lady"[EB/OL]. [2012-12-26]. 知乎，https://www.zhihu.com/question/19735306?_ttt=0.9555778049520581.

李捷，何自然，霍永寿. 语用学十二讲[M]. 上海：华东师范大学出版社，2011.

燕莉. 英汉时间指示及其文化内涵比较[J]. 吉首大学学报（社会科学版），2007（3）：122-125.

曾传禄. 汉语空间隐喻的认知分析[J]. 云南师范大学学报，2005（2）：31-35.

# 第 8 章 指示语的话语结构功能

## 引言

如前章所述，语言在本质上属于一种最基本、最复杂的信息形式，具备信息的一切本质特征，言语交际过程实质上是一个信息传输过程，是在发话人和受话人之间所进行的信息传递。用语言传递信息不是静态的，而是动用、激活了大量的信息储备，包括语言方面和非语言方面的知识与信息，如交际双方的文化知识、信息背景、理解能力、已知信息、语境信息、显性与隐性信息、言外之意、言语行为等。因此，本章将从话语结构层面继续探讨指示的功能，以便更进一步地理解美国文化语境下指示方式的功能阐释。

## 8.1 话语结构

话语是语义和语用上连贯的，用来实现一定的交际目的的一种交际行为的体现，它既可以是书面体也可以是口语体（李悦娥、韩彩英，2002）。言语行为的本质就是交际者借助话语传达交际目的或意图。不论我们是在向他人提出请求或者是在向他人道歉，只要所说的话语传达了一定的交际意图，完成了一定的功能，我们就是在实施言语行为。因此，话语具备通过特定的语言表达形式，实施一定言语行为，完成一定交际目的的功能。

话语结构就是信息传递结构。话语中的每一个语码都负载着信息，从语码所负载的话语信息价值来看，话语信息又可分为核心信息和附加信息，核心信息是指发话人要传给受话人的主要信息。例如：

例 1：

I enjoyed this week and I think I did a pretty good job.

（https://www.dewittmedia.com/）

这个表达显示：言语交际中的话语信息焦点可以不同，焦点可能是"I"（我）或是"enjoyed"（喜欢）或者是"this week"（这周），也可能是"a pretty good job"（非常漂亮的活），其对应的核心信息也就不同。因此，一段话语可以负载各种各样的信息，但是这些信息的重要程度是有等级差别的，最重要的那个信息就是核心信息。

核心信息是语言符号携带的主要语用信息，一般是显性的，一段话语在表达核心信息的同时，往往还含有一定的附加信息。附加信息通常不在语列中出现，具体语境中附加信息所指的是语言或非语言形式的信息，包括一部分背景信息、推导信息以及省略等。比如：

例 2：

(Valerie and Christa have been discussing making paper globes in elementary school.)

Christa: We could sell them at a yard sale at the flea market you know Mexicans love that ki oh.

Valerie: No comment.

（Fitch, 1998: 103）

本例中表达的核心信息是瓦莱丽（Valerie）和克丽斯塔（Christa）在讨论制作纸质地球仪，开玩笑说可以拿到墨西哥人喜欢光顾的跳蚤市场去卖。传递出的附加信息则是负面的对墨西哥人的刻板印象：喜欢买廉价而不时尚的物品。又如：

例 3：

I believe all these things because *freedom* is not America's gift to the world, it is the *Almighty God's gift* to every man and woman in this world.

（刘宇等，2011：315）

小布什总统传达的字面信息是：自由是上帝而不是美国赐予全人类的礼物。而传递的文化信息是：美国是上帝的使者，肩负着将全能上帝赐予人类的礼物——自由带给全世界的重任。这似乎符合美国人是上帝选民的一贯姿态。

## 8.2　文化信息对核心话语的投射

话语信息是一种显文化信息，从文化聚焦于话语的角度来看，文化是具有符号和物质属性的沟通方式（Fitch，1998）。人们总是在话语中显示出文化，或者参与到文化中去，从而表现出一定的文化态度。例如，美国人在交谈中讲究目光接触（eye contact），交谈时注视对方的双眼，一方面表示自己的诚意和坦白的胸怀，另一方面表示自己对话题的兴趣和对于对方的尊重。再如，绝大多数的美国人信奉宗教，以基督教（Christianity）为主。基督教文化渗透于社会生活的各个方面。在感叹美好的事物、赞叹造物主的伟大时，美国人往往会说"oh, my god（上帝啊）"，或者"oh, Jesus（哦，耶稣）"。日常生活中出于对宗教的敬畏，也常常用委婉语"oh my gosh（哦，我的天啊）""oh Jeepers（哦，天呀）"加以替代。另外，美国人说话时讲究礼貌原则，他们常把"谢谢（thank you）""sorry（对不起）""please（请）"挂在嘴边。说话时尊重他人、尽量避免使用伤人的字眼。师生之间，为了维护学生的自尊心，教师对学生的评价一般都是积极的，即使学生表现不好，老师想表达看法时，他们也会说"The student can do better work with help（助力一下，学生可以做得更好)"。当某学生成绩差时，老师会讲："He/She is working at his own level（他/她在按照自己的水平学习)"，而不是直截了当地说他成绩差。这些平等自由、尊重他人、同情弱者、自尊自爱的观念源于基督教和其他宗教信仰中所提倡的价值标准和处世哲学。所以，美国人的价值观念、生活态度以及道德标准在相当程度上受到宗教思想的影响。可以说，任何言行都是文化的一个组成部分，也是文化理念的各种表现形式，文化主张与言语行为常常结合在一起。文化不仅会指引互动的方向，也会对特定的行为补充能量，更会驱使交往者去实施某种行为，以确保交往得以正常进行、社会互动顺利展开、社会意志和理想得以顺利实现（何刚，2011）。

另一方面，实施言语行为时，说话人不仅表达出自己对话语内容的一定态度，同时还会表达出其心理状态。这些心理状态包括说话人对某事做出一定的表态，即说话人的心理状态是"有所确信"的，相信所表达命题的真实性（如做出推断、陈述、断言、报告时）；说话人对未来的行为做出不同程度的承诺，说话人的心理状态是怀有意图，即打算做某件事情的意愿（例如承诺、许诺、发誓、威胁时）；说话人在心理上的需求是希望和需要，即希望听话人做某件事情的意愿（如请求、指使、命令、忠告时）；说话人在话语表达的同时，使客观世界发生一定的变化（如解雇、命名、宣布、提名候选人）等。下面拟从话语意向角度分节加以讨论。

### 8.2.1　警呼语的文化投射

警呼语（警示呼语），俗称"称呼语"，是言语交往过程中的重要组成部分，在许多情况下，警呼是传递给对方的第一个信息，主要是引起听话人对言语行为的注意，暗示下面的话是对对方说的。警呼语是言语交际的一个重要范畴，往往含有独特的文化特色。例如：

例 4：

"That's not to say Cavis lacks health insurance. He always has carried it for himself and his family, often at exorbitant costs. His four grown children all have some coverage. He believes the uninsured should pay off any health care debt they incur, rather than shift the burden to others." "I'm taking responsibility for my own life, and the life and health of my own family." he says, "I'm a *Yankee*. I was raised this way."

（https://www.usatoday.com/）

例中斜体部分的 Yankee（扬基）本来是嘲笑荷兰移民的称谓法，原意是荷兰奶酪，是荷兰名字，相当于英语中的约翰。久而久之，Yankee 现在成了世界通用的称呼美国北方佬的诙谐用法。这里卡维斯（Cavis）强调自己是土生土长的美国人，应该享受医疗保险。又如：

例 5：

…That's sort of the ugly flower that comes out of the seed. The seed is planted and that's you to keep it to some simple basic truths. Let's start with what everybody has been talking about. There is only one race-human. After that, you're hyphenating everything. I co-founded the black Republican forum, the New York Tea Party Organization. I have been called a *red neck racist, a tea-bagger*. I was attacked by Garofalo a few weeks ago.

（https://www.usatoday.com/）

此例中 "red neck" 译为红脖或红颈。这个名称，本来是 19 世纪末美国南部各州上层白人对下层白人的蔑称。因为下层白人多在外耕种、干农活，脖子给太阳晒红，所以叫红脖子。还有另外一种解释，说这些人爱喝酒，所以脖子呈现出红色。"red neck" 在美国文化中有"乡下佬，粗俗好斗的穷人"的含义。这里大卫（David）被称为"红脖子的种族主义者"，是对他的人身攻击。

　　同样在美语中，一提到 "Southern Belle（南方佳丽）"，人们脑中就会浮现美国南方的佳人形象，南方佳丽的典型形象是一个金发碧眼女郎，说话缓慢而有浓厚的南方拉长口音，遇见适当的男士时，她喜欢含羞默默地低下头，而又眨着长长的睫毛偷看男士。喜欢这类女子的人，认为南方佳丽的优点是甘愿全心全意做个好的家庭主妇，她漂亮、文雅、友善、温柔，有女人味（feminine），不像北方女子强硬直率。再如，美国媒体和民间称前任总统小布什为牛仔总统（Cowboy President），这一称号就含有牛仔文化，这里的牛仔具有负面的意思，美国东部大城市的知识分子看不起牛仔，他们称一个人为牛仔，就是形容此人头脑简单，没有文化修养，习惯了西部无法无天的社会，缺乏高度文明。巧合的是小布什在得克萨斯州拥有自己的农场，所以牛仔总统是对其智商、文化水平毁誉的一种讽刺与调侃。

据统计，美国男性人名使用最普遍的是 John，其他使用较广的为 William、Charles、James、George、Robert、Thomas、Henry、Joseph 和 Adward 等。美国女性人名使用最广的是 Mary，其他依次为 Elizabeth、Barbara、Dorothy、Helen、Margaret 等。家姓最多的是 Smith，其他依次为 Johnson、Brown、William、Miller、Jones、Davis、Anderson、Willson、Tailor 等（转引自左焕琪，1983）。在美国正式场合，学生用头衔或职务加上姓称呼老师，以显示讲话人的礼貌与敬意，也折射出老师与学生的地位不对等。但在非正式场合，学生可以称呼老师的名字，老师也乐意，这是老师与学生关系融洽、亲密的表现。一般地说，美国人比其他英语国家的人更频繁地互用"first name"（即本人名），包括简称和爱称要频繁得多，有人说互不相识的美国人在见面五分钟后即开始互用本人名，这并非夸张之词。事实上不少人（特别是年轻人）在互相介绍时就以本人名相称了。不论地位和职位高低，都愿意双方直接称呼名字，这显然表示了一种试图消除社会地位差异的强烈愿望，也意味着美国的人际关系越来越趋于平等（贾玉新，1997）。

不过，有时地位较低的人为了谋生，希望与上司搞好关系，往往以本人名相称。这类实际使用的称呼语往往并不表明说话人的意愿，而只能表明美国社会约定俗成的习俗（左焕琪，1983）。因此，称呼语是否对等，与交际双方的社会地位关系极大，当双方的社会地位大致相同时，双方通常使用对等的称呼语，何时转换，主动权一般掌握在社会地位较高的人手里。

另外，称呼语可以实施提示、劝告功能，其交际意图就是产生此等效力。比如，父母与孩子本是一对不对等的权势关系，那么一个叫 John Brown（约翰·布朗）的孩子，平时母亲肯定会用昵称叫他 John 或 Jonny，而忽然有一天，他听到母亲用一种严厉的口吻喊他全名过来：John Brown, come here!（约翰·布朗，过来！）这时，名字就成了一种警示，那肯定是他犯了什么严重错误，惹母亲生气了。再如：

例 6：

If called on by the *commander-in-chief* today, two entire divisions of the Army would have to report: Not ready for duty, sir.

（刘宇等，2011：310）

"commander-in-chief" 是总司令的意思。按照美国宪法的规定，国会拥有宣布战争的权利，而总统是负责指挥战争的三军总司令。这里小布什在成为总统候选人时，用 commander-in-chief 称呼当任总统克林顿，旨在抨击克林顿没有有效地使用美国的军事力量为国家利益服务。

因此，文化信息投射遵循文化特定的人际互动原则即文化态度原则，作为互动的直接体现，言语行为是文化功能的动态实现（何刚，2004），通过话语可以实现文化行为。

### 8.2.2　推断性意向的文化投射

推断类以言行事行为表示说话人对某事做出一定的表态，对话语所表达的命题内容做出真假判断。它的适从方向是说话人的话语符合客观现实，说话人的心理状态是确信的。陈述、断定、坚信、估计、描写、说明、报导、分析等就属此类。例如：

例 7：

*Hope...hope...*is what led me here today—with a father from Kenya; a mother from Kansas; and a story that could happen in the United States of America.

（刘宇等，2011：321）

这里，奥巴马在竞选演讲中提出的希望给美国人以无限遐想，过去不重要，朝前看，未来才重要。作为第一位美国黑人总统候选人，奥巴马参选本身就带有希望的含义，有希望就有无限可能，是当时陷入金融危机中的美国所急需的。这让超越种族藩篱的美国梦显得如此真实，也恰恰符合美国人期待未来的理念。

在形式上，这种实施断定性行事行为的句子一般可以在前面加上 "I tell you" "I say" "I fear" 或者 "I guarantee" 之类的词语。比如：

例 8：

To those of you who received honors, awards, and distinctions, I say, well done. And to the C students—I say, *you, too, can be President of the United States.*

（刘宇等，2011：313）

小布什总统在演讲中赞扬曾经获得过荣誉、奖项和成绩突出的人干得非常出色，同时祝贺成绩 C 等的同学们也有可能成为美国总统。这种推断话语显然具有极大的鼓动性，同时也显示出他自嘲式的幽默，也符合美国不少当任总统希望以幽默的一面展现给民众的一贯做派。众所周知，小布什年轻时心性顽劣，能进入耶鲁大学也是靠老布什的关系，并且在耶鲁一直是绝对的差生。当他成为总统先生回到耶鲁时，此番话显示了他历练过后的风度，显示出作为总统的智慧。又如：

例 9：

"*I fear* we are raising a generation of young people whose attitudes will be '*What are you going to do for me?*'" she wrote.

（https://www.nydailynews.com/）

米切尔·沃什（Michael Walsh）是三个孩子的母亲，为了教育孩子不再为她们做打扫卫生的家务活，斜体部分出自她的博客，表达出她内心的担忧：她担心培养的下一代只会在意别人为自己做了什么，而对他人和社会没有责任感，而责任意识正是一种文化意识。

### 8.2.3 指使性意向的文化投射

指使类的"以言行事"行为，表示说话人不同程度地指使听话人做某事，主要有禁止、命令、允许、请求和建议等。它的适从方向是促使现实发生变化；说话人在心理上的需求是希望和需要；话语的命题内容总是让听话人即将做出某种行动。

说话人试图使听话人去做某事。他们可能以非常温和、委婉的语气请求或建议听话人去做某事，也可能以非常强烈的语气坚决地命令或禁止听话人去做某事，如请求、哀求、命令、指使、建议、允许、忠告、祷告等，在形式上都属此类。如：

例 10：

（Heidi and Elaine are classmates.）

Heidi: I invite you to lunch today, but there is *one catch: you pay the bill.*

Elaine: No problem, I need someone to talk to. Today is the most frustrating day in my life.

（Chen, 2011：67）

此例中，海蒂（Heidi）对伊莱恩（Elaine）说：我请客，你付账。海蒂提出请伊莱恩吃饭，但条件是伊莱恩买单。斜体中的 catch 相当于隐匿的条件，来源于美国作家约瑟夫·海勒（Joseph Heller）的小说 *Catch 22*（《第 22 条军规》），这是二十世纪六十年代美国最受欢迎的小说之一，因此，catch 正是两人共同的文化背景认知，从而使得伊莱恩理解海蒂的指使意图。这种实施指令性行事行为的句子一般可以在前面加上"我请求""我命令"或"我建议"之类的词语，如下例：

例 11：

However, I *suggest that* invading principal may actually be the prudent thing to do.

（https://www.forbes.com/）

询问可以看作是指使式中的一个特殊的次类，因为该句式中说话人试图使听话人回答，也就是使听话人完成一种言语行为。例如：

例 12：

Context: Matt speaks to his girlfriend in the format of a question.

Matt: *Do you think it's courteous to* call somebody and check in on them every five minutes? I mean, don't take it the wrong way.

（Fitch, 1998: 18）

马特（Matt）虽然使用了"do you think"，但其目的并不在于询问，而是对女朋友进行劝告和请求："不要胡思乱想、让别人来监控我了！"在指使类言语行为的各种类型中，建议也是比较特殊的一种。所谓"建议"，即向听话人提出自己的主张与看法，达到使听话人采纳其观点并在行动上有所作为的目的。在言语交际过程中，说话者在"指令"的同时，没有把自己的期望绝对化。这就要求其建议在表述时力求中肯、婉转灵活，易于让对方接受。例 13 中的"do you mind"都是说话人用来表达自己期望的委婉方式。

例 13：

a. "No," I said. "The air-conditioning in the room doesn't always help. You're better off out here, I think. *Do you mind if* I join you for a while?"

"No, of course not. My name's Alberto Viana," and he shook my hand. "I'm from Barcelona."

b. *Do you mind* coming over right away?

（https://www.newyorker.com/）

因此，就交际目的来讲，建议性言语行为可归入指令类，即说话人不同程度地指使听话人做某事。

### 8.2.4 承诺性意向的文化投射

承诺性意向行为，指说话人对未来的行为做出不同程度的承诺。说话人的心理状态是怀有意图；话语的命题内容是说话人即将做出某一行动。这种行事行为是说话人保证而且有责任将来去做某事，如保证、许诺、宣誓、发誓等就属此类。从某种意义上讲，承诺式可以看作是说话人对自己的一种请求或指使，因而不同于上一类针对别人的指使性意向的行为，即说话人企图使听话人去做某事，而听话人却不一定有责任或义务去做这件事。从形式上看，这种面向自身的承诺句的前面可以加上"guarantee""promise"之类的词语。例如：

例 14：

Context: Democrat Robin Kelly speaks to reporters after winning the 2nd Congressional District race.

Kelly: "Yes, we've seen some tough times and some setbacks. I know for some of you, your faith in your leaders is a little shaken,"

Kelly told supporters at a Matteson hotel. "I thank you for that and *I promise I will work very hard not to let you down.*"

（https://www.chicagotribune.com/）

从斜体部分话语可以看出，民主党人凯里在赢得第二轮议会选区选举后，对其支持者鼓舞士气，做出承诺，表示虽然艰难困苦不少，但绝不让他们失望。再比如：

例 15：

So there are going to be a whole range of approaches that we have to take for dealing with the economy. My bottom line is to make sure that we are saving or creating four million jobs. *We are making sure that* the financial system is working again, that home owners are getting some relief.

（王瑞泽，2012：162）

这段话斜体部分为奥巴马面对美国经济上的次贷危机做出的承诺：必须采取一系列措施确保拯救或者创造出 400 万个工作机会，确保金融系统再次运转起来，确保受次贷危机影响的人得到一些援助。又如：

例 16：

*I will be guided by* President Jefferson's sense of purpose, to stand for principle, to be reasonable in manner, and above all, to do great good for the cause of freedom and harmony.

（刘宇等，2011：311）

这里，小布什在宣布总统竞选获胜的电视讲话中之所以提到美国历史上的杰斐逊总统，是因为在 1800 年的那次大选中，杰斐逊与对手在获得相同票数后，经众议院投票，最后以一票的微弱优势当选。

杰斐逊总统是美国的开国元勋，被认为是提倡"民主""自由"等理念的先驱。1800 年杰斐逊的胜选给美国带来了希望。因此，小布什此番话在向美国民众承诺，他同样能给美国带来希望。之后，在 2001年 1 月 20 日的就职演说中，他再次做出承诺：我将恪守并被这些原则所引导：坚信自己而不强加于人，为公众的利益勇往直前，追求正义而不乏同情心，勇于承担责任而绝不推卸。

例 17：

I will live and lead by these principles: to advance my convictions with civility, to pursue the public interest with courage, to speak for greater justice and compassion, to call for responsibility and try to live it as well.

（刘宇等，2011：312）

### 8.2.5 评价性意向

评价是人的一种主观意识和观念活动，是在对象性活动中表现的观点和态度。塞尔（Searle，1968）指出，"评价语句的言语行为目的是表达情感和态度，通过表扬或指责、奉承或侮辱、推荐或建议、命令或指挥等，向受话人实施影响的一种行为"（转引自金城，2009）。无论是利己、利他的还是客观、理性、感性的评价，常常会有文化投射其。例如：

例 18：

"I think *that's very dangerous* to the future of American democracy," Gingrich noted.

"My dad served in the Army for 27 years; I was a college teacher. I'm a *middle class* person," CBS quoted Gingrich as saying.

Gingrich takes dig at Bloomberg, claims he spent his way into City Hall. Sinking in the polls, Gingrich tries to appeal to middle class in

Iowa

（https://www.nydailynews.com/）

金里奇（Gingrich）挖苦竞争对手布隆伯格（Bloomberg），声称他进入市政厅使用了行贿手段，而自己是大学教师，中产阶层人士。在美国文化中，中产阶层是一种生活方式，一种生活水平，也是美国梦的代表。中产家庭标志着有房、有车，衣食富足、老有所养、幼有所教、生活无忧无虑。因此，金里奇使用利己的自我评价，以此吸引爱荷华州中产阶层人士的支持。再如：

例 19：

"That's the Rondo *we like to see,* playing with all that energy." Pierce said. "He got the guys the ball in open spots; he *did everything for us* tonight. He rebounded, he passed. That's the Rondo I like to see."

"I know we're all in this together, but *it's great* when he takes over like that." Celtics coach Doc Rivers said. "He's the *smartest point guard* I've ever been around. He's a *brilliant* player like that."

（https://apnews.com/）

此例中斜体部分是凯尔特人队控球后卫龙多（Rondo）的队友皮尔斯（Pierce）以及教练里弗斯（Doc Rivers）对龙多的称赞。这里我们看到美式风格的表扬——赞美他人流于夸大和夸张，喜欢用加重语气的句。从文化角度来看，以个人主义为核心的美国文化突出个人价值，强调个人的存在和个人的利益。从统计频率来看，美国人所用称赞语中，出现频率较高的句式有：1）you look really good.（你看起来棒极了！）；2）I really like it.（我真的很喜欢它。）；3）that's really a nice...（那真是个好……）；4）that's great!（真了不起！）最常用的动词有 like（喜欢），love（爱）等。美国对 nice（不错），good（好），beautiful（美丽），pretty（漂亮），great（极好）等形容词使用得最多（熊学亮，2008）。如美国人形容一个男人或女人最常用的词语有：pretty（标致），beautiful（美丽），handsome（英俊），good looking（好看），attractive（吸引人的），lovely（可爱），有时觉得不够强劲，便又加上 glamorous（迷人的），gorgeous（华丽的），adorable（值得崇拜的），drop dead gorgeous（要人命的迷人），stunningly beautiful（夺去呼吸的美丽），stunningly beautiful（震惊人的美丽）等强烈的词语。从以下两例斜体部分可见一斑：

例 20：

CHRIS-CUOMO: To see Ian Wendrow with his sister, Aislinn, is to witness a rare and poignant intimacy. He's as close to her as any brother could be. IAN-WENDROW: She's *adorable*, and she's *the best*. I *love* her. She's *the best sister I could ever have*.

（https://abcnews.go.com/）

例 21：

I slept almost all of the way. I had a *stunningly beautiful* young woman sitting next to me. She is a photographer and her photos of waterscapes near D. C. were *miraculous*. We had a table with a *fabulous* view of the Capitol. *Breathtaking*. The food was *good* and the service was *fabulous*. Not just *great*. *Fabulous*.

（https://spectator.org/）

美国人不只在赞赏他人方面够坦白和富有表达力，在贬抑他人、评论事务时也是如此，比较直截了当，较少顾忌面子和尴尬问题，即便是对总统说话。如下例为美国脱口秀记者奥普拉（Oprah Winfrey）采访奥巴马总统的片段。奥普拉语气直率，直言奥巴马既要获得诺贝尔和平奖，又向美国公众宣布将把 3 万军人派遣到阿富汗，显然与和平相悖。

例 22：

Oprah: Well, this is going to air two days after you travel from Oslo and receive the Nobel Prize.

Obama: Mm-hmm.

Oprah: Two weeks ago, you announce to the American public that you were sending 30, 000 troops into Afghanistan.

Obama: Mm-hmm.

Oprah: How do you reconcile the two?

Obama: Mn-hmm.

（王瑞泽，2009：17）

同样，下例则是美国公共政策教授罗伯特·莱克（Robert Reich）在其博客上抨击美国教育的言论：

例 23：

Over the long term, the only way we're going to raise wages, grow the economy, and improve American competitiveness is by investing in our people—especially their educations.

You've probably seen the reports. American students *rank low* on international standards of educational performance. Too many of our schools are failing. Too few young people who are qualified for college or post-secondary education have the opportunity.

（https://robertreich.org/）

例中斜体部分就是罗伯特·莱克对美国学生的表现水准所做的毫不留情的批评：美国学生绩效排名低于国际标准；许多学校办学水平在退步；年轻人接受大学教育或进一步深造的机会太少。

### 8.2.6　宣告性意向

宣告类行事行为是通过以言行事的力量使某一事态得以存在或

实现，或引起事态的变化，如宣告、宣布、宣判、通告、任命、命名等就属此类。

这就是说，人们宣告某个事态因其存在而得以存在，是说话使某事成为如此这般。因此，塞尔（Searle，1969）认为宣告类是一种特殊的言语行为，通常说来是由具有特别权威的人在机构体制范围内所执行的言语活动，也就是说这类行为通常是一种机构性的言语行为，而不一定是个人的自发行为。例如，说话人可以通过宣告类行为改变有关事物的状况和条件，因而它不同于其他类型的以言行事行为。例如：

例 24：

I'm pleased to announce that the film selected as Best Picture nominees for 2011 are: "War Horse".

（https://www.voanews.com/）

例 25：

The Obama administration will announce today increased funding for the military Special Forces units.

（https://www.cbsnews.com/）

例 26：

(The former secretary of state told the annual Women in the World Summit at Lincoln Center.)

"We need to make equal pay and equal opportunity for women and girls a reality, so women's rights are human rights once and for all."

（https://www.nydailynews.com/）

例 27：

The Department of Justice quietly announced late Friday that it would appoint two U. S. attorneys, not an independent special counsel, to conduct a criminal investigation

（https://www.cbsnews.com/）

例 28：

This weekend, Project Green Search will announce its selection of a new model for the environmental "Green Revolution."

（https://www.voanews.com/）

例 24 中的说话人是 2011 年奥斯卡颁奖典礼主持人；例 25 中的宣告增加军方特种部队经费投入的行为执行者是奥巴马政府；例 26 中的说话人希拉里身份是美国国务卿。例 27 中的说话人身份是美国司法部发言人；例 28 中的"Project Green Search"（绿色搜索项目）作为一个环保组织，宣布一种环境绿色革命新模式。

这类（宣言式）施为句的言后之果，一般不是由词汇的语义决定的，而是受语言外部因素的制约。要实施这类言语行为，经常涉及一些超语言因素或构成规则。如要求说话人具有相应的身份、地位和职务，并且言语行为的实施还要处于相应的时间、地点和场合，这样说话人说出的话语才能达到实际效果。因此，宣告类以言行事行为目的是通过话语的说出，使世界发生变化。成功地完成宣言式可以使命题内容与实际相符，保证命题内容与世界的一致。再如：

例 29：

this is a day when all Americans from every walk of life unite in our resolve for justice and peace. America has stood down enemies before, and we will do so this time.

（刘宇等：2011：314）

这是 2001 年 9 月 11 日恐怖袭击发生当晚，美国当任总统小布什对全体美国人民的讲话："今天是一个各行各业所有美国人都团结起来为正义与和平下定决心的日子，美国曾经一次次打垮敌人，这一次我们也能做到。"作为一个总统，小布什的讲话达到了鼓舞士气、团结全体国民同仇敌忾的效果，国家被动员了起来，小布什总统的支持率也由此达到历史最高。

## 8.3 语境以内的附加信息

任何话语都是在一定语境中进行的。语言的使用和言语环境是分不开的，言语环境对于理解语言必不可少。弗斯（Firth，1957）认为，语境包括语言使用者在语言活动中所处的地位和所起的作用、语言活动发生的时间和空间、语言活动的情景、适合语言活动的话题、话语情景所归属的语域。说话人是交际语境的中心。说话人在话语表达时，往往强势凸显某些信息，如时间、地点、方式、程度、缘由、方向、数量等，来表达自己的意向，从而达到以言行事的目的。下面分别加以讨论。

### 8.3.1 时间凸显

如前文所述，时间指示是指以说话人说话的时刻为参照点来谈论时间，对于指示性的时间理解依赖于语境，具体而言就是说话的时刻。在语言交际中谈及时间是不可避免的，说话者往往会凸显、强调时间。例如：

例 30：

Sandra Bullocks' contribution is the largest known donation to the Red Cross since the 9.0 quake. This contribution is vitally important as the Red Cross works to provide critical assistance and essential relief items in *this time* of urgent need for so many people in Japan.

（Everett, 2011）

这里的"this time"凸显了受海啸地震影响的日本受灾者迫切需要救

助的特定时期。旨在强调桑德拉·布洛克（Sandra Bullocks）的捐款是多么的重要。同样，例 31 中斜体部分的"now"凸显了"iPhone 4s"销售时买家的购买热潮，即便你即刻预订也不能在星期五第一时间买到。

例 31：

If you're hoping to *pre-order now* and pick up the phone Friday, you're out of luck. Buyers line up for iPhone 4S sale.

（https://www.cnn.com/）

### 8.3.2 方位凸显

方位指示通常根据交际参与者的空间位置来确定地点，说话者进而对此加以强调。例如：

例 32：

I did not come *here* to interfere in Cuba's internal affairs, but to extend a hand of friendship to the Cuba people and offer a vision of the future for our two countries and for all the Americans.

（刘宇等，2011：281）

卡特总统卸任后为世界和平频繁奔走，他是美国历任总统中访问古巴的第一人；在古巴的演讲中，他强调来到古巴这里，不是来干涉古巴内政，而是来向古巴人民伸出友谊之手，描绘未来，改善两国关系的，意在表现出他的诚意和相对独立性。

说话人凸显方位地点指示，不一定完全取决于空间距离，有时会受到心理距离的影响。例如：

例 33：

"I'm from Plainfield, and I'm standing *here* and it's kind of amazing." McCarthy said tearfully, "Holy smokes."

（https://www.nydailynews.com/）

来自伊利诺伊州的新手梅丽沙·麦卡西（Melissa McCarthy）凭借"Mike & Molly"（《胖子的爱情》，又译《麦克和茉莉》）获得艾美奖喜剧类的最佳女演员奖。麦卡西表达的 here 指代 2011 年度美国电视艾美奖颁奖典礼的舞台，与自己的家乡平原（Plainfield）小镇对比强烈，这不仅是两地相距的空间距离，更突出表现了来自小镇的她此时此刻站在颁奖现场难以置信的喜悦心情。

### 8.3.3 方式凸显

美国人喜欢坦诚相待，直截了当，体现在说话方式上，常用一些表示方式的副词性短语，如例 34 中的"to be straight""to be absolutely frank""to be fair"等。

例 34：

a. And *to be absolutely* frank about it there was a certain sort of arrogance.

（https://www.cnn.com/）

b. You may not agree with John McCain on every issue, but you can always count on him to be *straight with you* about where he stands and to stand for what he thinks is right for our country, regardless of the politics.

（https://www.cnn.com/）

c. "Well, *to be fair*," Seth said, "it's in the context of his stubbornness. His infinite patience in defying Walter's authority."

（https://www.newyorker.com/）

### 8.3.4 程度凸显

美语中表示程度的形式很多，以感谢为例，美国人常说感谢是永不过时的，或者感谢是无法估量的礼物。例如：

例 35：
Your wonderful letter *makes my heart sing.*

（怀中，2007：23）

又以例 36 中表达的兴奋心情程度为例：

例 36：
Earlier, Bowen had been equally flabbergasted. *"Oh, my God，Oh, my God, are you kidding me?"* she said. "I don't know what I'm going to talk about in therapy next week. I won something."

（https://www.nydailynews.com/）

例 35 中斜体部分表现了朱丽·鲍温（Julie Bowen）在得知自己凭借室内情景喜剧 *Modern Family*（《摩登家庭》）获得 2011 年度艾美电视最佳女配角时欣喜若狂的程度。同样，例 33 中的"Holy smokes"（天哪）词组也是兴奋程度的体现，表现了梅丽沙·麦卡西获得喜剧类最佳女演员奖后极端喜悦的心情。例如：

例 37：
"My husband would *never* do that."
"Do what?" I asked.
"Be out alone with both of the kids at once," she said. *"Never."*

（https://www.cnn.com/）

此例是一位母亲在父亲节接受 CNN 采访时与记者的对话，她抱怨孩子的父亲从不带孩子外出玩耍。"never"的两次使用，表现出这位母亲对丈夫平日不陪护孩子的强烈不满。同样，例 38 中的"honestly"以及例 39 中的"extremely"均是表示程度的副词。

"honestly"表明世界第一重量级妈妈发自内心的良好心态；"extremely"则表达了美国红十字会对影星桑德拉·布洛克（Sandra Bullock）捐款一百万美元慰问日本海啸地震受灾群众的感激之情。

例 38：

Honestly, I've been fat all my life for over 40 years, and I've always been comfortable with myself but it was everybody else saying 'Try this diet, try that diet,' World's heaviest mom Donna Simpson open to reality show: I'm not embarrassed about my body.

（https://www.nydailynews.com/）

例 39：

"The American Red Cross is *extremely* grateful for this generous support from Sandra Bullock and her family," the organization said in a statement Thursday. "This contribution is vitally important as the Red Cross works to provide critical assistance and essential relief items in this time of urgent need for so many people in Japan."

（Everett, 2011）

### 8.3.5 缘由凸显

说话人常常会用一些表示原因的短语来加强语气，强调做某件事情的缘由。如：

例 40：

"*For God's sake*, tell your kids you love them: They never see you, and they'd probably like to know.

（https://www.cnn.com/）

此例中的"for God's sake"（看在上帝的份儿上，求求你）经常用来恳求别人做某事或是不要做某事，尤其用在口语中，也常使用"for heaven's sake", 用于加强语气。又如:

例 41:

*For this reason*, I recommend moving as many of your activities to the Web as possible.

（https://www.cnn.com/）

### 8.3.6 数量凸显

美语中, 数量凸显主要体现在一些数词的使用上。例如:

例 42:

"I mean if you look at *how much he spent*, he just wrote a check and bought it," Gingrich added.

（https://www.nydailynews.com/）

这里, 金里奇挖苦竞争对手布隆伯格, 说他进入市政厅使用了行贿手段, 开一张支票, 权位就到手了。再如:

例 43:

This isn't the first time Bullock has made a generous donation. The actress, 46, gave *$1 million* to Doctors without Borders to aid earthquake victims in Haiti last year, and donated tens of thousands of dollars to a public school in New Orleans that was destroyed by Hurricane Katrina in 2005.

（Everett, 2011）

例中斜体部分数词的使用, 重在赞扬影星布洛克的慈善之举。又如:

例 44:

"I haven't been able to wear heels in *a long time*," the 43-year-old mother of two told the Daily News in a phone interview. "I'm looking forward to just getting up, taking *a shower* without causing a bunch of problems and going to the park with my kids and standing *for more than five minutes*."

(Simpson, who is perhaps better known as the Guinness World Record holder for the "World's Heaviest Mother," recently announced her intention to hit the brakes on her weight-gaining habits and turn to a healthy lifestyle instead.）

（https://www.nydailynews.com/）

此例中的"a long time"（很长时间），"a shower"（冲了个淋浴），"for more than five minutes"（超过 5 分钟）表现出吉尼斯世界纪录"最重母亲"对普通生活的一种极端渴望。

## 结语

本章重点从话语层面讨论了指示的功能。话语信息是一种潜文化信息，说话人在使用一定言语形式、实施言语行为时，总是在话语中显示出某种文化，或者参与到文化中去，从而表现出一定的文化态度。与此同时，实施言语行为时，说话人不仅表达出自己对话语内容的一定态度，同时还会表达出其心理状态。这些心理状态可能是说话人对某人、某事做出的某种表态，如做出警示、评价、推断、陈述、断言、报告等；也可能是说话人对未来的行为做出不同程度的承诺，说话人的心理状态是怀有做某件事情的意愿，如承诺、许诺、发誓、威胁等；或者说话人心理上的需求是希望和需要，希望听话人去做某件事情，如请求、指使、命令、忠告等；又或者是说话人在话语表达的同时，使客观世界发生一定的变化，如解雇、命名、宣布、提名候选人等。另一方面，语言的使用和言语环境即语境是分不开的，语境信息是制约和影响言语交际的重要因素之一，是构成话语信息必不可少的环境要素，对于理解话语不可或缺。说话人往往在话语表达时，强势凸显某些信息，如时间、地点、方式、程度、缘由、方向、数量等，用以表达自己的意向以达到以言行事的目的。

# 参考文献

Firth, J. R. *Papers in linguistics 1934-1951*[M]. London: Oxford University Press, 1957.

Fitch, K. *Speaking Relationally: Culture, Communication and Interpersonal Connection*[M]. New York: Guilford Press, 1998.

Chen, J. *Sophisticated American Colloquialism*[M]. Beijing: Science Press, 2011.

Searle, J. *Speech Acts*[M]. Cambridge: Cambridge University Press, 1969.

何刚. 话语、行为、文化——话语信息的文化语用学解释[J]. 修辞学习，2004（5）：16-22.

何刚. 话语、社交、文化——文化驱动的社会语用视角[J]. 外语教学理论与实践，2011（3）：35-41，74.

怀中. 走进美国实用会话 [M].武汉：湖北教育出版社，2007.

贾玉新. 跨文化交际学[M]. 上海：上海外语教育出版社，1997.

金城. 评价语句的言语行为分析[J]. 外语学刊，2009（6）：94-97.

李悦娥，韩彩英. 略论语境对情景会话语篇语义关联性的制约[J]. 外语与外语教学，2002（5）：12-16.

刘宇，等. 美国总统语录[M]. 北京：中国水利水电出版社，2011.

王瑞泽. 奥巴马访谈录[M]. 南京：译林出版社，2012.

熊学亮. 简明语用学教程[M]. 上海：复旦大学出版社，2008.

左焕琪. 美语称呼语的特点[J]. 外国语，1983（6）：26-27，30.

# 第9章 文化语境指示方式的行为支持和行为驱使功能

## 引言

在上一章中，我们从话语结构层面探讨了指示的功能，更进一步理解了美国文化语境下指示方式的功能阐释。本章将讨论文化语境指示方式的行为支持和行为驱使功能。语言是文化的载体，语言的使用受社会文化等因素的影响和制约。英国人类学家马林诺夫斯基（Malinowski，1923）率先提出了"文化语境"这一术语，认为语言研究必须考虑语言使用者的文化环境。萨默瓦等学者（Samovar et al.，1998：36）将文化语境定义为知识的储存、经历、价值、行为、态度、宗教信仰、时间概念、空间关系、学科领域等诸多方面。文化可以通过谚语、民间故事、传说、神话、艺术和大众媒体等形式代代相传。克拉姆契（Kramsch，2000：26）认为经济、社会组织、家庭模式、繁殖习俗、季节循环、时间和空间概念都是文化语境的要素。在国内有关文化语境的研究中，何刚（2003：37）认为文化语境是言语互动、言语行为、话语理解或解释所参照的文化信息的总和。现实情境中的个体是现实的存在，也是文化语境信息的携带者。简言之，文化语境指与言语交际相关的社会文化背景，是使用某一语言的集团共有的文化背景的总和，包括语言系统本身、与语言系统相关的社会状况、历史传统、风俗习惯、思维方式、价值观念等。

# 9.1 文化语境与言语行为

文化语境时刻影响着人们的生活和言语行为。一方面，文化习俗即人们在社会生活中相沿成习的生活模式，已经成为语言、行为和心理上的集体习惯，对集体成员具有规范性和约束力。另一方面，特定文化语境下的社会规范对集团成员的言语交际活动做出各种规定与限制。一种文化在选择了自身的行为方式、社会价值、目标取向后，会将这几方面整合成为一种文化模式（露丝·本尼迪克特，2009）。对于个体行为来说，文化塑造着不同的行为类型。在个体生活的过程中，首先学习的是对他所属社群传统模式和准则的适应。生长在某一个社会里的所有个体中，总有极大一部分人是按那个社会所指定的行为方式来行动的。

从言语行为的角度看，文化语境是一种关于言语行为的文化信息特征。文化可以设定一部分语境特征，并使这部分特征成为文化信息（意义、价值、理念等）的载体。文化设定是围绕着一定事项而产生的文化语用共同体（cultural pragmatic community）在日常生活经验基础上形成的共同意识的一部分（Brogger，1992），普遍存在于每一个文化共同体。

文化设定与特定的语境特征密切相关，即与特定的说话者、听话者、意向、期望、时空、事件、话语、情节等特征相关。当特定的文化设定投射到特定的情景时，特定的话语将具有高于实际需要的意义、价值或功能——文化语用功能。当文化设定作用于特定情景时，必然凸显有利于文化成员之间产生亲和力的特征（话语的、行为的、环境的、事件的、人物的），而忽略那些不太有利于增强文化亲和力的特征。同时，某些可能对文化亲和力产生破坏作用的特征则成为不选或避讳的特征。

## 9.2　文化语境指示方式的行为支持功能

　　语言使用的过程是人们基于语言内部和外部因素，在不同意识程度上不断做出语言选择的动态顺应过程（Verschuren，1999）。人们需要在不同的语境下说合适的话，实施合适的言语行为。文化语境能够为特定言语行为提供解释和支持。文化语境所包括的规范、行为准则、价值观念、思维方式、道德情操、审美情趣等因素制约着语言使用者对于话语的社会文化含义的理解。文化语境中固定的文化因素，如习俗、习惯、行为模式等，都会在社会发展过程中积淀并具有一定的动态或静态特性，以一定的模式存在着。各言语社团在语言使用的过程中形成的相对稳定的交际模式，将有利于本言语社团成员之间的有效交流。

　　文化语境对语言使用者的制约主要体现在会话过程中或会话的具体环节上，如话题的选择、说话的方式等都会受到文化的规约。

### 9.2.1　招呼语的选择

　　日常交际会话一般以招呼语开始，谈话双方建立会话关系，选择合适的话题。在特定的文化语境下，言语社团成员根据优选文化特征选择合适的招呼语。招呼语指人们相遇时为了相互致意所使用的言语，主要功能在于使交际者维持正常的社会关系或增进友谊。招呼语一般包括称谓语（address terms）和问候语（greeting content）。

　　（1）称谓语的选择

　　在美国文化中，常用的称谓语为言语交际者的姓名。姓名可以用于称呼熟悉或亲密的人，也可以称呼初次见面的人，对长辈、上级、父母也可以直呼其名。这种称谓方式体现了美国文化中的平等观念。此外，有少数的职务名称和职业名称也可以用作称谓语，如总统（president）、教授（professor）、上尉（captain）、主席（chairman）等职务和医生（doctor）、侍者（waiter）等少数职业名称。

　　在特定环境中，亲属称谓词（father、mother、brother、sister 等）可以用来称呼非亲属，表达特殊含义。

　　例 1：

The Washington Monument remembers George Washington as the "*father* of our country," and the Lincoln Memorial declares that Abraham Lincoln "saved the Union," she said.

（http://corpus.byu.edu/coca/）

　　例 2：

If indeed we are in any sense a national family, then maybe, just possibly, in an abstract sense, within that family Republicans are our *father* and Democrats are our *mother*. I mean this: Your stereotypical father protects the home fiercely but also expects his children to be strong and resilient and self-reliant and to learn by tough love and end up looking out for themselves, just as Republicans are stereotypically strong on defense and weak on coddling. Your stereotypical mother builds the nest and is nurturing and gives everyone their meal and wants all the children to embrace love and fairness…

（http://corpus.byu.edu/coca/）

　　在例 1 中，乔治·华盛顿被称为国父，父亲这一亲属称谓体现了美国人民对华盛顿的尊敬和爱戴。在例 2 中，共和党被称作父亲，民主党被称为母亲，而美国则被喻为一个大家庭，表明了爱国之情。
　　由于宗教信仰的影响，亲属称谓也可以用于指称上帝（见例 3）或称呼有共同信仰的团体成员（见例 4）。

　　例 3：

At that time I believed in God, and prayed every evening: Our *Father,* who art in Heaven; and I'd shut my eyes tight and keep quiet and still, thinking only of the person I wanted God to protect.

（http://corpus.byu.edu/coca/）

例 4：

"Dear *brothers and sisters*," the Pope said, "I appeal to you to reinvigorate your faith that you may live in Christ and for Christ and armed with peace, forgiveness and understanding that you may strive to build a renewed and open society.

（http://corpus.byu.edu/coca/）

亲属称谓还能够表达话语发出者对某个团体的理解或支持。例 5 中的 brothers and sisters 被用来指称同性恋这一特殊群体，表达了说话人对这一群体的理解。同样，在例 6 中，说话人表示理解和支持移民这一群体，愿意为他们争取应有的权利。

例 5：

It also notes "the homosexual inclination is objectively disordered, i. e., it is an inclination that predisposes one toward what is truly not good for the human person." That phrasing is less bleak than a 1986 Vatican letter, which stated that while homosexuality isn't a sin, it is a "strong tendency ordered toward an intrinsic moral evil." It is certainly less positive than Always Our Children, which ended with this concluding word "to our homosexual *brothers and sisters*": "Though at times you may feel discouraged, hurt, or angry, do not walk away from your families, from the Christian community, from all those who love you. In you God's love is revealed. You are always our children."

（http://corpus.byu.edu/coca/）

例 6：

In my remarks, I pledged that the Catholic Church would never stop advocating for our immigrant *brothers and sisters* and that we would continue to defend their right to be full members of our communities and nation. That same day, as you may remember, our country's Congressional legislators were voting on landmark health care reform legislation. It was the culmination of a partisan battle that left both sides bitter and exhausted.

（http://corpus.byu.edu/coca/）

（2）问候语的选择

问候语指的是招呼语中的问候内容。美国文化中常用的问候语包括"Hi""Nice to meet you""morning""How are you doing today?"等，通常不涉及别人的健康、工作、生活等个人隐私。

### 9.2.2　话题的选择

文化语境预设了优选的话题。美国文化中强调努力工作、积极的生活方式、自由空间和平等，这些因素影响话题的选择。日常会话涉及的话题范围较广，如工作、娱乐、休闲、运动、旅游、交友等。其中工作是最常见的话题。工作是自我价值的体现，如"24/7"即 7 天 24 小时（24 hours for 7 days），在一定程度上反映了美国人的工作态度和生活方式。美国人把工作看作是实现美国梦的必经之路。

美国人也关注家庭和休闲生活。美国人具有较强的家庭观念，家庭生活基于家庭成员平等的爱、相互的尊重、足够的自由空间和共同承担的责任。与家人一起去购物、娱乐、休闲、运动、旅游等，不仅可以缓解工作中的压力，还能在很大程度上增进家庭成员之间的感情。在很多美国人看来，一栋舒适的房子、一份稳定的工作、几个可爱的孩子，便是理想的生活状态，充分体现了美国人对幸福的追求（the pursuit of happiness）。

### 9.2.3　谈话方式的选择

美国文化的平等、自由等观念也体现在谈话方式中。美国人鼓励谈话者发表不同的观点。会话的重要特点之一是参与者的话题转换，美国人通常在会话中采用询问（inquiry）的方式鼓励对方回应，从而建立会话关系或引入新话题，体现出美国人的礼貌、热情、喜欢与人交往的特点。在日常会话中，短暂的重叠或冷场时有发生，而一旦出现这样的情况，会话参与者会及时调整和修补交际策略。例如在同时讲话时，一方迅速做出退让；冷场时，总有一方主动开口讲话以缓解尴尬。此类会话规则映射出参与者的价值观及其所承载的文化。

### 9.2.4　会话结束方式的选择

恰当的结束方式可以进一步巩固和发展已经建立的会话关系，而不恰当的方式则可能破坏这种关系。在特定的文化背景下，人们倾向根据具体语境和彼此之间的关系，选择合适的话语结束方式。美国文化中常用的会话结束方式包括总结、评论、致谢、赞扬等。

## 9.3　文化语境指示方式的行为驱使功能

在文化语境作用于言语行为的过程中，文化语境首先需要内化为人们的思想、信念、价值观等。在社交活动中，特定的文化指示方式将表明交际双方的态度，构建其动态身份；而后通过选择或规避某种行为来驱使文化优选行为的发生。

### 9.3.1　文化语境的内化

文化语境可以内化为人们的世界观、人生观和价值观。文化语境的内化主要体现在核心文化观念方面，包括观念的个人内化和对他人的影响，旨在强化核心观念或帮助他人习得文化。具有一定影响力的社会成员（包括家长、亲属、社会领袖、组织等）是文化语境内在化过程的主要参与者和执行者。例如，家长或教师可以通过教化言语行为（教育）指导孩子或学生习得特定的文化信息，从而采取合适的行为。例 7 为电影《阿甘正传》（*Forrest Gump*）中阿甘的母亲对自己的孩子所进行的教诲：

例 7：

*Don't ever let anybody tell you they're better than you,* Forrest. If God intended everybody to be the same, he'd have given us all braces on our legs.

（电影《阿甘正传（Forrest Gump）》）

阿甘的母亲强调了人人平等的思想，任何个人都没什么优越或自卑可言，包括别人眼中外表怪异、行动不便、智商较低的阿甘。这里的 "不要让任何人告诉你他们比你好（Don't ever let anybody tell you they're better than you）" 指示出美国文化中的平等思想，已经内化为阿甘母亲的思想和观念，母亲又通过教育把这种观念传递给阿甘。美国文化语境中 "平等" 这一核心观念通过母子对话得以传播，为阿甘以后的成功奠定了基础。

电影《当幸福来敲门》（*The Pursuit of Happiness*）中，父亲克里斯·加德纳（Chris Gardner）对儿子进行了类似的教育（见例 8）。父亲通过会话向儿子传递美国文化的核心价值观——捍卫自己的梦想。父亲说明了自己内心的想法，他所得到的肯定回答，显示出儿子在习得美国文化核心价值观方面迈出了重要一步。

例 8：

Chris: Hey. Don't ever let somebody tell you, you can't do something, not even me, All right?

Christopher: All right.

（电影《当幸福来敲门（The pursuit of happiness）》）

在电影《怪兽婆婆》（*Monster-in-law*）中，查理（Charlie）的话语表明了美国人的家庭观念和家人的责任：必须出席对孩子具有重要意义的节日或活动，包括圣诞节、感恩节、生日、学校的音乐和体育活动。

例 9:

Charlie: *You must be present for every Christmas, Thanksgiving, birthday, school plays clarinet recital and soccer games in our kids' lives.* I want you to love them and spoil them, and teach them things that Kevin and I can't. I want you there, Violla. I do, up front and center. From this point I will not negotiate. Deal?

（电影《怪兽婆婆（*Monster-in-law*）》）

作为具有影响力的重要人物，奥巴马在竞选总统获胜的演说中也采用特定的指示方式表达了他内心所坚持的自由平等价值观。通过使用 young and old、rich and poor，Democrat and Republican，black、white、Latino、Asian、Native American、gay、straight，disabled and not disabled，他指出美国是向所有人开放的，无论其年龄、贫富、政治面目、种族、性取向、身体状况如何。

## 9.3.2 文化语境中的身份构建

为了有效地表明态度和指导言语行为，人们会通过文化指示方式的选择，在动态的语境中构建身份。身份一般定义为自我和他人的关系，指在社会文化语境中对于个人经历和社会地位的阐释和建构；身份构建是指一系列自我定义和自我认同的不断构建、不断修正的过程。身份的构建对于作为社会成员的个体来说，在情感上和价值观上都具有重要的意义。身份（无论是个人还是集体身份）都是话语过程的暂时结果，通过对话语的细致分析可以发现人们进行身份构建的方式、策略和目的等（Jørgensen & Phillips，2002）。

不同的文化指示方式可以体现出交际双方的亲疏、远近关系和各自所处的地位。在特定的文化语境中，身份构建主要指会话者通过语言手段的选择，如指示方式的选择，进行视点站位以呈现自我身份和态度的行为。研究会话者如何利用文化指示方式改变视点站位并构建身份，是研究文化语境指示方式行为驱使功能的重要步骤。

例 10：

Mancheski, any slanderous remarks against *this courtroom* are grounds for a contempt citation. Paul: Then *may I respectfully* request a sidebar with *your honor*? Mr. Alvarez I'd like to be *in* on that. Judge: Mr. Mancheski, Mr. Alvarez, approach the bench. # Dixie: Excuse me. Uncle Palmer, this is *unbelievable*. The judge *can't* just drop the charges like that. *David is guilty*. Palmer: Well, you heard her. Insufficient evidence, indeed. Dixie: *It sounds to me* like *somebody* got bought off. And *if I were you, we are in court*, so you might as well just confess. Palmer: Dixie, *I had nothing to do with* fixing the judge's ruling. Dixie: *You swear?* Palmer: Listen, after *that scoundrel* ruined your marriage, *I want to see him hang as much as you do*. Dixie: Yeah, but *David is your stepson*. Palmer: Yes, well, *that's a fact I work hard to forget*. # Jake: This judge is *out of her mind*. How can she make a ruling like this…

（http://corpus2.byu.edu/soap/）

例 10 源自肥皂剧《我的孩子们》（*All My Children*），第一句话中提及的法庭（this courtroom）明确了言语行为发生的地点。它不仅传递了具体语境信息，而且激活了相关的社会文化语境，如法庭的严肃和公平（任何诽谤性的言论都可以被视为对法庭的蔑视）。接下来保罗（Paul）通过"请问我可以吗（may I respectfully）"这一问句礼貌地请求与法官进行私谈（sidebar），"尊敬地（respectfully）"和"尊敬的法官（your honor）"表明了保罗的身份和态度。接下来的句子"我同意（I'd like to be in on that）"，表明阿尔瓦雷斯（Mr. Alvarez）愿意针对当前讨论的事件进行私谈，构建了他加入讨论的身份。法官最终同意了他们构建新身份的请求。至此，言语行为是和谐的会话，参与者选用了合适的指示方式和礼貌的请求，体现出交际双方顺利交际的愿望。

　　随后，迪克西（Dixie），帕尔默叔叔（Uncle Palmer）和杰克（Jake）的言语行为表明了他们的视角和态度。迪克西通过表达"这不可思议（This is unbelievable）"流露了对法官的质疑，指出法官不能够"那样（like that）"就撤销了对大卫（David）的指控，因为在迪克西看来，大卫是有罪的。可以看出，迪克西选择站在与法官对立的立场上，不同意法庭的宣判结果。帕尔默指出"你听到她说的话了（you heard her）"，这里的她（her）指称法官，通过重复法官的决定，帕尔默选择尊重法官的判决。而迪克西仍然提出质疑，认为某人可能被收买了，因此她对法官的判决有完全不同的看法。通过"如果我是你（if I were you）"这一句式的使用，迪克西表明了自己的态度和怀疑，并进一步表明法庭应该是神圣公平的，迪克西期待看到她所认为的公正的判决。帕尔默明确指出自己没有收买法官。美国文化强调坦诚相待，遵守誓言，因此迪克西又用了问句"你敢发誓吗（you swear?）"再次表明自己的怀疑；帕尔默选用"那个恶棍（that scoundrel）"这一贬义人称指示语来指称大卫，再次表明自己对大卫的厌恶以及对迪克西的同情和支持。迪克西的怀疑并不是毫无根据的，因为大卫是帕尔默的继子（your stepson），作为家庭成员，帕尔默有维护大卫的理由和嫌疑。但帕尔默明确表示他一直在努力忘记这层关系，从而表明自己的中立和公正。最后，杰克强调他对法庭的宣判持否定态度。

　　纵观全例，法庭（this courtroom）激活了相关的语境信息，包括社会会话因素，例如人们对法庭的期盼。在美国，人们强调自由与平等，对法庭的裁决可以表示出完全的不接受。通过使用表明自身态度的指示方式，会话参与者不仅表明了其态度，并且构建了不断变化的动态身份。

　　例 11：

Bill: You know what? You are getting on the wrong person. It's your niece that's creating the trouble. Katie: Well, it's my niece who has been the most hurt by all of this. Are you telling me that she won't be hurt again? Bill: (Sighs) Katie: Can you promise me that whatever you and Steffy are up to, no one will get hurt? # Taylor: I think maybe I should call Steffy. Brooke: (Sighs) Or I could try reaching Hope. Ridge: *Look, they're handling this. I think we need to stay out of it.* Taylor: *Okay. But on behalf of mothers all over the world, that's easier said than done, especially in certain circumstances.* Ridge: Why do I feel like I'm fighting a losing battle with you two? Taylor: Ridge, if anybody's been losing out, it's been Steffy. She has been through so much in her young life. I mean, she watched her parents' marriage fall apart. She lost her sister. I know there is…

（http://corpus2.byu.edu/soap/）

　　美国文化强调自由和隐私权，即使是家庭成员也不能随意干涉彼此的生活。在例 11 中，里奇（Ridge）认为子女的事情"由他们自己处理（they're handling this）"，父母不应该干涉。而泰勒（Taylor）认为"作为母亲（on behalf of mothers all over the world）"，说不干涉子女很容易，但在特定的情况下很难真正做到。通过会话，泰勒表明自己的态度，同情经历过太多苦难的斯特菲（Steffy），声明将会打电话给她并且参与婚姻调解，而里奇则愿意保持当前这种置身事外的身份，表示最终子女能否达成一致、做出何种选择还需要进一步的协调。

　　在特定的文化语境中，指示方式能够表明会话双方的态度；同时，通过指示方式的明确、转换、协调，新的身份得以建构。这种动态的身份建构过程对正在进行的和即将发生的行为都能起到一定的驱动作用。

### 9.3.3　文化语境的凸显

　　根据爱德华·霍尔（Edward T. Hall，1976）的冰山理论（Terreni & McCallum，2007），文化语境通常以隐性的方式存在，经过内化和会话参与者的身份构建之后，会凸显在言语行为的各个层面上。文化语境为特定言语行为提供强大的能量，通过驱使文化优选的言语行为和回避文化有害的言语行为，实现文化语境对言语行为的影响和指导。

（1）驱使文化优选的言语行为

文化优选指的是符合特定文化规约、为文化情境中的成员广泛接受的选择。美国文化中核心的价值观、信念、态度等都可以通过文化优选的行为得以体现。

美国人追求移动的自由，包括地理位置的迁移和社会地位的改变。美国自最初的移民开始，一直处于不断的移动之中。与移动（mobility）相关的表述体现了美国社会的高度流动性。首先是地理位置上的移动自由，汽车（automobile）和房车（motorhomes）等词汇表明了美国人对自由移动的追求和渴望；免下车（Drive-in 或 Drive-through）的相关搭配也体现了美国人爱移动的性格。例 12 中的免下车教堂（drive-in churches），免下车祈祷室（drive-through prayer booth）和免下车小教堂（drive-through chapel）表明本来比较庄重的场合也可以为适应人们的移动性而提供相应的服务。

例 12：

We've heard about *drive-in churches*. Now the Chandler (Arizona) Christian Church is providing a 24-7 *drive-through prayer booth*, where putting in a prayer request is as easy as ordering a burrito from Taco Bell. And there is *a drive-through chapel*in Las Vegas where you can get married without leaving the comfort of your rental car.

（http://corpus2.byu.edu/coca/）

美国人的社会地位不是完全固定的，社会阶层的流动是自由的。在传统的欧洲，人们在地理位置、经济和社会地位方面都是相对稳定的，人们的社会地位大都是预先设定的（assigned）。而在美国，人们可以追求社会地位的改变，尤其是向上的移动（status was up for grabs; move them up an economic and social ladder）。每个人都追求更好，为了达到自己的目标不断努力，不断超越别人或超越自己。改善（improve）、更好（better）、机会（enhance）等词汇的频繁使用，体现了美国文化中对变化的偏好：变化就是进步。

例 13：

During the first spring of the Obama presidency, the First Lady broke ground on a White House vegetable garden. Then, in February 2010, she announced the *Let's Move initiative*, a campaign to *change* the way America's children eat and exercise, with the *goal* of ending childhood obesity in a generation.

In the years since, what has Michelle Obama's work accomplished, besides (and I can say this from experience) the harvesting of some delicious lettuce, green beans and honey?

*Much progress has been made* in the fight against childhood obesity.

The answer is: a lot. One of the most important results has been *increasing* public awareness of the importance of obesity.

（http://www.nytimes.com/）

在上述新闻报道中，奥巴马夫人启动了一项名为"让我们动起来（*Let's Move*）"的活动，旨在改变（change）美国儿童吃饭和运动的方式，而改变的目标（goal）是解决肥胖问题。这次行动（move）的结果是好的，取得了很大进步（much progress），并且引起了公众的广泛（increasing）关注。报道中与运动和变化的相关表达体现了美国人相信移动性能带来一定的好处。

符合文化语境要求的言语行为是交际者优选的，交际双方在文化语境之下做出具体的行为选择。

例 14：

Jennifer: *Hey*, sit down.

Nathan: Yes.

Jennifer: I'm, uh... *I am sorry to* hear about you and Stephanie.

Nathan: Aw, *it's all right. I'm fine.* I mean, *it could have been worse*. Could have gotten married. Then that would have been a disaster, huh?

Jennifer: *Are you sure you're okay?*

Nathan: *Yeah. Yeah, I'm fine.* Actually, the person I'm worried about is Mel.

　　　　　　　　　　　　　　　　（http://corpus2.byu.edu/soap/）

　　在例 14 中，简单的招呼之后，詹妮弗（Jennifer）进入正题，对内森（Nathan）和斯蒂芬妮（Stephanie）不愉快的分手表示遗憾。在美国文化中，"很抱歉（I am sorry to）"是安慰对方常用的开场白，表达说话人的关心。内森的回答是美国文化中的言语优选行为，他使用了常用语"我还好（it's all right；I'm fine）"作为回应，体现了他乐观的心态，表明他不愿意朋友过多地为自己担心。通过进一步的解释，内森指出这样的结果也不坏，幸亏还没有结婚，否则就真的是灾难了。作为朋友，詹妮弗通过问句"你确定你还好吗（Are you sure you're okay?）"再次确认内森是否真的已经不再难过。内森使用了肯定的回答"我很好（Yeah. Yeah, I'm fine.）"，并且表达了对梅尔（Mel）的关心，再次说明自己已经走出伤痛。

　　（2）回避贻害文化的言语行为

　　文化语境不仅为优选的言语行为提供解释和支持，而且回避贻害文化的言语行为。在交往过程中，如果出现了非优选的言语行为，文化语境将被激活，会话参与者将意识到文化有害的信息，并向对方传达这一信息。

例 15：

David: Hello, Adam.

Adam: *Go away.*

David: Now, *that's not very supportive.*

Adam: Are you insane? We shouldn't be seen talking together.

David: Why? No one's looking. And even if they were, who cares what they think? Pretend to insult me if you like.

Adam: I wouldn't have to pretend.

（http://corpus2.byu.edu/soap/）

如上例所示，大卫（David）主动和亚当（Adam）打招呼，但亚当选择使用贻害文化的言语行为"走开（go away）"，而没有使用优选的招呼方式。大卫从中看出对方的不合作（not very supportive），非优选行为方式激活了文化语境。在接下来的对话中，亚当说明了自己不愿打招呼的原因；大卫则认为，即使他们需要在别人面前避嫌，但私下没人的时候也应该使用优选的方式，即具体语境应该让步于文化语境。

例 16：

Lily: Mother, what was so important it couldn't wait? Lucinda: *May I point out, that where as it is rude to hang up on your mother, it is unacceptable to hang up on your boss.* Lily: I was in the doctor's office, I should not have answered the phone. Lucinda: Are you all right? Lily: I'm fine. I'm fine, I'm fine. What's wrong? Lucinda: Honey, it's the check. The check that you cut to the baby food people. Lily: Did it bounce? Lucinda: Of course not. Lily: No. Lucinda: But it seriously depleted.

（http://corpus2.byu.edu/soap/）

上例中，莉莉（Lily）询问母亲有什么紧急情况而一定要现在打电话。母亲在说事情之前，首先指出"挂断母亲的电话是不礼貌的行为（it is rude to hang up on your mother）"，莉莉只能说明原因，解释说刚才在医生办公室，所以不能接电话。

在上述两个例子中，文化语境的地位优先于具体语境和社会语境。即使有特殊原因（如因为避嫌而不便说话、或因为工作繁忙而不能接电话），交际一方仍然希望对方遵循文化约定，采取礼貌的方式以保证交际的顺利进行。

## 结语

文化语境为特定的言语行为提供了能量和驱动力。文化语境指示方式涉及词汇、短语、句法结构、习语等各个层面，动态的语境是确定指示方式的具体形式的重要参数。文化语境对言语行为的支持体现在称呼方式、话题选择、谈话方式、结束方式等各个方面。从行为驱使的角度看，文化语境首先内在化为人们的思想、观念、态度、信仰等，通过文化教育和习得影响文化社团内的每个成员。在具体的语境中，交际双方使用的指示语又表明了其视点站位和角色转换，构建了交际者的动态身份。最后，文化语境在言语行为中得以凸显：文化优选的行为得到支持和驱动，贼害文化的行为通常被回避或否定。总之，文化语境指示方式不仅体现了隐性的文化语境，而且能够激活参与者的文化语境联想，构建参与者的动态身份，为言语行为的生成和理解提供合理解释的平台。

## 参考文献

Brogger, F. C. *Culture, Language, Text: Culture Studies Within the Study of English As a Foreign Language*[M]. Oslo: Scandinavian University Press, 1992.

Edward T. Hall. *Beyond Culture*[M]. Garden City, N.Y.: Anchor Press, 1976.

Jørgensen, M. W., Phillips, L. *Discourse Analysis as Theory and Method* [M]. London: Sage Publications, 2002.

Kramsch, C. *Language and Culture* [M]. Shanghai: Shanghai Foreign Language Education Press, 2000.

Levinson, S. C. *Pragmatics* [M]. Cambridge: Cambridge University Press, 1983.

Malinowski, B. *The Problem of Meaning in Primitive Language* [M]. New York: Harcourt Brace & World, 1923.

Mey, J. *Pragmatics: An Introduction* [M]. Beijing: Foreign Language Teaching and Research Press & Blackwell Publishers Ltd., 2001.

Samovar, L. A. et al. *Communication Between Cultures* (3rd ed.) [M]. CA: Wadsworth Publishing Company, 1998.

Verschuren, J. *Understanding Pragmatics* [M]. London: Edward Arnold, 1999.

何刚. 话语、社交、文化——文化驱动的社会语用视角[J]. 外语教学理论与实践，2011（3）：35-41，74.

何刚. 情感表达——文化语境与行为[J]. 外语学刊，2003（1）：37-42.

何刚. 文化设定与言语行为——语用方式的文化解释[J]. 外语研究，2004（5）：7-11，18.

露丝·本尼迪克特. 文化模式[M]. 北京：社会科学文献出版社，2009.

# 第 10 章  指示语的人际关系功能

## 引言

前面几章探讨了指示语具有的信息功能、话语结构功能、行为支持功能、行为驱使功能。本章主要谈论指示语的人际关系功能。人际关系功能指示词不仅可以认同双方的社会特质或角色，而且还可以提示、界定、指向、建构或重构彼此的关系。指示语对互动双方以及牵涉方的彼此关系（简单的私人关系、情境中的互动角色关系、工作关系、文化共同体成员间的关系等）有着敏锐的反应。它不仅有提醒对方交际开始的作用，更重要的是摆正自己与交际对象的关系，便于展开交谈；如有必要，甚至还可以把某个重要的第三者牵扯进来。人际关系，其实就是人与人之间不同层次的关联在心理结构上的存在，即指人们彼此之间在思想情感、社会及文化层面上的亲疏或间隙。罗杰·布朗（Brown, R. W.）和阿伯特·吉尔曼（A. Gilman）指出，有两种因素制约着人们对称呼语的使用：一是权势关系，二是同等关系。根据姚亚平（1998）的《人际关系语言学》，人际关系的类型大体可分为社会角色类型（据此将人际关系分成两大类：亲缘关系和社会关系）、人际关系的相互地位类型（据此将人际关系分为权势关系[power]和一致关系[solidarity]）以及人际关系的情感类型（据此将人际关系分成亲近和疏远两种）。总之，在言语交际中，交际双方的角色和地位、交际的时间和地点、交际语域、交际时所使用语言的正式程度等语言使用的参数，都影响着称呼语的选择（熊学亮，1999）。本章主要讨论的是指示语在权势关系、一

致关系、亲疏关系中的体现。在具体的交际过程中，为了实现交际
者预期的人际关系，交际者会根据语言语境的变化和语言信息传递
的需要，进行语言形式的不断选择和调整。因此在美国口语当中，
交际者对指示语的使用也是具有选择性的。除了用指示语的常规用
法来表现指示作用以外，交际者还会用指示语的非常规用法来表现
一定的社会文化和人际意义。从语用学的角度来讲，不管是在哪一
种文化和语言背景下，人际交往的关系功能主要可以分为两类：第
一是缩短言语双方的心理距离，实现心理趋同，或体现双方的亲密
程度；第二是拉大双方的心理距离，凸显心理差异，或体现说话人
的反感，制造心理空间。前者称之为"语用移情"支配下的顺应，
上面所提到的一致关系和亲近关系就属于这一类。后者是"语用离
情"支配下的顺应，语用离情所实现的人际关系就表现为我们所提
到的权势关系和疏远关系。语用移情和语用离情是指示语选择的重
要制约因素，也是构建语境的重要策略。在此需要强调的是，在五
种指示语当中，人称指示语在美语日常交际中最能表现不同的语用
移情和离情效果，从而实现权势、一致以及亲疏程度不同的人际关
系功能。因此本章将重点介绍人称指示语在当代美国口语中使用情
况，观察并分析人称指示语是如何作为一种语境策略被使用，从而
达到不同的交际目的，体现上述四种人际关系功能的。

## 10.1　指示语通过移情操控的人际关系

### 10.1.1　语用移情对人际关系的操控

　　移情这个概念最早出现在德国的美学研究中，同时它也是个心
理学概念。从心理学的角度看，移情指通过对情感的知觉而自身产
生与他人的情感相接近的情感体验，这相当于情感的共鸣。在国内，
对语用移情的介绍较为全面的有何自然和冉永平。根据何自然
（1991）的《言语交际中的语用移情》和冉永平（2007）的《指示语
选择的语用视点，语用移情与离情》，在语用学中，移情是指交际双

方情感相通，能设想和理解对方用意，涉及说话人如何刻意对听话人吐露心声，表达用意；听话人如何设身处地来理解说话人言谈的心态和意图，且移情的产生必须有两个必要的条件：一是意识到或了解自己的感受，二是将自己与别人等同起来。具体到人称指示语的映射现象，说话者正是想通过不同语境中人称指示语的映射用法来达到移情的效果，进而缩小与受话人差距，表明自己和受话人站在同一个立场，强调与受话人有共同的利益，增加与受话人的亲密程度等。因此，语用移情一般能够体现说话者的同情、钟爱、情感亲近从而建构说话者预期的人际关系。

　　姚亚平（1998）在《人际关系语言学》中的分类中提到的人际关系相互地位类型当中的一致关系，就属于移情这一类。一致关系是指在某一点上双方具有一致性或共同点，双方处于平等的关系之中进行交往。常见的一致关系有同学关系、同事关系、同辈关系等。比如在美国口语当中，不像英国英语、汉语以及其他语言一样有太多第二人称的指示语。不管是家庭成员之间，还是社会地位悬殊的人之间，使用最多的就是"you"和"you guys"（指向受话者），而其他所谓的敬称就非常少见，这体现出美国人注重建立平等的人际关系的特点。此外亲疏关系当中的亲近关系也属于这一类。亲疏关系是人际关系中的一种，它反映了人与人之间的社会距离。从亲到疏是一个连续体，亲疏之别界限模糊，但又是客观存在着的，对于言语交际有着不可忽视的影响。亲疏关系在很大程度上决定了人们在言语交际中如何指示对方。可以说，指示语是亲疏程度、感情深浅的温度计。在当代美国口语中，像"dear""dearest""honey""love""darling""sweetheart"等都是表示亲近关系的指示语。

　　根据上面的介绍可以看出，指示语在语用移情制约下的使用可以实现两种人际关系，即亲近关系和一致关系。接下来具体探讨当代美国口语当中，人称指示语是如何实现这两种人际关系功能的。

### 10.1.2　人称指示语驱使语用移情构建的一致关系

　　人称指示语作为指示语的一个首要组成部分，通常指谈话双方用话语来传达信息时的相互称呼，涉及交际双方的人称与社会因素，及其社会角色之间的相互关系，因此，是指示语研究中的重点。众所周知，我们在使用和理解指示语时必须有一个明确的出发点或参照点，即指示中心。根据莱文森（Levinson，1983：64）的阐述，除非有其他特殊注明，否则指示中心做如下解读：（1）人物中心是发话人；（2）时间中心是发话人说话的时刻；（3）地点中心是发话人发话时所处的地点；（4）语篇中心是发话人发话时所处的语篇位置；（5）社交中心是发话人相对于受话人或第三者的社会地位。这也就是梅伊（Mey，2001）所说的自我中心性，此为解释指示语的前提。因此人类语言中的一整套指示词语都是以说话人为中心组织起来的，这点人称指示语也不例外。

　　人称指示语是以人称代词为代表，分为第一人称代词、第二人称和第三人称代词。在现实的语言交际中，第一人称代词仅指代说话者，处于交际的中心地位；第二人称指代听话人，是次于主角的角色；第三人称则往往指代除说话人和听话人以外的第三方。这些都是指示语的常规用法。指示语的常规用法一般只具有指示作用。但是在某些特定的语境中，人称指示语会出现一些非常规用法，即"说话人在交际过程中不以自我为中心，把指示中心从自我转到听话人或其他听众身上以实现说话者预期的人际及语用目的。莱昂斯（Lyons，1977）把这种现象称为指示语映射现象。在特定的语境下，尤其是在特殊的文化语境下，人称指示语的映射现象往往预设着不同的语用意向，表达不同的人际关系信息，具有特定的人际语用功能。作为指示语的映射现象，指示语的非常规用法最能体现人际意义和交际功能，表现不同的语用移情或离情效果，因为它涉及了交际者的心理意图和情感态度。下面将从语用移情和离情两个方面对人称指示语的映射现象进行阐释，从中可以看出指示语在美国的文化语境中究竟是如何体现人际关系的。

　　在当代美国口语中，第一人称指示语主要有两个：一个是单数的"I"，另一个是复数的"we"。一般情况下，第一人称"I"指说话者本人，指单一的目标，不存在包括或排除的问题，用法比较常规；但是复数"we"却常常能体现不同的人际关系。从常规上来讲，"we"以说话者为中心，指代说话一方的人，可能包括听话者在内，也可能不包括听话者，但包括不在场的第三者。根据菲尔墨（Fillmore，1997）的分类，复数第一人称指示语指示范围在理论上应该主要分为四个部分：（1）说话人、听话人和听众都包括；（2）不包括听众，只包括说话人、听话人；（3）不包括说话人和听众，仅指听话人；（4）不包括听话人，包括说话人和听众。通过这个分类可以看出，"we"的出现通常都会达到语用移情的效果，因为它通常不会将指示中心仅仅停留在说话人身上。我们以奥巴马的一个谈话为例：

例1：

"Their philosophy is simple: *we* are better off when everyone is left to fend for themselves and play by their own rules. Well, I'm here to say they are wrong," he said.

（Associated Press, 2011）

在例 1 中，"奥巴马从复数第一人称指示语转到单数第一人称指示语。这里的'we'是指他自己和听众。奥巴马为了获得连任，必须继续推广他的政策，获得更多选民的支持，所以他用复数概念的'we'把自己和选民联系起来，目的是强调自己和选民的利益是一致的，呼吁民众支持他的政策并采取一定的行动。但是作为一国的总统，尤其是在一个崇拜和尊重个人意愿的国度里，奥巴马清楚地意识到他的民众希望看到他的个人态度。这就是为什么他很快用'I'来自称，并且明确地表明了自己的态度，这样的用法有助于树立奥巴马在美国民众中的政治形象"（胡漫 2014）。"We"体现的就是语用移情，有助于表达与美国民众情感亲近、利益共通的人际意义。而"I"在这里属于比较常规的用法，简单明确地表达总统的个人观点，与"we"相对应而出现，更能体现"we"的语用移情效果。简而言之，这里的"we"其实就实现了语用移情顺应下的一致关系功能。

第二人称在当代美国口语中也是最能体现一致关系的。当代美语中的第二人称指示语主要有两个：一个是"you"，这个是最常用的；另外一个是"you guys"，这种用法在当代美国口语中使用也越来越多，近十年来，来自杨百翰语料库中"you guys"的口语统计达到了 6254 条。"You"和"you guys"这两个第二人称指示语，既可指第二人称单数，也可以指第二人称复数，需根据不同的语境来进行解读。按照指示对象的不同，第二人称指示语可分为三类。第一类指代谈话双方中的听话者，如"Would you like a cup of tea？"（你想要一杯茶吗？），直接问听话者是否要喝一杯茶。第二类指代听话者以及与听话者一起在场的第三者。例如，老师在课上问汤姆（Tom），"Do you guys have a football match this afternoon？"（你们今天下午有足球比赛吗？）这里的 you guys 作为第二人称指示语，指示的并不只是听话者汤姆一人，老师其实是问整个班级的足球队是否今天要参加足球赛，也包括在场的足球队的其他同学。第三类指代听话者以及不在场的第三者。如莉莉（Lily）告诉露西（Lucy）周末只有她和她妈妈在家，露西便问："Will you go shopping together?"（你们会一起去购物吗？）这里的 you 既包括莉莉，也包括不在场的莉莉的妈妈。按照指示方法的不同，第二人称指示语可分为三类：第一类为确指；第二类为泛指，也即不定指称；第三类则为虚指。但是这三种指示分类，基本上都算是"you"的常规用法。

例 2：
Son: Dad, I love *you*.
Dad: I love *you* too.

（http://corpus.byu.edu/coca/）

例 3：
Hassan: Romeo, let me introduce my daughter to *you*.
Romeo: Really? *You* got a white kid that white?

（http://corpus.byu.edu/coca/）

例 4:

Interviewer: *You three senators* have records of working across party lines, and yet *you*'re retiring. Let me ask *you* why you're doing that. First of all, Senator Lieberman, why are *you* retiring?

（http://corpus.byu.edu/coca/）

例 5:

Gifford: We need a Guy on the GUY PANEL.

Kotb: Yes. Makes it easy for us.

Gifford: All right.

Kotb: All right. So our next question, *you guys*, is on tape. Let's take a listen.

Rachel: Hi. My name's Rachel and I'm from Pittsburgh. And my question for the panel is why do guys text you all day long but they will never pick up the phone and call?

（http://corpus.byu.edu/coca/）

例 2 中，父亲和儿子互称为"you"，且都确指对方；例 3 中，哈桑（Hassan）和罗密欧（Romeo）这样的普通朋友之间也互称为"you"，且都确指对方；例 4 中，采访者用"you"和"you three senators"直接指称三位参议员；例 5 中科特（Kotb）作为电台主持人，在不知道打进来电话的观众的身份的情况下，也直接用第二人称"you guys"来指向在线的观众。由此可以看出来，无论谈话双方身份地位如何，无论听话者是长辈、晚辈、政界要员、普通朋友抑或其他尚不知其身份的陌生人，当代美国英语中都一概用"you"和"you guys"进行指称，而没有特定的敬称或者尊称等。这从一定程度上表现出了美国文化中崇尚平等的因素。美国是一个开放性的社会，尊重任何个人的社会角色，而且在人际沟通中习惯于采取直接的方式而非拐弯抹角的方式，这从第二人称"you"和"you guys"的普遍使用当中也可以体会出来。总之它体现的是创造平等一致的人际关系这一需求。

### 10.1.3 指示语在语用移情顺应下实现的亲近关系功能

无论在哪一种文化和语言当中，人称指示语是最能体现交际者的亲疏关系和情感距离的。除了前文提到的人称指示语，还有"dear""dearest""honey""love""darling""sweetheart""baby"等指示语，多常用于家庭成员或情侣之间，表示一种亲昵和喜爱。

比如《绝望主妇》当中，卡洛斯（Carlos）放弃了曾经的总经理职位，换了一份自认为最有价值、可以帮助很多穷人的工作，但是办公室和工作条件与之前相比寒酸了很多。妻子对此一直不支持。下面是他带妻子女儿来参观自己的办公室时展开的谈话。

例 6：

Carlos Solis: So, What do you think of my new office？… OK, I'll admit it's a little bit on the bare bones side.

His wife: Are you kidding? All you need is some yellow tape and a noose hanging from the ceiling and you'll be ready to entertain.

His daughter: I like it, daddy.

Carlos Solis: Thank you, *baby*.

（美剧《绝望主妇（*Desperate Housewives*)》）

在这组对话发生前，卡洛斯与妻子嘉比因为自己放弃高薪职位转而从事这个薪水低几倍的工作一直意见不合。妻子看到这个简陋的办公室更是难以接受，嘲讽说，把这个新办公室缠上黄胶带，天花板上吊个套索，你就可以玩杂耍了。妻子的话让气氛有些尴尬，这时在一旁的女儿很认真地表示她喜欢这儿。于是卡洛斯感受到无限的鼓舞和被理解支持的温暖，于是抱住女儿亲昵地说："Thank you, baby."（谢谢你宝贝儿。）这里的"baby"就不单单表达了父女之间的亲昵感情，同时也表现出父亲从女儿的理解中获得了温暖，心中充满感激。所以这里，"baby"这一指示语成功实现了亲近关系的功能。

另外在美国口语当中，"buddy"一词也通常用来指示家庭成员中的小男孩，或亲密的朋友。比如同样是在《绝望主妇》当中，苏珊（Susan）的儿子 MJ 放学回家，就和苏珊有这样的一段对话：

例 7：

Susan: Hey buddy, how was school?

MJ: OK, I'm starving. Can I have some cookies?

Susan: Sure.

（美剧《绝望主妇（*Desperate Housewives*)》）

苏珊用"buddy"来称呼自己的儿子，充分显示了母子之间那种无拘无束的自由亲情。这种昵称可以拉近母子情感，让孩子感受到母亲和自己是平等的，因此这样的指示语也经常会用来建立或表现与受话者的亲近关系。

## 10.2 指示语借语用离情操控的人际关系

### 10.2.1 语用离情与人际关系

冉永平（2007）在研究指示语移情论时，首次提出"人称指示语的语用离情功能在于体现说话人和所指对象之间在情感或心理方面的差异，从而制造出双方之间的社交距离。当类似人称指示语在一定语境中出现后，就能显现交际主体之间的情感趋异，尤其是说话人对所指对象的排他性，从而疏远交际主体之间的人际关系"。这也是说话人刻意地体现他与指称对象之间的情感距离、表达不满的重要语言手段或策略之一。

根据姚亚平对人际关系的分类，权势关系和疏远关系就属于这一类。权势关系（power）在称呼语中的体现是指在某一点（如年龄、辈分、财富、社会地位）上，一方居于优势（如年龄大，辈分高，财富多，社会地位高），另一方居于劣势，双方处于这种不平等的关系之中进行交往。常见的权势关系有父子关系、上下级关系、师生关系、雇主和雇员的关系等。在实际交往中，使用称呼语总是双向的，而双方使用的称呼语则可能是对等的（reciprocal pattern）——如双方均直呼其名（FN, first name）或以头衔加姓（TLN, title + last name）互称；也可能是不对等的（non reciprocal pattern）——如一方称另一方名字，另一方则称一方头衔加姓。概括地说，使用不对等称呼语的原因主要是由于社会地位和彼此熟悉程度的不同。一般来说，当受话人有权势时，说话人一般使用尊称、敬称来称呼对方。在使用敬称时，说话人意识到自己与对方在地位等方面的差距，因而在表示敬意的同时，又与对方保持一定的距离。比如，在下面的对话中，雇员对雇主称 sir，就说明了这一点。

The boss: Can you come here a minute please, Bob?

Bob: Yes, sir.

而对于疏远关系，也不难从美国口语中找到类似的例子。比如当说话人表达对某人的不满和愤怒时，会使用"you bastard""you idiot"等指示语。

总之，语用离情操控的人际关系，可以归结为两种：权势关系和疏远关系。接下来将个体分析，人称指示语在当代美国口语当中是如何实现上述两种人际关系功能的。

### 10.2.2　指示语借语用离情操控权势关系

前文提到，在当代美国口语中常见的第二人称指示语是"you"或"you guys"，它们可用来建立交际双方平等一致的关系，但是这并不意味着，第二人称指示语当中就完全不存在表示尊敬、突出听话者权威的语词，比如"Sir""Madam""Your Honor"等。

例 8：

John: How are you, *sir*? You okay?

Anthony: Yeah, I'm good, I'm good.

John: It's all part of "What Would You Do? You were standing in the back of the car."

Anthony: Yeah. If he backed up, well, he's not gonna drive over me, you know. It's a little kid, you know. Once a little kid's involved, that, like, ups the ante to a whole another level, you know?

（http://corpus.byu.edu/coca/）

在这个例子当中，一个父亲站在车的后面，教他九岁的儿子在前面开车。警察看到这一幕前去阻止：没有直接质疑，也没有简单地用"you"，而是先用了"sir"这个词称呼这位父亲，这里"sir"的使用显得非常礼貌和正式，比起"you"更能拉开警察与听话者的距离。这样的用词，一方面表达了警察对这位父亲的礼貌和尊重；另一方面，用这种稍显正式的表达，突出警察的权威，方便做出进一步的问询。这里其实就体现了指示语的语用离情效果，凸显一种拉开情感距离、突出说话者权威的人际意义，成功实现了人际交往中的权势关系。

例 9：

Neuman claimed he killed Sneiderman after having delusions of an angel and a demon. After the verdict, Neuman read a statement in court and apologized to the victim's family: I am so, so, so sorry. I can't say it enough. I can't say enough to all of you, to the precious children, all five of them, to the Sneidermans, to the Greenbergs, my parents, the family, friends and community at large. I am sorry from the deepest part of me, your honor.

（http://corpus.byu.edu/coca/）

在这个例子当中，一个犯罪的人在法官面前进行忏悔，说话人在对受到伤害的人——表示道歉后，最终对法官说，自己从内心深处感到歉疚。用 Your honor 而不是普通的 you 指代法官，其实也是一种语用离情，突出法官的权威，将自己的戴罪之身与高高在上的法官拉开距离，更能表示出自己的愧疚和歉意，以及对自己过失的深刻反省和认知。

　　此外在当代美国英语中，我们也常见以职业来称呼对方的表达方式，比如"doctor（医生）""Professor（教授）"等。

例 10：

Wallace: So, Doctor, what are you saying, that priests and nuns are a good control group, because they're very unlikely to have been exposed to AIDS?

Dr. Henderson: Well, I'm Catholic, and, you know, in thinking hard and talking with Dr. Salk about where should we go to seek people who might be interested and willing and who we could dialogue with about this possibility, one group that I approached was the Catholic religious community in Los Angeles.

（http://corpus.byu.edu/coca/）

　　在这组对话中，亨德森（Henderson）是一名医生，他发现改善或是提高艾滋病人的免疫系统很难，因此他提出自己的设想：如果能提高那些自身免疫系统较好且从未感染过艾滋病毒的人身上的免疫力，然后把他们的血浆植入艾滋病人体内，或许是一个解决办法。而这类人中首选修道院的神父和修女。听者华莱士（Wallace）表现出了自己的惊讶和疑惑，他用"doctor"称呼亨德森，而不是直呼其名或简单称为"you"，这一方面拉开了与说话者的社会距离，另一方面表达了听者审慎的怀疑，提示说话者确认自己作为医生讲话的科学性。

　　前文曾提到《绝望主妇》当中，母亲苏珊和儿子的一个体现了二人亲密关系的对话。下面这一组对话，苏珊却用"Mom"强调自己的身份，凸显自己做妈妈的权威，体现的是人际关系中的权势关系。

例 11：

Susan: Your school's is having a soapbox derby.

MJ: Yeah.

Susan: Well, that sounds like so much fun.

MJ: It's for dads and sons.

Susan: Yes, but it doesn't say moms can't do it too.

（美剧《绝望主妇（*Desperate Housewives*)》)

这组对话出现的语境是苏珊的丈夫迈克刚刚去世，苏珊和儿子 MJ 深感悲痛，两人一直处于失去亲人的阴影之中。而学校举办的肥皂车大赛，原本是邀请父子共赴赛场的活动，MJ 因失去了父亲想放弃参加。但是苏珊作为母亲，相信自己能够像 MJ 的父亲那样给予他精神上的支撑。于是她说服儿子说：但是学校也并没有规定妈妈们不能参加啊。这个 Moms 其实指代苏珊自己；为了强调妈妈也是有能力做这些事的，她就端出了作为妈妈的身份，以此表明母亲和父亲可以发挥同样的作用。

### 10.2.3 指示语借语用离情强化疏离关系

此外，前述指示词一般都是体现说话者对听话者的尊重，美语当中还有一些有关第二人称的指称，来表现说话者的不满和愤怒、鄙视、憎恨等，从而制造与对方疏远的人际关系。这类指示语有"you bastard"（坏蛋）、"you idiot"（白痴）等。

例 12：

John-Quiones: That's what that say. But what really happens? We recruit six couples, two of them married, two engaged, one expecting a baby, all of them in committed relationships. And we asked them to pretend to cheat on their mate in front of an unsuspecting best friend. We're in an Italian restaurant in New York's Greenwich Village rigged with hidden cameras. And we're watching and listening just outside with Donna Barnes, a life and relationship coach.

Mary-Ellen: You cheating *bastard*.

John-Quiones: David Woody and Mary Ellen Jarrell (PH), a devoted couple for four years, have just moved in together. But as our experiment begins, that's David with another woman on his arm, an actress hired by us being shown to a cozy corner table. And minutes later, Mary Ellen's best friend, Kiley, takes a table at the same restaurant. That's her on the left. Everyone else is in on our experiment, including the woman at the table.

（http://corpus.byu.edu/coca/）

在这个例子当中，结婚四年、感情深厚的一对夫妻被节目组设计，妻子看到自己的老公在酒馆里搂着另外一个女人的时候，愤怒地说道："You cheating bastard.（你这个劈腿的混账）"而不是平常使用的"honey""sweetheart""baby"。这种表达极大地拉开了夫妻间的情感距离，流露出说话者的不满，产生了人际关系中的疏远功能。

例 13：

S. Langerman uttered these words—and he's somebody you might have known but didn't because in 1949, he read a little article in the paper about a hamburger stand owned by these two brothers named McDonald and he thought, that's a really neat idea, so he went to find them. They said, we can give you a franchise in this for 3, 000 bucks. Harry went back to New York; asked his brother, who was an investment banker, to loan him the $3, 000. And his brother's immortal words were, *you idiot*, nobody eats hamburgers. He wouldn't lend him the money and, of course, six months later Ray Kroc had exactly the same idea. It turns out people do eat hamburgers and Ray Kroc, for a while, became the richest man in America.

（http://corpus.byu.edu/coca/）

在这个例子当中，我们看到哈利（Harry）想要购买麦当劳兄弟经营的汉堡店的管理权，需要 3000 美元，于是他向自己的哥哥去借钱。哥哥却认为没有人会吃汉堡，不愿把钱借给他，认为他是笨蛋才有这样的想法。这里的"You idiot"表达了说话者的不满、不赞同，拉开了与说话者之间的情感距离，体现出人际交往中的疏远关系。

从上述讨论可以看出，无论是移情还是离情，文化指示语要么穿针引线，要么煽风点火，总之，起到了不可忽略的操控关系的作用。

# 结语

本章主要讨论了指示语，尤其是当代美国口语中的人称指示语所实现的人际关系操控功能。通过对具体语料的分析，可以看出人称指示语的使用受语用移情和离情的制约。人称指示语在语用移情的制约下可以实现一致和亲近的人际关系，而在语用离情的制约下实现的则是权势和疏远的人际关系。限于篇幅和研究者的主题，论题主要集中在人称指示语如何操控人际关系，其对时间、空间、形状、动态等指示语的相关作用，将留待以后讨论。

# 参考文献

Associated Press, Obama sets campaign theme in conservative heartland: Middle class at stake[EB/OL].[2011-12-6]. Cleveland, https://www.cleveland.com/nation/2011/12/obama_sets_campaign_theme_in_c.html

Brown, R., Gilma, A. The pronoun of power and solidarity[A]. In: Sebeok, T. A. *Style in Language*. 1960: 253-276.

Fillmore, C. J. *Lectures on Deixis* [M]. Palo Alto: CSLI Publications, 1997.

Levinson, C. *Pragmatics*［M］. Cambridge: Cambridge University Press, 1983.

Lyons, J. *Semantics* (Vols.1&2)［M］. Cambridge: Cambridge University Press, 1977.

何自然. 言语交际中的语用移情［J］. 外语教学与研究，1991（04）：11-15.

胡漫.新闻语篇中第一人称指示语的文化语用阐释［J］. 安徽文学（下半月），2014（11）：104-106.

梅伊. 语用学引论［M］. 北京：外语教学与研究出版社，2001.

冉永平. 指示语选择的语用视点、语用移情与离情［J］. 外语教学与研究，2007（5）：331-337.

熊学亮. 认知语用学概论［M］. 上海：上海外语教育出版社，1999.

姚亚平. 人际关系语言学［M］. 沈阳：辽宁教育出版社，1988.

# 第四编　解释

## ——指示方式背后的深层原因

# 第11章　指示方式与主体意识

## 引言

上一章讨论了指示语的使用，特别是分析了指示语的一些非常规用法具有的操控人际关系的功能。本章将在此基础上分析指示语反映出的主体意识、对象意识和关系意识，以及人们通过指示语反映出的沟通视角。指示语是语言和语境发生联系的最直接和最显著的标志，是话语成分对语境信息的表达。指示是说话者从自我或拟想自我的角度出发对语境的识别和指称。因此，说话者与听话者以及话语涉及的对象等在空间上的差异，使说话者产生距离意识；在言语行为层面上，话语的意向性同时涉及听话者回应行为的方向性；话语意向对听话者的期望，也会涉及指示语的可能效果以及说话者对彼此关系的动态构拟等等。所有这些都使指示语带上浓厚的主体化特征，即主体的语境属性极大地影响着指示语的形式和解释。但是，语言的指示性不仅是对显在的物理语境（时空环境）及即刻情境里的有关信息的指称，因为说话者和听话者不是一个单纯的现场角色范畴，它往往是一个集情景角色、社会身份和文化身份为一体的复合范畴，当言语者受到文化语境控制的时候，其话语中的某些方面被文化信息激活，呈现出该语言所具有的显著的文化特征（何刚，2004、2011）。就美国文化而言，美国人强调自我意识，因此，言行自主、尊重个人权利、自由平等以及在个人独立基础上的身份认同感，在美国文化价值观中占据核心地位，并且在其语言中有丰富的表现形式，如第一人称指示语以及其他可以表达美国人主体意识的指示方式。

同时，人的发展离不开周围环境特别是人与人之间社会关系的影响和制约，因此美国人的这种主体意识与对象意识和关系意识也是密不可分的。另外需要注意的是，语言的指示性并不局限在如 I、here 和 now 等所谓的纯粹指示语，任何可以传递某种文化信息的指示方式，都可以作为研究对象来加以讨论，正如莱文森（Levinson，2004：112）所说的"任何指称性语言表达式都可有指示性用途"，加芬克尔（Garfinkel，1967）也认为"指示性是语言和互动的一个普遍特征"。因此，应该从更广的、更深的层面上研究语言的指示方式（说话者自我定位、视角设定和视角转移等），包括这些指示方式所体现出的美国人的主体意识、对象意识和关系意识。

## 11.1　文化指示语与文化指示方式

指示语在美国英语中体现出丰富的文化语境信息，承载着丰富的文化内涵。指示虽然是自然语言固有的、带有普遍性的语言现象，但是在本质上却具有很强的主观性。I、here 和 now 是典型（或者是纯粹）的指示语，它们的意义与个人的主观表达是有联系的，反映出指示语的基本范畴，其他指示语都以这三个词为中心点和参照物。但是，语言的指示性不止是对显在的物理语境（时空环境）和即刻情境里的有关信息的指称，也就是说语言的指示性不仅仅存在于人称指示语、时间指示语和空间指示语等与物理环境紧密相关的指示语中，这是因为：

说话者和听话者不是一个单纯的现场角色范畴，它往往是集情景角色、社会身份和文化身份于一体的复合范畴。当言语者受到文化语境控制的时候，其话语中的某些方面被文化信息激活，呈现出该语言所具有的显著的文化特征。因此可以说，传统的人称指示语、时间指示语和空间指示语等是狭义的文化指示语，从更广和更深的角度与层次来看，凡是可以反映美国文化的、与言语者的社会身份和文化身份紧密相关的表达方式，都可以看作是美国英语的文化指示方式。例如，美国人强调自我意识，奉行个人主义，非常重视个人空间，因此 individuals（个体）、self-determined individuals（自主的个体）、individual Americans（个体美国人）这些词用得很多。这些词在中国人看来往往带有一点贬义的色彩，因为中国人提倡集体主义，反对个人主义。然而美国英语中的"个人主义（individualism）"更强调自由（freedom）和独立（independence），和汉语中含有自私、自我中心意思的个人主义是不同的概念。美国人重视个人独立、尊重个人权利、自由平等以及在个人独立基础上的身份认同感，这是美国个人主义的精髓。其次，美国人非常重视物质生活，他们经常用到 the rich（富人）、poor immigrants（贫穷的移民）和 property owner（产权人）等与物质生活相关的词。此外，美国文化中带有一定程度的种族主义色彩，因此会经常用到 White men（白人）、the Spanish（西班牙人）、European races（欧洲血统）等词。由此可以看出，除了传统的指示语，美国英语中还存在着丰富的指示方式，这些指示方式可以从方方面面反映出美国的文化观和价值观，需要对此做进一步研究。

## 11.2 美国人的主体意识

主体意识，指主体信息的意识反映，它是人对于自身的主体地位、主体能力和主体价值的一种自觉意识，其重要内容是自主意识和自由意识。自主意识是指，人意识到在同客观世界的关系中，人居于主导和主动地位；同时，人意识到自己是自己命运的主人，有独立自主的人格。自由意识是指主体的最高理想和最终目的就是要克服主客体的对立，实现主体的自由。自我意识不仅是人脑对主体自身的意识与反映，而且人的发展离不开周围环境特别是人与人之间关系的影响和制约，所以自我意识也反映人与周围现实之间的关系。据此，指示方式所反映出的对象意识和关系意识也有助于我们从另一方面了解美国人自我意识的深层含义。

主体意识在美国文化中具有重要的地位，它来源于以 17 世纪英国哲学家洛克为代表的哲学传统。洛克从人的自然状态出发，推定一切个人都是为自我利益而生存、奋斗的。《独立宣言》中要捍卫的 Liberty（自由）或 Freedom（自由），一般指的都是 Individual Freedom（个人自由）。对于美国的建国者来说，所谓自由不是抽象的东西，它是具体的"个人的自由"，也就是 Individual Freedom。自由意识被视为最重要和最基本的价值观，从建国起，这种个人自由就已经植根于美国人的心中了，因此我们可以从美国英语中看到很多关于 freedom 的表达，如 freedom of religion（宗教自由）、freedom and liberty（自由和解放）、freedom and equality（自由和平等）、freedom of choice（选择自由）等；在美国当代英语语料库（COCA）中，freedom 就有 36597 例。与自由相对的延展概念就是自立（self-reliance）或独立（independence），因此 virtues of self-reliance（自立的优秀品质）、American tradition of self-reliance（美国的自立传统）等表达方式是经常可以在美国英语中见到的。美国人认为每一个人必须学会自立，这意味着尽早地从父母处分离，取得经济和情感上的独立，"stand on one's own two feet"（做自己的主人）被各年龄段的美国人视为理所当然。整个美国社会从法律到人们的习惯，都高度看重个体的生命、个体的幸福和个体的意愿，把个体的自由、独立和个体的奋斗看得高于一切，因而对自我的认识是美国文化中一个不可或缺的观念。在美国人看来，"每个人不仅仅是一个独立的生物体，而且还作为具有独特心理的生命及单个的社会成员而存在。美国人的自我观在美国人的思想中占据了主导性的地位，它以个人主义的形态渗透在人们的行动之中，并影响到了每一个活动的领域（骆越虹，2007）。这种自我观的主要内容是"自主抉择，通过个人奋斗达到自我实现"。与它联系最紧密的是平等、自由和竞争的观念。机会均等和个人自由是实现自我价值的基本保障，而竞争则是实现个人价值的根本途径。美国人对自我的认识，有一个自我的范畴，其自我观念具有主观性。自我的个人主观性在文化上把自我与他者区别开来。自我保持着自己的主观性,他者的行为带有他们自己主观的属性(骆越虹,2007)。美国人意识到自我具有主观性,它赋予个体独特的认识能力,因此个人的爱好、意见、选择及创造力被放到了一个优先的位置。这种自我意识直接对美国人的生活方式产生影响。在他们看来,出生地和家庭的好坏并不重要,自我的意义主要取决于个体的成就。一个人应该有自己的前进目标,所以美国人大多具有强烈的成功欲望。成功欲望驱动着美国人在各个领域上下求索,不断进取。同时,频繁的升迁机会和各种成功的例子又反过来刺激更大的成功欲望,开始另一新目标的追求。这种奋斗—成功—再奋斗模式的周而复始,使美国社会充满了活力,也充满了竞争。美国人特别反感握有权力的人以命令、强制或恐吓的形式来驱动他们,也不喜欢自己的生活被别人干涉或自己的动机被他人所左右。但是,他们也能接受某种权力的指挥,如国家对自然资源、商品、服务及金钱的调控被认为是合情合理的。在他们看来,对事物进行合理的控制,有益于人民,这与自我意识虽有矛盾,但能为个人争取更大成功提供便利。在美国人看来,一个人的成功不仅是靠个人的奋斗与努力,也离不开周围的环境和人与人之间的关系,因此美国人的主体意识中又涉及与他人和环境之间的关系意识,两种意识互相作用,互相依存。

## 11.3 主体性与视角

法恩根(Finegan, 1995: 84)从语言学的角度对主体性(subjectivity)做出解释:"…expression of self and the representation of a speaker's (or, more generally, a locutionary agent's) perspective or point of view in discourse—what has been called a speaker's imprint."

大意是,主体性就是说话者在话语行为中选择的视角或立场,是言语交际的重要特点之一。之所以说它重要,是因为说话者的自我定位内嵌或植根于交际行为中。有些话语比其他话语的视角性更强,也有些话语被认为纯粹属于语言产出、保持完全中立的立场,因此不涉及视角问题，但其实中立本身也是一种视角。总体来讲，关于视角的研究主要集中在说者或作者是怎样利用语言实现他们的自我定位的，以及这种定位是如何与听者或读者产生互动的。

关于视角的概念，杜波依斯（Du Bois，2007：163）曾给出这样的解释："Stance is a public act by a social actor, achieved dialogically through overt communicative means (language, gesture, and other symbolic forms), through which social actors simultaneously evaluate objects, position subjects (themselves and others), and align with other subjects, with respect to any salient dimension of the socio-cultural field."

这段话表明，主体性指的是说话者在其产生的话语中表达自己的态度和信念，换言之，说话者从一个特殊的视角来表述一个事件或事件的状态，而不仅仅是描述或呈现纯粹客观的事件或事件的状态。当说话者的评价、情感或知识视角在他（她）的语言选择中得到反映时，我们通常关注的是语言的表述、情感或态度功能，而不是指示、认知或描述功能。还有一些学者把说话者的这种态度直接称之为视角（perspective/stance），当社团的成员进行言语交流时，任何与说话者的个人参与有关的信息都可以看作是他（她）的视角，也就是说视角被看作是会话参与者个人的贡献。该观点引入了社团的概念，从而把文化和意识形态等更广的层面纳入进来。由此可见，虽然我们不能把主体性完全等同于视角，但是两者的关系是显而易见的，当说话者在会话中根据语境选择了某种视角时，其实就是向对方传达了他（她）的主体性，或者说是主体意识。

近几年主体性问题引起了语言学家的密切关注，正在逐渐成为语言使用方面的主要组织性原则之一。迄今为止，大部分的语言研究把主体性看作是静态的。近年来的语言人类学研究认为，主体性能够从更广的范围影响语言结构和语言使用。研究显示，不仅像指示语、时态和情态等语法范畴可以表示说话者的立场或态度，我们日常的语言使用在很多时候本质上就是主体性的。毕伯（Biber，1999：859）也认为，会话是人际的互动，总是在传达主观性的信息，绝大部分的话语都是从个人的主观角度来评价或者描述这个世界的。汤普森和赫柏（Thompson & Hopper，2001：25）研究发现，在美国英语会话中，说话者谈论的不只是事件或动作这么简单，而更多的是表明他们的身份、表达他们的情感或态度，或者与他人交流对这个世界的看法。因此，虽然主体性最初是与说话者密切相关的，但是近来的研究发现，大部分的日常语言都是围绕言语行为的参与者即说话者和听话者的。基于此，埃利塞·卡凯尼恩（Elise Karkkainen，2006）从语言人类学和会话分析的角度出发，提出"intersubjectivity"（即"跨主体性"）的概念。他认为，话语并不是显而易见的语言知识的简单体现，而是在会话参与者的互动交际中产生的，因此，对"视角"应该从主体间的角度来研究。他认为，视角不仅仅是靠语法规则和词汇手段来构建的，更是会话参与者通过其他更加丰富的表现方式（语音、语调、语码、肢体语言等）来传达主体性和主体间性的。视角不是存在于单一的说话者思想中，而是由会话参与者在会话过程中共同构建的。另外，许多学者在会话分析研究中也认为，意义在本质上是会话参与者在互动交际中共建的。古德温（Goodwin，1992）指出在对人、物及事件等进行评价时，会话参与者分别利用他们现实世界中的已有设定进行评价，进而利用语言传达他们是如何在思想上与对方保持一致的。

斯伯曼（Scheibman，2001：77-79）则用互动主体性（interactive subjectivity）这个概念来对主体性加以说明：说话者把自己的话语置于与其他言语行为参与者相关的环境中。因此，我们应该从互动的和动态的角度来研究会话参与者的主体性，离开了动态语境，主体性就是模糊的、不连贯的。人们不是在真空中表达评价、态度或情感，会话参与者之间是互动的。他们通过在会话过程中相互传达信息、纠正错误等活动，获知对方的主体性或立场，也就是说，主体性不是既定的，而是在会话过程中建构的。当说话者想表达自己的立场或态度时，会设定自己的视角（perspective/stance-taking），根据具体情境的需要，会运用视角的转移（perspective/stance-shifting）来调节他（她）与听话者的关系，见下例：

例 1：

Now listen everybody. At ten o'clock we'll have assembly. //We'll all go out together and go to the auditorium and sit in the first two rows. Mr. Dock, the principal, is going to speak to us. When he comes in, sit quietly and listen carefully. //Don't wiggle your legs. Pay attention to what I'm saying.

（Goffman, 1981：57）

这是一位小学老师对学生说的一段话（用间隔号分为三节）。在这段话中，老师使用的代词依次为 everybody、we、you 和 I。第一小节中，老师用 everybody，指向在场所有学生的即刻行为，目的是引起所有人的注意，这时，老师代表学校，来传达一条消息。第二小节中，老师用 we 来叙述校长来讲话时大家应该注意的问题，这时老师是站在自己的角度来对学生提出一些要求，但是老师没有用 you，而用了 we，听起来似乎是老师也被包括在内了，目的是为了不让学生产生一种被命令和强制的感觉，拉近他和学生之间的距离，使学生更容易听从他的教导。第三小节中，老师用 you，是对某一位具体的学生说的，以提醒他注意自己的行为。同时，后面使用了 I，强化了角色的分离，就不再像刚才用 we 时那样有亲近感了，表明了老师的一种权威。从代词的变化中，我们可以看到老师的视角在变化。这种变化的背后，其实是老师的角色调整，进一步而言，就是老师通过视角的变化来调节他与学生之间的关系和距离，目的是为了使他对学生说的话达成这样的效果：既能保证他和学生之间不至于有太大的距离感，又能通过对个体的警告实现对全体学生的教育，同时不失他的权威。再如：

例 2：

*You* wash and *you* soak it for about two hours and apart from that one other thing that *we* like especially the Chinese kong shin chong (leaf-wrapped steamed dumplings) is that we like to have the sheltered green beans right and you take about uh half...

（The International Corpus of English）

这是香港无线广播主持人安妮·王（Annie Wong）在介绍端午节那天吃的粽子的做法，后来为国际英语语料库（The International Corpus of English, ICE）转写。值得我们注意的是，安妮使用的代词在 you 和 we 之间转换。三次"you"是代词 you 的非指示性用法，用来泛指听众，后面的"we"指的是喜爱粽子并且擅长包粽子的中国人。第一次"you"与"we"之间的转换出现在"apart from that one other thing"短语后，第二次"we"转回"you"出现在"right"一词前后。通过这两次转换，安妮想表达两种不同的亲缘关系或归属感："you"表明她与听众的一种亲缘关系，而"we"表明她对中国社团的一种归属感。这样，对代词的选择实现了安妮心理和情感上的转换，也表明了她的视角和立场。

对主体性或视角的研究离不开文化语境，这是因为，不同文化背景的人看待事物的方式是不同的，有时甚至大相径庭。如当表示"异议"这样的立场时，中国人比较含蓄和委婉，因为中国文化是"以和为贵"，因此"家和万事兴""和气生财"等为中国人所接受和推崇。而在美国文化中，人们看重"make difference"（与众不同），每个人都有自己的视角和立场，这些不同的思想为人们带来灵感和思索，成为社会竞争和前进的动力。因此，对视角的研究离不开文化语境。

关于美国人的主体性，我们举个最简单的例子来管中窥豹——"I think..."（我认为），它被看作是主体性的原型。当然，在日常会话中，能够表达会话参与者主体性的方式有很多，因为每个人的发展都离不开周围环境，同时也要受人际关系的影响和制约；会话参与者在不同的情境，为了不同的目的与不同的人进行不同形式的会话时，呈现出不同的社会和文化身份，所表现出的主体性也不尽相同。美国文化关注个体的自主性，强调自我意识，重视个体的存在，这种自我意识体现在其语言的表达方式中。美国人说话时，习惯于将说话人和听话人区分为相对独立的个体，并尽力为听话人留出独立判断、选择的空间，以显示对听话人的尊重。例如，拍照时如果有小朋友在场，会尽量避免使用闪光灯，如果有人忽略了这一点，美国人会这样提示："If I took a photo with the kids here, I would not use the flash."（如果我给儿童拍照，我不会用闪光灯）句中的两个I听起来像是在表达自己的想法，真正的用意却是向对方提出建议。美国人对交谈者是否尊重对方的独立思考能力非常敏感和在意。在美国人看来，上述表达方式为听话人保留了选择的余地。说话人试图表明这个建议只是自己的个人意见，听话人可以有自己的不同选择。在这个例子中，涉及说话者的视角设定 If I ..., I would...（如果我……，我就会……），实际上是从听话者的视角转移到说话者的视角（提示听话者）。这是因为说话者出于礼貌，要考虑到听话者的面子；一旦听话者理解了说话者的用意后，视角有可能发生转移，即听话者听取了说话者的建议，来留意或纠正自己的行为。这样，说话者和听话者的视角设定和视角转移、说话者的主体意识与听话者的关系意识都体现出来了。

　　用指示语如代词的变化来表示说话者的主体性、视角设定和视角转移，是最直接的一种表达方式。在实际的美国英语日常会话中，它们体现在很多方面，可以通过很多形式来实现，涉及的不仅仅是词汇的使用和变化，更重要的是说话者的社会文化身份和心理状态等复杂的因素。以下面这段对话为例：

　　例3：
　　阿琳娜（Alina）和勒诺（Lenore）是表姐妹，她们在谈论亲戚丽萨贝思（Lisabeth）。阿琳娜向勒诺讲述了丽萨贝思最近一次跟阿琳娜的母亲会面的事情。在这次会面中，丽萨贝思抱怨自从阿琳娜的父亲去世后，阿琳娜的母亲就过着一种全新的生活，再也不需要丽萨贝思了。
　　(SBC0007, Disk 2, Part 1, SB Corpus)
　　287.79 288.59　　　　Alina: Mom said I do.

| 288.59 290.51 | .. @@@ @ @ |
| 290.51 291.34 | (H) <Q [Well, |
| 290.93 292.82 | Lenore: [(H)] [2Poor ~Lisabe=th2]. |
| 291.34 292.83 | Alina: you've] hur[2t my feeli=ngs2], |
| 292.83 293.62 | and bu[3=h3] Q>. |
| 293.20 293.45 | Lenore: [3(H)3] |
| 293.62 294.15 | Alina:[4Mom's go-4] -- |
| 293.63 294.88 | Lenore: [4Maybe she's just4] kind of dense. |
| 294.88 295.13 | Hunh, |
| 295.13 295.93 | Alina: (H) .. Well, |
| 295.93 297.58 | ... she wants everything on her [terms]. |
| 297.08 297.58 | Lenore: [(H)] |
| 297.58 297.90 | Alina: [2You know2]. |
| 297.58 298.76 | Lenore: [2Is she vicious or dense2]. |
| 298.76 299.76 | Alina:.. She's a dope. |
| 299.76 300.16 | (H) |
| 300.16 300.86 | Lenore: @[@@]@ |
| 300.21 300.51 | Alina:[So], |
| 300.86 301.46 | Lenore:@ <@ Explains that @>. |
| 301.46 303.58 | [@@@@] |
| 301.47 302.77 | Alina: [@@@ <@ Exactly @>. |
| 302.77 303.58 | (H) So], |
| 303.58 304.33 | t- Mom said, |
| 304.33 304.68 | you know, |
| 304.68 305.08 | % she goes, |
| 305.08 306.13 | when can I see you. |

（Santa Barbara Corpus）

在阿琳娜和勒诺的这段对话中，阿琳娜对丽萨贝思采取了一种负面的评论视角或立场，她认为丽萨贝思和自己的母亲之间缺乏交流，丽萨贝思应该为此负责，因为丽萨贝思从来没主动给她的母亲打过电话。第二行阿琳娜的笑声其实是在期待勒诺对此次事件进行评价。

勒诺认为阿琳娜的讲述可能接近尾声了，对主人公丽萨贝思进行了评价：Poor Lisabeth. Maybe she's just kind of dense. Hunh（可怜的丽萨贝思，也许她有点忙，嗯）。在她开始进行评价的同时，阿琳娜仍在继续谈论此事，勒诺表现出的对丽萨贝思的同情和亲近感使阿琳娜感到不快。勒诺的 maybe（也许）、kind of（有点）、hunh（嗯）表示她也不确定自己是否做出了正确的结论（她认为丽萨贝思没有明白这个事实：阿琳娜的母亲即使没有她的支持也能生活得很好）。

可以看出，勒诺站到了丽萨贝思一边。虽然阿琳娜没有结束讲述，她还是暂时停止，加入了这次评价：... Well, ... she wants everything on her terms. You know. （好吧，你知道，她想凡事都按照她的意思来。）这次评价同时也在回应勒诺话中带有疑问语气的 Hunh，来进一步表明自己的立场。这表明，当阿琳娜对丽萨贝思的负面态度没有获得的勒诺共鸣时，阿琳娜接下来的评价就明显表现出她自己的态度了，不再顾及勒诺对丽萨贝思的评价。比如，阿琳娜的 Well 就表明了她的异议，后面一句中的 terms（条件）选择了重读，是想说明丽萨贝思是一个控制欲很强的人，而并不像勒诺说的她只是没有明白阿琳娜母亲的意思。然而，勒诺似乎并未理解阿琳娜这句话的用意，紧接着又向阿琳娜提出疑问：Is she vicious or dense？（她是因为愚钝还是出于恶意？）如果阿琳娜认为丽萨贝思太强势的话，那么愚钝比恶意更容易被人接受（因为前者的攻击性比后者要弱得多)，因此要搞清楚阿琳娜对丽萨贝思的行为是如何制定的，这对理解阿琳娜的立场非常重要。另一种可能就是，勒诺坚持自己之前对丽萨贝思的评价（她并非有恶意而只是愚钝），又一次站到了丽萨贝思一边。阿琳娜接下来的 She's a dope（她是个蠢货）表明，她没有对勒诺提出的疑问（恶意还是愚钝）做出回应。然而，由于 dope 和 dense 属于近义词，阿琳娜的回答应该不仅表明她同意勒诺之前的评价（丽萨贝思有点愚钝），还进一步增强了她对这一评价的态度。但是她选择了勒诺提出的 dense 和 vicious 之外的第三个词汇 dope 来表明自己的立场。同时，她选择了重读 dope。这些选择不仅是在回答勒诺的问题，更是表明阿琳娜希望继续讲述这件事情。勒诺认为阿琳娜这时的表现有些情绪化，她笑了笑，对阿琳娜说 Explains that（解释一下），表示她已经准备好继续倾听了。这也得到了阿琳娜的回应：Exactly（她的确很蠢）。以上这些话轮就实现了两人之间的共享视角，接下来的 so 就表明阿琳娜可以继续她的讲述了。从这段对话我们可以看到，会话双方各自的视角并不是一成不变的，随着会话的深入，双方会根据语境和情感因素等来调整或转移视角，来更加清楚地表明自己的立场，双方的主体性就在交际过程中得以实现。如果其中一方不配合或采取了另外的视角，会话就有可能朝着不同的方向发展。换句话说，主体性或主体意识是在动态语境中构建的。

## 11.4 美国英语指示方式中的主体意识

当年到美国来的早期移民动机不一，但他们都有一个共同点，那就是都曾挤在狭窄的船舱中，经过长时间的海上漂泊，饱经风浪到达美国的。在拥挤得让人窒息的船舱里，他们只能比肩而坐，抵足而眠，睡在同一张地板上，吃着同样的饭菜，穿着同样肮脏的衣服。这种艰苦的旅途把他们过去的身份地位远远抛在后面，人们在这块新大陆上看重的只是个人的能力、胆识和表现。这就是美国人主体意识中自我意识的根源，这种意识表现在美国生活的方方面面，包括工作、家庭、朋友、种族、地域和性别等语境。

### 11.4.1 美国人在工作中的主体意识

在美国人看来，每个人都是平等的，都需要付出努力的工作才能获取成功，工作是获得幸福和快乐的源泉。

例 4：

Journalist: And where do you work?

Interviewee: I work in the metal industry.

Journalist: Uhuh…why did you choose that particular job? In the metal industry?

Interviewee: Well…it was…so to speak…the job of my dreams. I wanted to work, but not particularly an intellectual job, but a more physical one.

Journalist: so…you can say that you choose that job yourself?

Interviewee: I chose that job myself.

（Kramsch, Claire: 1981）

　　这是记者采访一位冶金企业工人时的对话。对美国人来讲，工作是令人快乐的，每个人都应该努力工作来实现自己的梦想，人们见面时，特别是彼此不熟悉的人见面时，通常要通过"Where do you work?"（你在哪儿工作？），"What do you do?"（你是做什么的？）等问题来确认对方的工作性质和社会身份，进而展开进一步的会话。虽然美国是一个主张自由平等的国家，但这种自由平等在某种程度上是相对的，种族歧视、性别差异、阶层差距以及社会分工的不同所导致的社会问题无时无刻不在发生。在美国，按照社会分工以及薪资的不同，从业人员有白领和蓝领之分，大部分的人认为白领的工作相对来讲更体面一些。因此这段对话中，当被采访对象回答在冶金企业工作后，我们可以从"uhuh…"看出，记者迟疑了片刻，表明了他自己对这个蓝领行业的态度和立场。他在这一问一答的过程中就设定了自己的视角，同时也表明他已经意识到自己提的问题可能会使被采访对象感到一点点的尴尬，导致他片刻不知说什么，或者采访并没有按照他预先设想的思路进行；但是为了消除刚才他迟疑片刻可能给被采访对象带来的尴尬和不快，他紧接着又顺着这个话题继续提问。这时他的视角已经发生了转移，从专注于自己的视角，转向从对方的角度来考虑问题，表现出他的对象意识。我们可以从被采访对象的回答"well…it was…so to speak…the job of my dreams."（嗯…可以说这是…我的梦想。）看出，他的回应已经不像回答第一个问题时那么干脆，因为他意识到了记者的迟疑意味着什么，连续用了句首标记语 well 和句中插入语 so to speak，表明他一时也不知道该怎么回答这个问题，so to speak 也表明他选择这份工作时带有态度上的不确定性，或者他自己也不知道为什么做这份工作。这个回答也表示他的视角发生了转移，对第一个问题的回答"I work in the metal industry."（我在冶金厂工作）是从他自己的视角出发的，但是他通过记者的反应揣测记者的视角"Working in the metal industry is possibly unfavorable to some people"（有些人认为在冶金厂工作不太体面）。经过这复杂的心理过程后，他才告知记者这份工作是他的梦想，而且他渴望工作，但未必是脑力劳动，他更倾向体力劳动。从他的回答，我们可以进一步验证他选择这份工作时带有态度上的不确定性。因为，从人们对待脑力劳动和体力劳动的态度来看，一般情况下，人们会在能力所及的条件下，倾向选择大众认可度比较高的或者所谓"更体面的"工作。而他的回答似乎是太刻意了一些，当记者听到他的回答，大概也是有些意外，又一次出现了迟疑，但是为了使采访顺利进行下去，更重要的是，记者考虑到采访对象的面子，从对方的视角进一步确认了他选择做这份工作是否出于自愿，得到了对方肯定的回答，而且这次回答是比较干脆的。最后的一问一答，进一步确定和巩固了被采访对象的态度，从而增强了他的自信。从这段短短的对话中，我们不仅可以看到会话双方的视角设定和转移，更能从会话的动态语境中体会到双方的关系意识；进而我们可以看出，工作在美国人的生活中占据了多么重要的位置，工作是幸福生活的基础和保障，人们可以自由地选择自己喜欢的职业，通过工作实现个人的自我价值和梦想。但同时，我们也应该清楚地看到，虽然自由平等在美国文化中占据了重要的位置，但社会不平等现象并没有消失。人们对待不同阶层和职业的人时，会不由自主地表现出他们的立场和观点。在表达立场时，美国人也比较注重对方的面子，尽量用包容和理解的态度使得会话中的不和谐因素最小化。这也说明，在研究美国英语和美国文化时，不宜简单化、表面化，应该既有尊重、又有批判，即使存在与我们的预期不相符的因素，也应以一分为二的科学态度来对待，只有这样，才能更好地促进不同文化间的交流。

### 11.4.2　美国人在家庭中的主体意识

在家庭生活中，美国人的这种主体意识表现得尤为强烈。美国人家庭生活的基本原则是：彼此尊重，关注家人的情感需求，互相鼓励，并见证每个人的每次进步。但是，美国家庭中的每个成员在自己的事情上都享有不可侵犯的个人权利，其他成员无权干涉，即使是父母对孩子，也不能有过多的干涉。儿女成立自己的家庭后，父母也不能干涉孩子的家庭生活。

在电视剧《傲骨贤妻》（*Good Wife*）第三季第九集中，阿丽西亚（Alicia）发现丈夫与自己的好朋友有暧昧关系后，毅然提出与丈夫分居；而后却发现自己的婆婆竟然趁她不在家时偷偷翻阅了她的东西并查看了她电脑里的资料，于是阿丽西亚更换了自己家的门锁。她的婆婆杰基（Jacky）再次来访时，发现门打不开了，于是婆媳之间有了下面这段对话：

例 5：

A: Hello, Jacky!

J: Alicia. I-I was, uh… My key seems to be sticking.

A: I know.

J: You changed the locks?

A: I did.

J: Would you like to explain why?

A: Sure. I *don't want you in here* anymore.

J: You don't want me picking up Zach and Grace?

A: *I don't.* But I can't control what Peter needs from you.

J: What you need from me, too, Alicia.

A: But *I can control my home*. I don't want you in here, Jackie. I *don't want you going through my things*. I *don't want you in my computer*.

J: You are hurting your children.

A: I might be, but that's *between me and them*. And I would never *take your word* for it.

J: They are *not safe with you*.

A: Go ahead, Jackie—reach into that bag of tricks. What do you have that could hurt me?

J: Zach is dating Eli Gold's daughter.

A: Oh, my gosh. That's terrible.

J: They were in your bedroom.

A: Should I get a chair for this?

J: Grace goes into her bedroom with her tutor and locks the door.

A: Well, it would help *if you got your facts straight*, Jackie. There is no lock on Grace's door.

J: She pushes the chair against it.

A: *Look at me* Jackie. Look at *my face*. You no longer have the power to wound.

J: They are *your children*. You need to *be their mother*.

A: Good night, Jackie.

（美剧《傲骨贤妻（*Good Wife*)》）

从上面的对话可以看出，阿丽西亚跟婆婆打招呼的时候，直呼其名，这并不表示阿丽西亚不尊敬长辈，而是美国家庭成员间平等交流的习惯。当然，这里面也难免有一些情感的因素，因为杰基侵犯了儿媳的隐私，干涉了她的私人生活，阿丽西亚直呼婆婆的名字表明，她准备以严肃的态度跟婆婆谈一谈。当婆婆问及阿丽西亚更换门锁的事情时，阿丽西亚直言不讳地承认"I know"（我知道）"I did"（是我做的），表明她对自己的家拥有支配权，也希望婆婆能够明白这一点。当婆婆提醒她难道不需要她在生活上帮助照看孩子们吗？阿丽西亚又是一个斩钉截铁的"I don't"（我不需要）以及"I can control my home"（我能管理好我的家庭）。美国文化中，孩子长大成人后，就有了较大的独立和自由，父母不会过多干涉孩子对生活的选择，子女结婚成立自己的家庭后，父母更不应该干涉成年子女的家庭生活。阿丽西亚在向婆婆表明：这是她自己的家，她作为这个家庭的女主人，完全有权利和能力管理这个家庭，不需要外人来指手画脚。接下来的对话中，阿丽西亚多次用到了"I don't want you…"（我不希望你……），更加强调了她的这种自我意识。而同时，婆婆也不甘示弱。在她的话轮中，她多次用到"you"，表明她和儿媳间的距离感，并且让儿媳听起来有命令和指挥的色彩。与 you 相对的是 I，一连串的"you"表明婆婆想对儿媳施加压力，告诉儿媳应该做什么，不应该做什么，是站在自己的角度来向对方提出种种要求。在对话中，婆婆还提到了孩子的教育问题，认为儿媳没有尽到一个母亲的责任，没有给孩子树立一个很好的榜样。"your children"（你的孩子）表明，婆婆认为她这样是为了儿媳的孩子们着想，潜台词是"他们是你的孩子，本来与我没关系的，但是为了你的孩子，我想奉劝你一句"。其实，这是婆婆在利用儿媳的视角来考虑孩子的教育问题，目的是使儿媳认识到自己行为的不妥当之处，激发她作为母亲的责任意识，进而修正自己的行为，达到婆婆的"教育目的"。而儿媳的立场也很坚定，在厌烦了婆婆的"谆谆教导"后，一句"Good night, Jackie"（晚安，杰基）表明儿媳的忍耐已经到了极限，自作主张地结束了这段不愉快的对话。从这个场景可以看出，即使是在家庭内部（确切地说，婆婆相对于儿女的小家庭来说已经是外人了），美国人也无时无刻不在彰显自我意识，宣示个人权利和隐私神圣不可侵犯。

### 11.4.3 美国人在邻里相处中的主体意识

例 6：

(SBC0007, Disk 2, Part 1, SB Corpus)

43.05 46.35　Alice: ... God I still can't believe ~Tim bitching around and,

46.35 47.40　.. he lied too.

47.40 48.82　... He said that he talked to !Ron,

48.82 49.92　and all this other shit?

49.92 50.57　Mary: About what.

50.57 54.22　Alice: ... About % ... the way ... they were feeling,

54.22 57.80　... of them being the only ones cleaning the house,

57.80 59.02　and all this other shit?

59.02 61.16　... (H) I mean what they don't realize,

61.16 61.73　is like,

61.73 62.52　... shit,

62.52 64.22　when !Ron gets home from wor=k,

64.22 65.97　... I wanna spend time with !Ro=n,

65.97 66.67　because !Ron,

66.67 69.87　... usually doesn't get home till @nine or ten.

69.87 71.75　Mary: ... Yeah=.

71.75 72.53　Alice: Unlike ~Tim,

72.53 73.42　he has to w=ork,

73.42 75.72　... for every little dime that he makes.

75.72 77.00　... You know?

77.00 77.82　Mary: .. [Yeah=].

77.15 78.71　Alice: [He doesn't] get any breaks.

78.71 79.41　Mary: ... Yeah%,

79.41 82.16　... ~Tim is on salary=,

82.16 83.41　and he can take lea=ve,

83.41 83.66　and,

83.66 84.01　Alice: Mhm,

84.01 86.03　... and [he earns] lea=ve,

85.23 85.68　Mary: [he's]--

| 86.03 87.63 | Alice: ... he gets sick leave, |
| 87.63 92.58 | ... we don't get shit. |
| 92.58 94.13 | Mary: ... (TSK) I don't know. |
| 94.13 98.38 | ... (H) ... It is really hard living with another couple. |
| 98.38 100.08 | Alice: ... I mean, |
| 100.08 100.43 | .. we-- |
| 100.43 101.23 | If we set our-- |
| 101.23 102.88 | .. If we sit down and set some rules, |
| 102.88 103.78 | which we never did, |
| 103.78 105.38 | .. % % %it could work. |
| 105.38 107.48 | ... You know, |
| 107.48 107.98 | Mary: .. Mhm. |
| 107.98 111.08 | Alice: ... (H) what it amounts to, |
| 111.08 112.60 | is mutual r-respect, |
| 112.60 114.25 | and l-like ~Tim told !Ro=n, |
| 114.25 116.53 | ... (H) ... he= told him, |
| 116.53 117.28 | he goes um, |
| 117.28 119.28 | ... what was it he goes, |
| 119.28 121.68 | ... nobody fucks with my lifestyle. |
| 121.68 123.83 | ... @I feel the exact same way. |
| 123.83 126.28 | ... And all those bitches and complaints that he has, |
| 126.28 128.08 | (H) they're about my lifestyle. |
| 128.08 130.21 | Mary: ... Mhm=, |
| 130.21 131.58 | Alice: And he doesn't realize that. |
| 131.58 132.83 | Mary: ... (THROAT) |
| 132.83 134.23 | Alice: And that's what I'm gonna tell him. |
| 134.23 136.08 | Mary: (TSK) ... We=ll, |
| 136.08 137.08 | .. %= you know, |
| 137.08 139.61 | Alice: ... And the only way it's gonna work, |
| 139.61 141.33 | is if we have respect for one another. |

141.33 142.18　Mary: That's right.

142.18 145.13　... That's right.

145.13 146.13　Alice: And it doesn't mean,

146.13 148.38　(H) going to ... our parents,

148.38 150.38　and ... complaining about one another,

150.38 154.58　... (H) I'm gonna tell him,

154.58 156.03　if you have any complaints,

156.03 158.98　you ... talk to the person that you have the complaint about.

（Santa Barbara Corpus）

爱丽丝（Alice）和罗恩（Ron）夫妻俩与蒂姆（Tim）一家住在一起，罗恩在外面辛苦地工作，每天晚上九点多才回家；蒂姆认为爱丽丝和罗恩从来不主动清洁房间，搞卫生的事一直都是他自己干，心里不爽就到处跟别人说。爱丽丝对此有不同的想法，有一天跟玛丽（Mary）谈起了此事。会话中爱丽丝和玛丽从各自的视角发表意见，反映了美国文化的很多方面。首先，work 在这段对话中出现多次，一方面，美国人看重工作，认为每个人都应该付出努力，通过自己的奋斗来实现目标，工作是幸福生活的基础和快乐的源泉；并且爱丽丝认为，罗恩在外工作应该得到家人特别是妻子的尊重和支持，因此爱丽丝说"I wanna spend time with Ron, because Ron usually doesn't get home till nine or ten."（我想跟罗恩待在一起，因为他经常晚上九点甚至十点才到家）。另一方面，work 还有生效、起作用的意思，也是从"工作"的意思延伸而来，美国人认为只有工作，才会有所回报。因此"If we sit down and set some rules, which we never did, it could work."（如果我们坐下来制定一些规则就好了，但是我们从没这么做过）和"And the only way it's gonna work, ..."（最有效的办法）里的 work 就有"有效"的意思。由此可以看出，爱丽丝很看重工作，从她的视角来看，工作对她、罗恩和她的家庭很重要，并且在外工作了一天的丈夫下班后就应该有家人的陪伴。而蒂姆却不像她的丈夫这样辛苦，还有假期，他不应该对他们夫妻这样苛刻，还到处跟别人说都是他在打扫房间，他这样做是缺乏起码的尊重。爱丽丝分别提到 mutual respect（相互尊重）和 respect（尊重），并提到 "nobody fucks with my lifestyle（谁也别想干涉我的生活）" "they're about my lifestyle（这是我的生活方式）"。尊重他人的选择和生活方式是美国人都认同的，从爱丽丝的立场看，蒂姆的做法似乎是干涉了她的生活自由。但是从蒂姆的角度来讲，工作辛苦不能被当作不打扫房间的借口，大家都有义务来清洁共同的生活空间，因为每个人都是独立的个体，都应该承担相应的责任和义务。在这段对话中，玛丽是爱丽丝的倾诉对象，她并没有对爱丽丝的言论有过多的主观性评价，扮演了一个忠实听众的角色，表明她不想过多地影响爱丽丝对这件事的态度，不想把自己的想法强加于别人，更不想卷入别人的是非中去。对话中分别出现几次 "Mhm" "Well" "Yeah" 等，或者是重复爱丽丝的话，如当爱丽丝说 "Tim is on salary"（蒂姆养家）时，玛丽回应到 "he's"（是的）。当爱丽丝说 "And the only way it's gonna work, is if we have respect for one another."（唯一的办法就是我们互相尊重）时，玛丽连用两次 "That's right"（对，是的），表明她同意爱丽丝的观点，但是不想做过多的评价。不过，"That's right" 在一定程度上也带有一定的主观色彩，但是玛丽并不介意自己表达这样的观点，因为互相尊重是每个美国人都应做到的，这不是她一个人的观点。但是在其他问题上，玛丽并没有这么明确地表达自己的观点。这段对话反映了美国人的工作观和主体意识。从另一方面来看，美国人的这种主体意识也必然导致人与人之间相处要遵守较多的规则，就像爱丽丝所说的 "If we sit down and set some rules, which we never did, it could work."（如果我们坐下来制定一些规则就好了，但是我们从没这么做过）。换句话说，人的生存和发展离不开周围环境的影响和制约，当人们的主体意识表现到一定程度时，对象意识和关系意识就开始彰显它的制约作用了。爱丽丝与蒂姆之间的相处矛盾正是美国人主体意识和对象意识的具体表现。我们还应看到，美国人重视法律和规则对个人的制约作用，这虽然与他们的自我意识有所冲突，但是法律和规则也能够为实现他们的个人利益提供更有力的保障。美国人的主体意识和关系意识就是这样互相制约、互相依存的。

### 11.4.4　美国人的种族主体意识

诗人沃尔特·惠特曼曾经说，美国是"一个所有民族（族裔）的国家"，美利坚民族是由来自世界各地的、分属不同民族（种族）的移民所构成的。美国的族裔状况不仅异常复杂，而且一直处于变化过程中，这在客观上决定了其族裔问题的特殊性。虽然美国一直强调各民族的平等，但是理想与现实之间总是有一段不可逾越的距离，种族歧视、民族不平等现象在美国社会中由来已久、至今依然存在。在种族平等的大环境下，不同族群的美国人对自己种族的意识也是很强烈的，这种种族主体意识在他们的语言中有丰富的表现。例 7 的场景是一位非洲裔的实习生被派去采访一位来自平民区低收入黑人家庭的女主人，在他去之前，已经由办公室的工作人员用电话通知了该户人家。实习生到后按了门铃，男主人开了门，并微笑着向前走了一步，以示友好和欢迎。

例 7:

Husband: So y're gonna check out ma ol lady, hah?

Student: Ah, no. I only came to get some information. They called from the office.

(Husband, dropping his smile, disappears without a word and calls his wife.)

（Gumperz, 1982）

男主人已经事先知道来访者是一个黑人，他选择了典型的黑人英语的语音语调，并且用"ol lady"代替"wife"（妻子），用"check out"代替"visit"（拜访），想用这种方式表示与学生的亲近和种族的认同感，同时也期待得到对方的认同。这时，男主人其实是以自己想象中的黑人学生的视角来进行语言选择的。由于对方是黑人，男主人想当然地以为对方会倾向使用黑人英语，而且他认为，作为一个实习记者，黑人学生应该用黑人英语来表示他对采访对象的礼貌，获得采访对象的信任，使采访顺利进行。而学生的语音语调以及用词完全是美国标准英语，表示他是来自一个职业化环境的人，这个环境是不同于男主人的。在这种情况下，学生既是一个非洲裔，又是一个专业人员，他必须在这两种身份中做出选择，但是这两种身份之间的平衡一时很难调和。从描述中可以看到，男主人从实习生的应答中发觉他与自己格格不入，深感失望，随即收起笑容，一言不发地走开了。这位学生在后来的描述中也表示，他跟女主人的谈话进行得很困难，没有任何的默契也不具充分的信任。从这个例子中我们可以看出，在美国这个多种族并存的国家，人们的种族主体意识也是异常强烈的。斯塔布斯（Stubbs，2002）经过研究认为，说标准英语的美国人被认为更聪慧、自信和可靠，这虽然看上去有违社会平等原则，但是现实中，美国人总是情不自禁地根据一个人的语言使用来判断他（她）的社会身份。

例 8：

(SBC0012, Disk 3, Part 1, SB Corpus)

| 148.73 149.74 | ... What's his criticism. |
| 149.74 154.38 | ... That there're not ... sufficient numbers of= .. what? |
| 154.38 155.78 | Frank: ... Blacks. |
| 155.78 156.92 | Montoya: ... Well he says minorities. |
| 156.92 157.38 | ... He's smart. |
| 157.38 158.49 | He's talks about minorities. |
| 158.49 160.00 | But he's really talking about African-Americans. |
| 160.00 161.13 | Frank: ... In the uh, |
| 161.13 162.47 | ... managerial process [of], |
| 162.15 162.48 | Montoya: [Right]. |

| 162.47 163.49 | Frank: .. of .. professional sports. |
| 163.49 164.19 | Montoya: Exactly. |
| 164.19 165.07 | ... Managerial, |
| 165.07 165.79 | ... owners, |
| 165.79 166.61 | ... managers, |
| 166.61 167.03 | et cetera. |
| 167.03 167.39 | right? |
| 167.39 168.57 | … Allright. |

（Santa Barbara Corpus）

同样，从这段对话中可以看出，在美国人的心里，African Americans（非裔美国人）就是 Blacks（黑人），但考虑到种族平等和社会公平，minorities（少数族裔）被用来代替 Blacks。虽然在语言使用中照顾到非洲裔美国人的情绪，但美国人这种根深蒂固的种族主体意识并没有减弱。

### 11.4.5 美国人在地域划分中的主体意识

一般来讲,国家的地域划分影响人们对来自不同地域人的评价,有些语言的使用带有明显的感情色彩和态度立场。如在中国，传统观点认为南方的女性身材娇小玲珑，性格温柔婉约，这些特点被人们认为是一个女性应该具备的。因此，如果在北方有个女孩子具有类似的特点，人们就会说"她像一个江南女子"，这是对一个女孩子的赞美。但是，当北方人说"这个人说话跟南蛮子似的"，就很有些贬义了，意思是这个人说话吐字不清，口音难辨，让人无法听懂。这是因为，汉语普通话以北方话为基础方言，南方话与北方话有很明显的差别，在北方人眼里，这与普通话的标准大相径庭。其实，地域的南北之分本身并没有任何的好坏区别，只是人们赋予语言以感情色彩和态度立场，通过语言来表达自己的观点或视角。同样，美国地域也有南北之分。美国的北部是英国最早殖民开拓者的后代聚居处，也是资本主义工业发展的重地。北部发达的经济以及多元的文化传统与南部的保守形成鲜明的对比，在一些语言表达上也能看出人们对南北方的态度。

例 9：

Mr. Kristofferson: They had to write a letter to a country music magazine, standing up for me because I was taking so much heat because of my political stance.

Sawyer: Taking heat from whom, though? From the industry?

Mr. Kristofferson: Oh, from red neck, ignorant people.

（笔者自拟）

克里斯多佛森（Kristofferson）把南方人称为红脖子（red neck），带有贬义。在美国，有些北方人对南方人比较歧视，认为南方人比较土，蔑称南方人是 red neck 缘于美国南方的工业不发达，主要以农业为主，那些整天在地里干活的人，脖子被太阳晒得红红的，受教育程度也偏低。克里斯多佛森认为南方的人不仅有 red neck 而且还是 ignorant people（无知的人），他把自己和这些人区分开来，明确表示了他的立场，带有强烈的主观感情色彩，无形中拉开了南北方人之间的距离。

### 11.4.6　美国人的性别主体意识

例 10：

| 1324.18 1325.75 | Marilyn: S-really relaxing weekend, |
| 1325.75 1326.05 | you know, |
| 1326.05 1326.85 | it was really great. |
| 1326.85 1327.80 | ... And I'd had this, |
| 1327.80 1331.13 | ... I'd had a particularly stupendous time. |
| 1331.13 1333.93 | Because I had to ... be a wife most of the time, |
| 1333.93 1335.53 | but part of the time I got to be a worker, |
| 1335.53 1336.63 | and do the really fun work, |

1336.63 1337.58　　　... so it was really〔great〕.

1337.33 1337.78　　　Pete:〔Unhunh〕?

1337.78 1338.43　　　Marilyn: I had a great time.

（Santa Barbara Corpus）

这是玛丽莲（Marilyn），罗伊（Roy）和皮特（Pete）之间的一段对话。三人在烹饪的过程中闲聊，玛丽莲是话轮最多的一个人，而且也是每次话轮中内容最多的。罗伊和皮特两人只在旁边充当听众，偶尔会随声附和一下。特别是 Pete，整段会话中，他用得最多的就是"Right""Mm""Unhunh"等一类的词。这表明，玛丽莲作为一个女性，比男性更擅长聊生活琐事，而且在这样的会话中往往占据主要的角色，经常会忽视旁边人的感受，给人一种非常自我中心的感觉。同时，在这段简短的会话中，"great"出现三次，"really"出现四次，"stupendous""fun"和"particularly"各出现一次，由此可以看出玛丽莲的语言呈现出典型的女性特点，即喜欢使用描绘性的和强调性的词汇来表达自己的情感。同时，当玛丽莲谈到"part of the time I got to be a worker"（有时我需要工作）时，她认为这是"really fun work"（真正有趣的工作），由此可以看出美国人对待工作的态度：以工作为乐，用工作实现自己的价值和获得认可。同时，随着美国社会的发展和经济模式的变化，女性在职场中的自我意识以及价值体现欲也日趋强烈，更多的女性愿意有一份属于自己的工作，来实现自己在家庭之外的价值，这是美国人的主体意识在女性身上的具体体现。

## 结语

本章从美国英语的指示语、文化指示方式、会话者的主体性、视角设定和视角转移等方面，逐层深入地探讨了美国英语中表现美国人主体意识的指示方式，对美国人话语指示中表现的工作观念、家庭关系、邻里规则、种族差异和性别特征等方面进行了分析。从中分析出，人们在选择某种视角的时候，同时也表达了主体意识，因此主体性表现在具体的会话中，可以称之为会话参与者的主体意识。主体性或视角不是一成不变的，而是根据语境的变化，依靠会话参与者共同构建和调整的。正如斯伯曼（Scheibman，2001）指出的：人们在会话中表现出的主体性其实就是互动主体性（interactive subjectivity）或埃利塞卡凯尼恩（Elise Karkkainen，2006）所说的主体间性（intersubjectivity）。正是这种主体间性，不仅表达了会话者本人的视角，更传达了会话者之间的各种关系。换句话说，主体性、视角设定、视角转移、对象意识和关系意识都不是孤立存在的。传统的指示语（即人称指示语、时间指示语和空间指示语）虽然在一定程度上可以表达会话者的主体意识，但是不同文化背景的人表现出的主体意识也不同，因此主体性要放在文化语境中来讨论。美国历史和文化有其自己鲜明的特点，这些特点决定了美国人的主体意识在会话中有其更丰富的表现。美国人把工作看作是幸福和快乐的源泉，人们有机会自由地选择自己喜欢的职业，通过工作实现个人的自我价值和梦想；美国人注重个体的独立，善于表达不同的观点，这些不同的思想相互碰撞，给人带来灵感和竞争的动力，是个人和社会前进的驱动器，同时他们也推崇法律和规则对个人自由的约束，认为法律和规则是对个人利益的保护，只有每个人依据规则行事，才能为个人的发展和利益的获得提供后盾和支持；美国人具有浓厚的家庭观念，强调爱与平等，即使是面对家人包括长辈，也不会无原则地一味妥协或盲目认同；美国人一直倡导民族平等和社会分工的平等，为此也付出了很多努力，但梦想和现实之间既有桥梁又有鸿沟，不平等现象依然存在，黑人和体力劳动者依然是弱势群体；人们对语言的选择带有明显的主体倾向，比如通过语言来判断阶层；美国人是乐观的，即使在谈论不愉快的事件时，也能积极地乐观地面对生活，从小小的快乐中挖掘更大的幸福，美国人这种对幸福的执着追求（Pursuit of happiness）已经深深植根于他们的心中。所有这些都通过代表美国文化的指示方式，在人们的会话中或分散、或集中地体现。

# 参考文献

Biber, D. et. al. *Longman Grammar of Spoken and Written English*[M]. Beijing: Foreign Language Teaching and Research Press, 1999.

Du Bois, J. The stance triangle[A]. In: Englebretson R. *Stancetaking in discourse: Subjectivity, evaluation, interaction.* Amsterdam: John Benjamins, 2007: 139-182.

Finegan, E. Subjectivity and Subjectivisation: An Introduction[A]. In: Stein, D., Wright, S. *Subjectivity and Subjectivisation.* Cambridge: Cambridge University Press. 1995: 1-15.

Garfinkel, H. *Studies in Ethnomethodology*[M]. Upper Saddle River, N.J.: Prentice Hall, 1967.

Goodwin, M. H. *He-Said-She-Said: Talk as Social Organization among Black Children*[M]. Bloomington: Indiana University Press, 1992.

Goffman, E. *Forms of Talk*[M]. Philadelphia: University of Pennsylvania Press, 1981.

Gumperz, J. J. *Discourse Strategies*[M]. Cambridge: Cambridge University Press, 1982.

Karkkainen, E. *Epistemic Stance in English Conversation: A Description of Its Interactional Functions, with a Focus on I Think*[M]. Amsterdam: John Benjamin Publishing Company, 2006.

Kramsch, C. *Language and Culture*[M]. Beijing: Foreign Language Teaching and Research Press, 1981.

Kramsch, C. *Language and Culture*[M]. Shanghai: Shanghai Foreign Language Education Press, 2000.

Levinson, S. C. *Pragmatics*[M]. Cambridge: Cambridge University Press, 1983.

Levinson, S. C. Deixis[A]. In: Horn, L. R., Ward, G. *The Handbook of Pragmatics*. Malden, MA: Blackwell Pub, 2004: 97-121.

Scheibman, J. Subjective and Intersubjective Uses of Generalizations in English Conversations[A]. In: Englebretson, R. *Stancetaking in Discourse*. Amsterdam: John Benjamins, 2001: 111-138.

Stubbs, M. Some basic sociolinguistic concepts[A]. In: Delpit, L., Dowdy, J. K. *The Skin that We Speak: Thoughts on Language and Culture in the Classroom*. New York: The New York Press, 2002: 63-86.

Thompson, S., Hopper, P. *Transitivity, clause structure, and argument structure: Evidence from conversation. In Frequency and the Emergence of Linguistic Structure*[M]. Amsterdam: Benjamins, 2001.

何刚. 话语、行为、文化——话语信息的文化语用学解释[J]. 修辞学习，2004（5）：16-22.

何刚. 话语、社交、文化——文化驱动的社会语用视角[J]. 外语教学理论与实践，2011（3）：35-41，74.

骆越虹. 浅谈美国文化中的个人主义[J]. 佳木斯大学社会科学学报，2007（3）：87-88.

# 第 12 章 文化指示的客观基础

## 引言

指示的实现离不开语境信息，而文化指示的实现则建立在文化语境信息存在的基础之上。罗伯斯（Robles，2013：90）指出，通过别人"说什么"和"怎么说"就能知道文化是如何在交际中被指示的。对于文化指示而言，文化信息在所"说"的内容中体现。通过交际双方的话语交流，文化信息实现指示。因此，文化信息的客观存在可以被认为是文化指示实现的客观基础。然而，文化语境信息与文化有何关系？文化信息的存在结构是怎样的？又如何在话语中实现指示？在本章中，我们将通过文化信息的客观性探讨文化指示的客观基础。

## 12.1 文化语境与文化

语境这一概念最早是由英国人类学家马林诺夫斯基（Malinowski，1923）提出，指话语的"情景语境"（context of situation）。英国语言学家弗斯（Firth，1950：183）继承了马氏的观点，在其语境理论中将语境分为"语言因素"和"非语言因素"两类，其中"非语言因素"包括文化背景和交际双方的个人背景。黄国文（2001）认为，每个言语社团都有自己的历史、文化、风俗习惯、思维模式、道德观念、价值观念，所有这些反映特定言语社团特点的方式和因素构成了文化语境。"文化语境是社会结构的产物，是整个语言系统的环境。具体的情景语境则来源于文化语境。"（胡壮麟等，1989）由此可见，文化语境对于言语团体或文化共同体内的成员而言，是一种默认的存在信息，并且在情景中得以体现。语言学家对文化语境的理解可以认为是宏观的文化语境，是广泛存在的文化事实与现象。何刚（2006）认为，言语被赋予文化价值与言语共同体的文化设定对话语的指示语境的投射有关。当特定的文化价值被投射到话语时，话语的意义发生了变化。在文化共同体中，即时语境下被凸显的文化信息被纳入文化语境，对听者而言，了解并理解文化信息在话语中的指示有利于理解话语意义。因此，在本书中探讨的文化语境是更为具体的话语中被激活的即时文化语境，相对于其他学者对文化语境的理解，我们探讨的是话语中的微观文化语境。

根据文化语境的所指，它与文化的关系可以描述为信息与信息源，即个体与整体的关系。文化是文化共同体内成员所共享的庞大信息结构，然而，文化语境则是就特定话语中，被说话人在言语中凸显指向的特定文化信息。在此过程中，文化系统中庞大信息的某一部分在即时话语中被聚焦为语境，成为文化语境。比如：

例 1：

"I was really hoping that this year, we'd be able to (cook at home)," said tenant association president John Abreu, 53. *"It's a shame."*

（Cunningham, 2013）

例 1 中受访女主人因为公寓没有天然气，不能在感恩节那天在家中下厨而发出了"It's a shame"（这真是耻辱）这样的感慨。在美国文化中，感恩节是个家庭节日，身在异乡的游子都会回到家中团聚，因而家宴是必不可少的。感恩节的大餐中必备的有火鸡、南瓜派等食物。在那一天，就是单身汉也总是被邀请到别人的家里，同大家一起分享感恩的欢乐。这里"It's a shame"所表达的不仅是一种态度，更是指示美国文化中感恩节的意义所在。在该话语中，美国文化中所有关于感恩节的文化信息聚焦成为该话语的文化语境，在话语中得以凸显指示。对于听者而言，话语中被指示的文化信息是理解说话人意义的关键，"感恩节不能在家完成一顿庆祝的家宴，让家人享受团聚和家的温暖，对主妇而言是一种耻辱"这样的文化信息在话语中得以被指示。

话语交际中，文化信息被说话人激活成为话语的文化语境，听话人在理解话语时需要聚焦被激活的文化共同体内的文化信息。文化信息系统内被激活的部分成为话语中的文化语境信息，在话语中得到指示。被激活聚焦的文化信息也就是罗伯斯所认为的实现文化指示时说话人"说什么"的部分。在文化的大范畴内，待激活区庞大的文化信息系统成为其在话语中实现指示的基础，下一节中，我们将一起探讨文化信息是以何种结构存在的。

## 12.2 文化信息的结构：冰山还是洋葱？

文化是什么，各个领域的学者都曾给出过视角各异的定义，但至今仍未有统一的说法。在话语中被指示的文化信息，有助于同一群体中的成员识别并理解话语意义的辅助客观存在。在过去的研究中，对于文化的存在结构也尚未得到一致的见解，简言之，主要可以分为两种：冰山结构和洋葱结构。所谓冰山结构，即文化的二分法。文学研究中认为文化主要分为外在文化和内在文化（Triandis，1972）。外在成分是指文化的人工产物，包括服饰、食品、建筑等；内在成分则是指一些看不见也摸不着的东西，如价值标准、信念、态度、规范等。前者也指可以被感知（in awareness）的文化信息，而后者则是在感知范围之外（out of awareness）的文化信息。洋葱结构（Trompenaars & Hampden，1998）则主要指文化的三分法：洋葱的表层是指文化外表，深层是指文化规范与价值，而核心层则指基本文化设定。文化外表包括语言事实、食物、建筑、房屋、纪念碑、农业、圣坛、市场、时尚和艺术等（Trompenaars & Hampden，1998：21），这样的文化外表也是深层结构的表现。特朗皮纳斯和汉普登（Trompenaars & Hampden，1998：21-22）指出，深层文化信息中的规范（Norms）是指文化共同体中的成员对于事物"对"或"错"的感知，无论是明文规定的法律法规的建立，还是日常如吃饭、见面打招呼的习惯；而价值（Values）则是指文化共同体内的成员关于"好"与"不好"的定义，即在遇到选择时的判断。因此，也可以说，规范描述的是个体应该怎么做，而价值描述的是个体想要怎么做。无论是文化规范还是价值，都是在指引文化共同体内成员的行为。核心层所包含的基本文化设定高度抽象，却可以透过深层和表层得以体现。

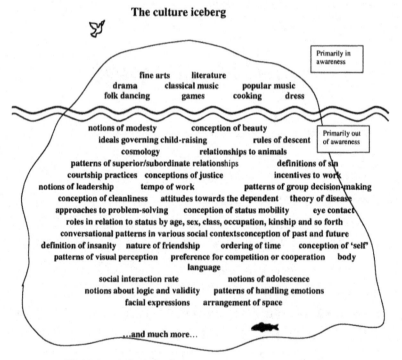

图 12.1　文化冰山（Terreni & McCallum，2003）

文化外表（Explicit layer of culture）

文化规范与价值（Norms and Values）

基本文化设定（Basic assumptions about existence）

**图 12.2　文化洋葱**（Trompenaars & Hampden，1998）

　　文化信息结构的这两种分类方式其实存在一定的一致性。冰山结构中的外在成分与洋葱结构中的表层相似，相应地，文化二分法中的内在信息可以说包含了三分法中的深层和核心层信息。松本等人（Matsumoto & Juang，2004：46）指出，影响文化成员行为的内在信息也可以被分为文化领域和文化维度，前者指"被认为是文化产物的社会心理学特征，包括态度、价值标准、信念、意见、规范、风俗以及仪式等"，而后者则指"影响行为并反映有意义的文化变异的总倾向"。文化维度存在于更抽象的层次，并不能被直接观察。因此，文化领域与文化维度基本可以与洋葱结构中的深层和核心层信息对应。文化维度中的这种倾向可以在不同的文化领域中得到体现。

　　根据文化信息的两种分类结构，无论是二分的冰山结构还是三分的洋葱结构，其主要的差别在于内在文化信息中的文化维度是否与外在成分并列。一方面，冰山结构中的内在文化信息在某种程度上体现在客观成分之中，也可以说内在成分中的文化维度、文化领域与外在成分中的文化信息层层渗透，前两者存在于感知范围之外，而后者容易被人们所感知。另一方面，在两种文化信息结构中，我们不难发现，文化的表层信息分布非常广泛，然而深层信息含量更为巨大。在冰山结构中，悬浮在水下的内在成分与洋葱结构中层层剥开才可见的深层信息在数量上都要远远超过外在或表层。因此，我们认为文化信息结构是三层的洋葱结构，通过核心层的基本文化设定体现到深层和表层文化信息中，而表层信息又体现深层文化。

　　根据文化洋葱结构，我们将在下文中层层剥开美国文化中的三层文化信息结构及其在语言中的体现。

## 12.3 美国文化信息

### 12.3.1 美国文化中的表层信息

表层信息是指文化外表，即可感的文化存在，包括语言事实、食物、建筑、房屋、纪念碑、农业、圣坛、市场、时尚和艺术等。表层的文化信息从某种程度上来说是对深层文化信息的一个侧面反映，是主观文化对于客观世界的渗透和改造。文化与历史发展有着不可分割的关系。一方面，美国的历史文化起源于欧洲文化，特别是与盎格鲁文化有着密不可分的关系（Larry，1998：33）。另一方面，地大物博的美国，地理环境的差异性非常大，几乎所有适合人类居住的环境都能在此找到，因此全世界的居民均有在此聚居的，其文化的多样性一直受到学者们的关注，从"melting pot"（"文化大熔炉"）到"salad bowl"（"色拉碗"）的文化隐喻，体现着美国文化的多样与融合。美国文化以欧洲文化为基础，来自世界各地的人们并非完全融入原有的美国文化，而是在保留自己文化特色的同时，又包裹了美国特色的"沙拉酱"，形成各自迥异的次文化，从而构成了现今多样化的美国文化。

语言在美国文化中的多样性不言而喻，其与美国历史渊源可谓颇深。英语在美国的广泛使用与其作为 17 世纪英国的殖民地不无关系。17 世纪至 19 世纪，有大批以英语为母语的移民来到美国。而在此之后，美国英语也受到后续来自各个国家的移民所使用的语言，如大部分以奴隶身份来到美国的非洲裔移民的各种非洲语言，以及来自欧洲的德语、爱尔兰语以及西班牙语等语言的影响。随着全球化的发展，在美国英语中几乎可以找到世界上所有较为广泛使用的语言的影子，不同族裔的人们在此聚居，词汇、语音、语调等相互影响，成就了今天的美国英语。

关于美国的饮食文化，维基百科中介绍美国移民主要吸收了原住民的烹饪法和食材，例如火鸡、马铃薯、玉米、南瓜，这些都成为美国文化不可或缺的一部分。而苹果派、比萨饼、汉堡包原先都是来自或改良自欧洲，现在则是美国快餐文化的象征。又如来自墨西哥的墨西哥卷和炸玉米饼（tacos），以及非裔美国人在身为奴隶时从非洲引入的"心灵食物"（Soul food），都成了大众的家常菜。以苹果派为例，现如今是代表美国的甜食，《剑桥高阶英语学习词典》定义"As American as apple pie"为"typical American"（"典型的美国人"）。在美国苹果派的历史中，可以追溯到从英国来的清教徒，早期的移民通过苹果籽栽培果树，用收获的苹果制作成苹果派。19世纪以来，苹果派逐渐成为美国文化的一个标志。1902 年有美国报纸宣扬"No pie-eating people can be permanently vanquished"（"吃苹果派的人是不可战胜的"）。20 世纪 70 年代一则利用美国爱国主义的商业广告词是"baseball, hot dogs, apple pie and Chevrolet"（"棒球、热狗、苹果派和雪佛兰汽车"）。由此可见，通过语词层面，我们就可以实现文化信息在话语中的指示。

体育文化中，棒球也是美国文化颇具代表性的象征之一。美式橄榄球、篮球、棒球、冰球是美国四大最受欢迎的体育运动，几项运动在民众中的喜爱程度如下：

表 12.1　美国四大最受欢迎体育运动喜爱程度表

| 运动 | 美式橄榄球 | 篮球 | 棒球/垒球 | 冰球 |
|---|---|---|---|---|
| 最喜爱的运动 | 38.8% | 15.3% | 14% | 3.8% |

（*Sports Business Journal*, Fan base complexity sets up intense competition for attention, June 27, 2011, http://www.sportsbusinessdaily.com/Journal/Issues/2011/06/27/Research-and-Ratings/Up-Next. aspx）

此外，体育界的明星也成为美国文化的一部分，比如代表一代体操梦的玛丽·卢·雷顿（Mary Lou Retton），以及近年成为非洲裔体操梦象征的个人、团体双料冠军加布丽埃勒·道格拉斯（Gabby Douglas）等。

在公共建筑上，自由女神像、美国独立纪念馆、林肯纪念堂、华盛顿纪念碑、帝国大厦、百老汇广场、华尔街、时代广场、好莱坞大道、星光大道等，树立的不仅仅是美国的象征，更是美国文化中独立、自由、平等、"美国梦"等深层文化的渗透。纽约自由岛上伫立的自由女神像（the Statue of Liberty）身披长袍，右手高举火炬，左手的册子上写着美国《独立宣言》发表的日期——1776 年 7 月 4 日，脚下环绕断裂的铁链，这一形象表达了对美国新移民的欢迎，也已经成为美国和自由的标志。位于费城的独立纪念馆（Independence Hall），原本是州政府，后因 1776 年 7 月在该处发表《独立宣言》，而后又在该处起草合众国宪法，也成为美国文化的一部分。

在政治方面，美国的政治人物如华盛顿、林肯、克林顿等都构成美国文化的表层成分，而这些人物又同时联结了一些特定的历史事件以及纪念时间，如纪念首任总统华盛顿生日的总统节、马丁·路德·金全国纪念日，又如纪念美国于 1774 年 7 月 4 日发表《独立宣言》的独立日等。相应地，与这些节日相关的事物也呈现为美国文化的一部分，如美国国旗、各种法律法规等。

艺术上，美国的各种文学作品、艺术展览、影视作品、音乐风格等无一不展现着美国的文化。此外，艺术家们以自己的作品为代表，也成为美国文化的一部分。在美国文学史上，欧内斯特·米勒尔·海明威是一位极其重要的作家，其作品对美国文学的影响甚大，其中多部作品被拍成影视作品。此外，在其家乡奥克帕克还有专门的海明威博物馆以及"海明威节"来纪念这位伟大的作家。文学作品不仅使得作家和作品本身成为美国文化的一部分，其作品的内容，如小说主人公在某种方面也代表着美国的文化，如《汤姆叔叔的小木屋》中汤姆叔叔作为逆来顺受的黑奴以及虔诚的基督徒形象等。美国拥有世界知名的好莱坞影视基地，每年出产的电影以及创造的人物形象都成为美国表层文化的一部分。根据维基百科，美国音乐的历史可以追溯到早期美国原住民的传统宗教音乐，而后随着大量欧洲国家移民的到来，基督教合唱、音乐乐谱等出现在了美国音乐史上。之后的每波移民潮都带来了不同地区、不同文化和特色的音乐。大量的非裔美国人也带来了具有非洲特色的传统音乐。各类音乐风格的歌手、作曲家、音乐家以及演奏家，都成为美国表层文化中的璀璨明珠。

来自各地的文化在美国这块土壤上生根发芽，带着民族的本质又散发着美国文化的特色。除了上文中所提到的之外，表层文化还体现在人们生活的各个方面，无论是物质生活还是精神生活。在表层中的文化为人们所感知，并且全方位地展现着美国文化。

### 12.3.2　美国文化中的深层信息

在特朗皮纳斯和汉普登的洋葱结构中，深层信息是指文化规范与价值，也指存在于集体意识中的文化信息，是一种抽象的、隐性的客观信息。上文中我们提到，深层文化信息中的规范是指文化共同体中的成员对于"对"或"错"的感知；而价值则是指文化共同体内的成员关于"好"与"不好"的定义，即在遇到选择时的判断。规范描述的是个体应该怎么做，而价值描述的是个体想要怎么做。深层的文化信息是文化共同体内成员的行为规范与指导。此外，我们认为，文化深层信息中的规范包括松本等人（Matsumoto & Juang，2004：46）所提到的态度、信念、理念、风俗以及仪式等。

美国深层文化信息包含了对社会、个人、工作、生活等积极向上、开放包容、强调个体等的文化态度。此外，美国的文化态度还包括以时间为导向、个人主义、友好并且直接、有爱好、爱运动、讲究外表等。主流信念则包括人人必须劳动、人人得益于劳动、体力劳动应当受到尊敬，等等；此外还涵盖移民信念、宗教信念、社会信念、政治信念等。追求平等的理念则贯穿并成为美国文化的源头理念。早期移民对于个人宗教和文化的自由、重新开始的自由以及从原来社会禁锢解脱的自由非常重视。自由的理念随着社会的发展也扩散到了各个领域，如出版自由、言论自由、集会自由，等等。在深层信息中的风俗以及仪式则更是深层文化积淀的结果，包括文化中的禁忌，以及各类庆典的流程等。

美国的主流理念，造就了个人以及团体追求"美国梦"的行为方向。"美国梦"源于詹姆斯·特拉斯洛·亚当斯（James Truslow Adams）的《美国史诗》（*The Epic of America*，1932）一书，它让人们相信，只要经过努力不懈的奋斗就能成功，也就是人们通过自己的勤奋、勇气、创意和决心迈向富裕。通常这代表了人们在经济上的成功或是企业家的精神（Boritt, G. S.，1994：1）。它包括物质上的有房有车，并且具备一定的经济基础等。除了上述之外，美国的深层文化信息还包括在体育比赛中所体现出来的美德如团体精神、公正、纪律和耐久性等。这样的美德和精神尤其在团体性运动如棒球、篮球、橄榄球和排球中得以体现，因此这些球类也在业余体育中特别受欢迎。

拉里（Larry, 1998：55）认为个人主义是各类价值产生的根源。从个人主义出发的价值包括私人事务、独立、竞争、人人生而平等等。刘宽红（2006：5）认为，"从一定意义上说，个人主义就是美国主义的同义词"，并"强调了个人自由、权利及个性的发挥"，其中独立、自主、自由、平等、民主、法制、个人主义、未来导向、民族主义、资本主义等这些信条贯穿于美国文化的信念之中，成为构建美国文化价值、理想和态度等的基础。此外，许（Hsu, 1972）也表示，几乎所有的美国文化价值观都受个人主义理念的渗入，从而使得美国人对于自力更生的价值观也十分推崇。自由、平等、人权则更是个人主义的诉求。斯宾德勒（Spindler, G. & Spindler, L.，1993）认为在个人主义辐射下主流文化的核心内容主要包括：人人生而平等；诚实才是上上之策；努力工作，人人皆可成功；个体是重中之重；人们所为才是最重要的；珍惜时间；不后悔已发生之事。当然，取得成就、行动、工作、公正以及物质主义等在美国文化中也受到相当的重视。在美国文化中，成就被认为是可以衡量的，并且导向激烈的竞争（Larry，1998：62）。

除了上述之外，深层美国文化信息还包括重视诚信、高度的移动性——无论是在住宅还是社会地位上，这也就使得他们对于社区福利不太关心，人际关系保持在表面。交际上，一般较为直接也不太正式，这与礼貌和社会行为规范有关。美国文化中的民主，不仅是一种政府的形式，更是一种生活的方式。

作为指引美国文化共同体内成员行为规范的深层文化信息，与表层文化信息相比，不能被对话双方所具体感知。抽象存在的深层信息在指引文化共同体内成员具体行为的同时，也指引其言语行为的实施，必然在话语中能找到指向该深层文化的语词。

### 12.3.3 美国文化中的核心信息

核心文化信息是文化信息结构中最为隐秘的部分，也是最为抽象的部分，其主要包含基本文化设定。虽然基本文化设定隐秘而抽象，但其却能在表层和深层文化中得以体现。奥尔森（Althen，1988）提到，个人主义导向的美国文化设想包括自由、平等和隐私，所有的这些都为美国民众，即美国文化共同体内的成员所共享。

在深层信息中，我们提到了自由的理念，这一理念的源头就是美国的基本文化设定。最早来到美洲大陆的开拓先驱者所向往的就是自由（Larry，1998：53）。美国被称为最自由的国度，这一理念体现在文化成员生活的方方面面。第二次世界大战中，美国总统罗斯福提出了著名的"四大自由"：言论自由、信仰自由、免于匮乏的自由以及免于恐惧的自由。各个方面的自由又与平等息息相关。平等对于大多数的美国人而言，是指在参与政治、接受教育以及进入经济系统的均等机会，而非人人在天赋和技术上的平等。隐私则是在自由的基础上，个人的权利受到保护，不受他人干涉。

在文化设想这一核心层，其包含的文化信息在表层和深层文化信息中都有所体现，我们将在下文中重点论述文化结构中的信息在话语中的指示。

# 12.4 美国文化信息在话语中的指示

上文探讨了文化信息与文化语境信息的关系、客观存在的文化信息结构，以及美国文化信息结构的基本内容，在本节中，我们主要关注具体的美国文化信息如何聚焦成为文化语境信息并在话语中实现指示。

根据文化信息的结构，文化表层信息是可以被人们所感知的具体存在，在美国文化中，这样的表层信息非常丰富，比如：

例 2：

Last week, Trump stunned crowds at Pittsburgh when he cried out，"How's Joe Paterno?" It was a reference to the legendary Penn State football coach who died in 2012 after getting fired for failing to report allegations of a sex-abuse scandal that went on for decades at the school.

（Edelman, Eisinger, 2016）

上例中，特朗普（Trump）作为总统候选人在匹兹堡（Pittsburgh）拉选票时顺便问候了"乔·佩特诺最近怎么样"。这让在场的人瞠目结舌。在该话语激活的文化语境中，乔·佩特诺并非普通大众，而是宾州州立大学的橄榄球教练，一位传奇人物，但该教练因受到数十年性虐丑闻的指控被解雇，并已于2012 年过世。在英语中，"how is X?"这一句型用于问候他人近况，尽管该文化中的人物形象明确，然而因为特朗普与匹兹堡民众共享文化信息的部分缺失，而导致人物以及语言的表层文化信息在话语中出现时听众无法接受。这一方面体现了特朗普对于美国宾州当地文化的了解，另一方面也体现了他对于表层文化信息的更新不够及时。

除此之外，其他人物也存在于美国文化的表层信息中，如：

例 3：

"Just a day after the nation celebrated the life and legacy of *Dr. Martin Luther King Jr.,* racism has reared its head at one of the America's largest universities," Rev. Jarrett Maupin, a local black activist, told the Phoenix New Times.

（Landau, 2014）

马丁·路德·金在美国是种族歧视抗争的象征，即要求种族平等、人们不因肤色差异而受到区别对待。他因领导工人罢工被刺杀，美国政府自 1986 年起将每年 1 月的第三个星期一定为马丁·路德·金全国纪念日。上例中，说话者一开始提到"一天前全国上下庆祝马丁·路德·金博士的一生和其所做出的贡献"，紧接着便说"美国最大的大学之一就出现了种族主义"。对此，美国文化中关于马丁·路德·金所蕴含的个人信息同美国文化中所重视的"人人平等"的文化信息被同时激活聚焦。

除了政治人物外，文化体育界的知名人物作为美国文化的表层信息在话语中也得以指示，如：

例 4：

"Thousands and thousands of African-American kids are going to go into gymnastics because of her, because they will want to be the new *Gabby Douglas*," Karolyi said.

（Macur, 2012）

上述提及的人名"Gabby Douglas"（加布丽埃勒·道格拉斯）在美国文化中，不仅仅是某个女性的名字，更是指伦敦奥运会女子体操冠军。作为美国一颗体操新星，第一位获得女子体操个人全能冠军的非洲裔女性、有色人种，第一位在同一届奥运会中获得体操个人和团体金牌的女性，她在体操上取得的巨大成功将会吸引美国无数非洲裔女孩对体操梦的追求，也使其成为美国文化中人们追捧的偶像。

在艺术层面上的美国文化的表层信息在话语中也得以实现指示，如：

例 5：

"As a kid I guess I was what you would call a real nerd," Hankins says. "And after school the tough kids would wait for me to beat me up, and I would just start to run. I became so fast that I ran till my nose bled.

My aunt calls me a black Forest Gump."

"I liked *Forest Gump* the movie but not the nickname," he says. "I was a quiet kid with a learning disability. I was a special education student. I had trouble counting change. I read backwards. I couldn't keep numbers straight. My two favorite sports were auto racing and figure skating."

（The Associated Press, 1996）

上例中的新闻受访者是特殊奥林匹克运动会的一名跑步运动员，他讲述自己如何开始跑步并且被姑姑戏谑为"black Forest Gump"。"Forest Gump"（《阿甘正传》）是一部美国电影名，同时也是电影中主人公的名字。影片中的主人公先天弱智，智商只有 75，但是上帝并没有遗弃他，而是赐予主人公一双疾步如飞的"飞毛腿"。受访者的姑姑这样称呼他，直接指向美国电影艺术中主人公的形象与受访人的相似性。然而受访人提到虽然自己有学习障碍，但并不喜欢这个一方面夸人跑得快、另一方面表明智商低的绰号。说话者通过影片人物形象指示美国文化，实现艺术层面文化在话语中的指示。

表层信息以具体且可被感知的客观存在在话语中体现，实现文化指示，而客观存在却不能被具体感知的深层文化信息在话语中同样也得以指示，如：

例 6：

"I don't know anybody more deserving, who has spent his life making great music, and it has always been great music," said bassist David Hood, a member of The Swampers, a group of studio musicians who worked with Hall in the 1960s. "*He's spent his lifetime doing this and he should be getting a lifetime achievement award.*"

（https://www.nydailynews.com/）

上例引自贝斯手大卫·胡德（David Hood）在美国音乐协会音乐人

终身成就奖颁奖典礼上对弗洛伦斯阿拉巴马音乐公司（FAME）的经理人里克·霍尔（Rick Hall）做出的评价。胡德提到霍尔终其一生致力于创作优秀的音乐，对于辛勤努力的人来说，付出必然会得到回报，而这也就是隐匿于美国集体意识中的深层文化信息，即人人得益于劳动，辛勤劳动就有相应回报。对于一个在自己所在领域奉献一辈子的人来说，授予其该领域的终身成就奖就是霍尔应得的也是对其努力的最大肯定，这些文化信息都通过话语呈现。

托克维尔（Tocqueville）的《论美国的民主》一书对个人主义概念表达为："对自我的强烈自信，或者对自己的势力和智慧的信赖"和"全体公民为追求他们自己的财富与个性而进行的斗争，以及他们对仰人鼻息的蔑视"。对美国人来说，个人主义等于其生命攸关的身份认同。

例 7：

"A major college has to pretend that they're treating them like a student-athlete," Cuban said. "It's a big lie and we all know it's a big lie. *We can do all kinds of things that the NCAA doesn't allow schools to do that would really put the individual first.*"

（The Associated Press, 2014）

上例中，说话者是达拉斯独行侠队的老板马克·库班（Mark Cuban），他认为成人大学假装把球员当作学生运动员，这也是美国大学生体育协会所要求的，但在他眼里这纯粹是个谎言，并且直言只有他们，也就是球队才能够真正为球员考虑，将他们个人的需求放在第一位。在这段话语中，说话人不仅强调了对于球员来说，被当作个人对待的重要性，同时也凸显其本身在文化中带有的个人主义价值观。文中说话者虽然承认这样的观点未经考证，但仍倡议顶级球员应该待在美国职业篮球联赛发展联盟而非大学。

深层信息在话语中得以指示，而核心层的信息通过表层和深层信息得以实现，如：

例 8：

"Racism in the playground starts with *black children being called 'chocolate bar'*. At best, this is insensitive, and at worst it demonstrates Cadbury's utter disregard for causing offence," he said. "Its lack of apology just adds insult to injury. The Eurocentric joke is not funny to black people."

（Goldwert, 2011）

在以个人主义为基础理念的美国文化中，辐射出的是以个体为中心、人人平等的理想，即每个个体没有受到不一样的对待，以平等为中心辐射到社会各个方面的平等意识。作为一名黑人超模，娜奥米·坎贝尔（Naomi Campbell）的名字出现在了吉百利公司的巧克力广告上——"Move over, Naomi, there's a new diva in town," the ad copy reads. "I'm the world's most pampered bar."（"娜奥米，往边上挪一挪，城里有了新宠，"广告文案上写道，"我是世界上最奢侈的巧克力。"）。在广告中，黑人成为巧克力的代名词。在例 8 中，巧克力公司吉百利被指控受其广告影响，运动场上黑人孩子被叫作"巧克力棒"。用这样的话语称呼他人的言语行为，被认为是一种种族歧视。在当代美国文化中，有色人种的差别对待被认为是非常敏感的事件，这受到了美国历史文化的影响。在美国这片土地上，有色人种长期以来受到歧视，遭受不平等待遇，因而对于平等权利的争取非常重视，而这也是美国《独立宣言》向公众倡导的"人人生而平等"的理念。表层的名模效应、历史文化背景以及反对歧视的深层文化信息，都指向了美国的核心文化设想——平等。

美国文化中，对于自由的理解非常广，包括言论自由、信仰自由、宗教文化自由等，如：

例 9：

In one published piece, he wrote about the opening of a Buddhist Temple in his Salt Lake City suburb, quoting himself as saying, "*We applaud any time a group builds a place to celebrate peace and to encourage people to live better lives.*"

（The Associated Press, 2011）

例 9 中的话语来自一位盐湖城市长本人作为一名匿名记者所写的报道，报道的内容是该市某一佛寺开光，民众对此表示欢迎。在许多国家，政治人物的宗教立场应该是中立的。然而，从文中我们可以看到，在美国人看来，个体的宗教信仰是个人的自由，并不会也不能因为政治地位而改变。

文化信息在话语中被说话者激活，成为理解话语意义的文化语境信息，而文化语境信息相应地又通过话语实现指示。在文化信息结构中，无论是表层、深层还是核心层的文化，都得以在话语中实现指示，文化指示实现的前提就是文化信息源的客观存在。

## 结语

文化指示是指示方式所涵盖的内容。它在话语中具体指向，通过文化信息的客观存在以及文化语境信息对理解话语意义的贡献得以验证。文化信息结构包括能被感知的表层信息、不易被感知的深层信息以及高度抽象的核心层信息。美国文化结构中的三层文化信息都能在话语中实现指示。文化语境信息对于理解交际中的话语，尤其是对于话语语用意义的传递而言不可或缺。文化指示作为理解话语意义的重要环节,其客观性是探讨文化指示各方面问题的前提,有必要做更加深入的研究。

## 参考文献

Althen, G. *American Ways: A Guide for Foreigners in the United States* [M].

Yarmouth, MA: Intercultural Press, 1988.

Boritt, G. S. *Lincoln and the Economics of the American Dream*[M]. Illinois: University of Illinois Press, 1994.

Cunningham, J. H. Bronx tenants face Thanksgiving with no stove in troubled building[EB/OL]. [2013-11-26]. NY Daily News, https://www.nydailynews.com/new-york/bronx/no-gas-thankful-article-1.1530321.

Edelman, A., Eisinger, D. Trump confuses 9/11 with 7-Eleven at Buffalo rally, mistakes Bills coach Rex Ryan as a champion[EB/OL]. [2016-04-19]. NY Daily News, https://www.nydailynews.com/news/politics/bills-coach-rex-ryan-introduce-trump-buffalo-rally-article-1.2605714.

Firth, J. R. Personality and language in society[A]. In: Firth, J. R. *Papers in Linguistics* (1934-1951). Oxford: Oxford University Press, 1950: 37-52.

Goldwert, L. Naomi Campbell may sue Cadbury for using her name in 'racist' chocolate ads[EB/OL]. [2011-05-31]. NY Daily News, https://www.nydailynews.com/life-style/fashion/naomi-campbell-sue-cadbury-racist-chocolate-ads-article-1.125314.

Hsu F. American Core Value and National Character[A]. In: McGiffert M. *The Character of Americans*. Georgetown: The Dorsey Press,1970: 231-249.

Landau, J. Arizona State University fraternity holds racist MLK Day party[EB/OL]. [2014-01-21]. NY Daily News, https://www.nydailynews.com/news/national/college-fraternity-holds-racist-mlk-day-party-article-1.1586776.

Larry, L. N. *American Culture: Myth and Reality of a Culture of Diversity*[M]. Westport, CT: Bergin & Garvey, 1998.

Levinson, S. C. Deixis[A]. In Asher, R. E. *Encyclopedia of language and linguistics*. Oxford: Pergamon Press, 1994: 853-857.

Levinson, S. C. Deixis[A]. In Horn L., Ward, G. *The Handbook of Pragmatics*. Malden: Blackwell, 2004: 97-121.

Macur, J. America's Megawatt Sweetheart[EB/OL]. [2012-08-04]. The New York Times, https://www.nytimes.com/2012/08/05/sports/olympics/gabby-douglas-gold-medal-gymnast-rockets-to-stardom.html.

Malinowski, B., The Problem of Meaning in Primitive Languages[A]. In: Ogden, C. K., Richards, I. A. *The Meaning of Meaning: A Study of Influence of Language upon Thought and upon the Science of Symbolism*. New York: Harcourt, Brace and World, 1923: 296-336.

Matsumoto, D., Juang, L. *Culture and Psychology*[M]. Belmont: Wadsworth, 2004.

Millet, J. Understanding American Culture: From Melting Pot to Salad Bowl[EB/OL]. [2013-01-01]. Cultural Savvy, https://www.culturalsavvy.com/understanding _ american_culture.htm.

Robles, J. S. Culture in Conversation[A]. In: Kurylo A. *Inter/Cultural Communication*. Manhattan: Sage Publication, 2013: 89-114.

Spindler, G., Spindler, L. *The American Cultural Dialogue and Its Transmission*[M]. Bristol, PA: Falmer Press, 1993.

Terreni, L., McCallum, J., Providing culturally competent care in early childhood services in New Zealand[A]. Part 1: Considering culture, Ministry of Education New Zealand Government[EB/OL]. [2003-01-01]. Eric, https://eric.ed. gov/?id=ED475306.

The Associated Press. Special Olympics gave him run at life[EB/OL]. [1996-05-05]. Daily News from New York, https://www.newspapers.com/news page/473832345/.

The Associated Press. Mark Cuban: Utah mayor used alias to write upbeat news stories to cushion crime coverage [EB/OL]. [2011-11-12]. NY Daily News, https://www.nydailynews.com/news/national/utah-mayor-alias-write-upbeat-news-s tories-cushion-crime-coverage-article-1.976775.

The Associated Press. Mark Cuban: NCAA student-athlete system is 'a big lie,' top players would be better off in NBA D-League[EB/OL]. [2014-05-02]. NY Daily News, https://www.nydailynews.com/sports/basketball/d-league-better-play ers-ncaa-cuban-article-1.1708177.

Triandis, H. C. *The Analysis of Subjective Culture*[M]. New York: Wiley, 1972.

Trompenaars, F., Hampden-Turner, C. *Riding the Waves of Culture*[M]. New York: McGraw Hill, 1998.

何刚. 话语、行为、文化——话语信息的文化语用学解释[J]. 修辞学习，2004（5）：16-22.

何刚. 文化语境的建构——拟想的模型[J]. 中国外语，2006，3（5）：73-77.

何刚，温婷. 文化的语境化：文化信息的情境介入——兼论文化指示语的作用[J]. 语言教育，2013，1（1）：44-51.

胡壮麟，等. 系统功能语法概论[M]. 长沙：湖南教育出版社，1989.

黄国文. 功能语篇分析纵横谈[J]. 外语与外语教学，2001（12）：1-4，19.

黄衍. 语用学[M]. 北京：外语教学与研究出版社，2009.

刘宽红. 美国个人主义思想探源——爱默生个人主义之欧洲渊源及其对美国文化的贡献[J]. 学术论坛，2006（12）：5-8.

# 第 13 章 话语指示语的文化取向性研究

## 引言

在前面的章节中，我们已经详细地介绍了指示语在语音、词汇、句法等各层面的表现形式，并且探讨了时间、空间、人称指示语在话语中的信息功能、话语结构功能、行为支持和驱使功能以及人际关系功能。本章主要讨论指示语实现其功能的深层文化原因。

## 13.1 语言与文化取向性

"culture"（文化）这个词来自拉丁语"cultura"，意思是"cultivate"（耕作）。从词源我们不难看出，文化不是自然界的产物，而是人类劳动的结晶。石头、泥土不是文化的组成部分，但是人们以此为原料制作出来的石器和陶器，由于结合了人们的智慧，而成为特定时期文化的产物和标志。语言也是人们在日常生活中为满足交际的需要而产生的，它是文化的载体。语言不是单纯的文字或语音，人们在社会生活中运用语言，从而使得语言承载了人类的信仰、感情、意识形态等，它在长期演变的过程中，作为人类的一种社会交往方式、思维方式，具有整理经验、进行思考、联系彼此、相互作用、共同提升与进步等文化功能，因而被赋予了文化属性。同时，由于语言存在于言语社团之中，语言使用主体——话语的建构者、接收者、解释者之间存在各种差异（如，他们各自的教育背景、社会经历或是会话场景的不同），使得他们在话语中体现出不同的文化特征（粗俗的—典雅的、精致的；含蓄的—豪放的；修养良好的—缺乏教养的；目光短浅的—具有远见卓识的），这既是个性，也是文化主体性，是受文化驱动而产生的主体特色。比如："When we Americans shop at the grocery stores today, we don't seem to be surprised at the sight of strawberries in the winter or perfect tomatos from Holland."（http:// www. mofangge.com/html/qDetail/03/g3/201209/ac4ag303224827.html）此例中"我们美国人"体现出了鲜明的"国民意识"，有时候甚至有一种自豪感和优越感。这样的感觉或意识在特定情境中具有很强的文化标记性，因为它可以和特定的民族感情、文化设定相联系。语言是传递和传承文化的重要工具，而文化的内涵又制约着语言的使用。人们在用语言进行交际时，如果交际双方具有一定的共同的文化背景，交际就能顺畅；反之，交际就会受到阻碍。语言的这种文化主体性并不是静态的，它是主体在话语中体现出来的。莱昂斯（Lyons，1982：102）认为主体性是指"会话者运用语言结构和方式来表达自己，自己的态度和信仰"。也就是说，作为语言使用者的主体，在会话中，运用语言来表达自己的文化属性，这就是我们所说的主体在话语中会体现出一定的文化取向。

在本研究中，文化取向是一种话语现象，是言语行为者在会话中通过对语言的有意识使用所体现出来的一种文化特质。它的作用在于体现某种文化倾向性，反映出言语行为者所处的文化环境，突出言语行为所要表达的文化内涵，同时引起听话者对某种或某些文化语境特征的注意，从而达到交际的目的。

## 13.2 文化指示语和文化取向性

"指示语"一词源于古希腊文，意为"指向"（pointing to）。奥地利心理语言学家比勒（K. Bühler，1982）把指示语分成人称指示语（person deixis）、地点指示语（place deixis）和时间指示语（time deixis）。著名学者列文森（Levinson，1983）提出了对指示语的研究方法，即指示语必须放在语境的框架下研究。指示语的理解和使用都离不开语境。指示语只有在语境中才能获得具体的指示对象；只有在具体的话语中、相同的语境背景下，语言交际双方才能对同一个指示语的指示对象达成共识，才能保证交际的顺利进行。这一研究方法得到了很多学者的支持。

菲尔墨（Fillmore，1997：112）在《关于指示语的演讲》一书中，提出了"社会指示语"的概念。他认为，"社会指示语是指句子的某个方面，它们能够在言语行为中反映或建立社会现实，或是由社会环境来决定的，……其中就包括英语和其他语言中的代词"。"社会指示语"这一概念的产生标志着人们开始从静态的分类转到对指示语动态功能的分析。但是，菲尔墨并没有以功能为标尺继续进行深入研究。

本维尼斯特（Benveniste，1971：224）在研究语言时指出语言是具有主体性的，同时，他认为这种主体性"并不是由个人所经历的感觉所定义的，而是作为精神上的整体，超越了它所汇聚的现实经历的总体，并保证了意识的恒久性"。也就是说，作为语言使用者的主体，在会话中，运用语言来表达自己的文化属性。何刚（2011）认为，"文化指示语是经过文化投射，具有丰富指示的文化信息，实现文化心理认同，并有助于实现语境功能的语言形式。它们是被文化语境优选的那些语言形式"。所以，除了社会指示语，我们还有文化指示语。在美式英语中，某些词或是句子本身在语言的长期发展中获得了文化内涵，具有了文化指示功能。语言使用者为了交际的需求，有目的地选择了这些具有文化内涵的指示语，结合自身的文化知识和对文化的理解，创造一定的语境，突出该指示语的文化意义；同时，在具体的话语语境下，这些文化指示语获得了新的具体的文化指示意义，从而使话语体现了其主体的文化意识，反映出主体对文化的取舍，使话语本身具有了文化取向性。比如，"catch-22"

这个词是美国作家约瑟夫·海勒创作的黑色幽默小说的名字。这部小说非常出名，以至于在当代美式英语中，"catch-22"已作为一个独立的单词，表示人们处于左右为难的境界。在最近的新闻报道中，这个词的出现无疑获得了新的指示意义。

例1：

...so it's *a catch 22* for OPEC. If OPEC cuts production the main beneficiary is Russia and the United States; if they just agree to roll over the 30-million-barrel production agreement that they have, it will have a minor impact on price.

（https://www.putclub.com/）

这篇新闻报道发生的背景是：美国开始开采页岩油，产量大增，导致石油价格下跌，对石油输出国组织（OPEC）的影响极为明显。如果 OPEC 减产，石油价格上涨，美国获利，而 OPEC 由于石油产量减少，自己的收入也不会增加。所以 OPEC 不管是减产还是保持现有的产量，它的经济都会受到影响。因此，在这个具体的话语语境中，"catch-22"这个文化指示语获得了具体的所指，是指"OPEC对于石油价格调控所面临的左右为难的局面"。新闻报道者本身是具备了美国文化背景的，有一定的美国文化储存。在具体的交际环境中，当他所需要的交际目的激活了文化储层中特定的文化信息，在设定一定的文化背景下，表示该文化信息的指示语便会被唤醒、被使用，而在使用过程中又被设定的文化背景赋予新的意义。这个新的文化意义是特制的，烙上了语言使用者的文化主体性特征，从而使得整个话语的使用具有了文化的倾向性。

何刚（2013）指出，"话语的文化取向"（cultural orientation）是文化指示的理据性所在，它指的是说写者通过话语及其行为特征暗示出自己的文化倾向性。说话人在选择语言来表达情感或意向，实现其交际目的时，受他所具有的文化知识所驱使，使他的话语具有一定的文化特征；同时说话人有意识地将听话者或解释者的关注点导向了特定的文化信息集，使文化解释成为唯一可以接受的解释选项。

朱莉娅·克里斯蒂娃（Kristeva，1989：11）指出，"话语首先意味着主体运用语言，作为个体参与言语行为。在与他人进行的交际会话中，主体运用语言统一的结构来塑造和改变自己。语言在话语中就成为了某个独一无二的信息的载体。这个信息只属于某个特定主体的独特的结构，这个主体赋予了语言指定结构以特殊的印记。在无意识的情况下，主体赋予语言独特的标记"。

从这番论述中，我们不难看出文化的取向性是有广义和狭义之分的。广义的文化取向性是一种共同性，是语言所具有的无差异的文化性，是具有一定的社会认同感的，也是被该语言使用者所普遍接受的；而狭义的文化取向性则是一种差异性，主体的不同文化经历、交际的不同需求，都促使主体在话语中采取独特的方式来传递不同的信息，这就使得话语中的文化取向性是各具特色的。共性是语言现象，是保障交际顺利进行的基石，具有一定的恒久性；而差异性是一种话语现象，是动态的、变化的，也是复杂的。

文化取向性和文化指示语之间是相互映射的，具体表现为以下三点：

（1）指示语的使用和解释离不开语境。文化语境是语境的重要类别之一，其涵盖的宗教、信仰、理念、社交礼仪等在话语过程中必定限制和规范话语中指示语的使用。同时，在语境中的话语指示语也能体现出文化的特征，具有一定的文化意义。

（2）话语指示语的使用和解释有时也和语言使用者有关。在特定话语情境中，听说者/读写者的文化意识——身份、角色、自我站位、姿态以及对话语的文化定位和提升，会以某种方式体现于话语单位或信息组合之中，使情境化的话语带上强烈的主体化色彩。

（3）在话语过程中，使用者可以充分运用指示语中不同的指示范畴和自己所具备的文化信息，激活或凸显某些特定的信息，从而创建话语的文化语境。这些信息与整个话语的意向结合起来，支撑并驱动话语行为。所以我们必须认识到，话语指示语具有文化意义，在使用过程中受语言使用者所具备的文化信息的制约和规范，体现出主体的文化取向性。

# 13.3 话语指示语文化取向性的类别

## 13.3.1 文化的主体取向性

克里斯蒂娃（1989：11）认为，"话语首先意味着：主体作为个人通过话语参与互动。在与他人交际的话语中，在使用语言共同的结构前提下，构建或改变自己。众所周知，语言在话语中就成为独一无二的信息的载体。特定的主体在语言原有的结构上烙上了独特的印记，这就使得这条信息属于其特有的结构。在没有意识的情况下，主体在语言上留下了自己的印记"。我们不难看出这段论述包括以下观点：

（1）克里斯蒂娃首先明确她研究的目标是话语，是带有主体特征的语言。只有在话语中，具有普遍语言知识的参与者，才会按照自己交际的目的，来选择合适的语言和表达方式。在这种情况下，由于主体不同，信息也就不同，表达信息的方式也就不同。

（2）她连续使用"unique""particular""specific"三个形容词来表明主体和话语之间的关系是独特的。我们不难推断出这样的结论：话语中的语言使用是具有主体性的，而且这种主体性是独特的。

但是在这段论述中，她并没有提到语言使用者为什么会具有不同的特征，并使这种特征在语言上有所体现；而且她认为，主体在语言上留下印记是无意识的，这种看法是不全面的。在语言使用中，个人特征有可能是潜移默化的，使用者在使用语言时，有可能没有意识到；但是如果主体是为了"构建或改变自己"，这就是有意识的行为，那么主体在语言使用中就会有意识地选择可以满足自己交际目的的言语，这时语言上的主体特征就得到有意识的凸显。正如列文森（2004）在研究指示和语用的关系时指出的，"指示语的使用使自然语言具备了主体性、专注性、目的性和语境依赖性"。

例 2:

"There are two kinds of people in this world—*'I' people and 'we' people*."

"I've always tried to be a 'we' person," Eastwood said. "I think that our president is an 'I' person. He speaks as though he killed Osama Bin Laden himself."

（https://www.usatoday.com/）

"I" 和 "we" 是两个常见的人称指示语。由于指示对象的不明确性，必须依赖语境才能判断出它们的指称对象。但是 "I" 只具有单数概念，通常指 "说话人"；"we" 具有复数概念，泛指说话人、听话人或是不在场的第三方。然而在上面的话语中，这两个人称指示语的普通指示意义已经不复存在。说话人把人分成两种，即 "'I' people" 和 "'we' people"，认为自己属于 "'we' people"，而奥巴马属于 "'I' people"，因为 "奥巴马那样说话就好像是他一个人杀死了本·拉登"。根据常识，我们也知道作为美国总统的奥巴马不可能单枪匹马地去枪杀本·拉登。伊斯特伍德这样说的目的是暗指奥巴马把刺杀本·拉登的功劳完全归结于自己，是自私的，是不可取的，并认为他属于 "'I' people"。从这个解释我们就不难理解，"'I' people" 指代 "以自我为中心，把功劳拉在自己身上" 的一群人，那么 "'we' people" 则是指 "以集体为中心，具有团体意识的一群人"。同时我们知道在美国文化中是强调合作精神和崇尚利他主义，所以 "'I' people" 是明显带有贬义，而 "'we' people" 则具有褒义。在个人主义大行其道的美国社会，人们需要不时地强调 "团结"（United we stand），否则社会共同体就容易走向分裂，彼此的认同、文化的认同都会出现问题。因此，这里的 "'we' people" 凸显了说话者强烈的文化使命感。

### 13.3.2 文化的时间取向性

文化指示语具有一定的时间取向性。也就是说，指示语在话语中所具有的文化意义在一定程度上留下了时间的烙印。社会的历史、现在和未来组成了时间取向性的不同方面。

（1）历史文化取向性

一个国家的文化不是一夜而成的，必是经过长期的发展而成。历史事件和历史人物是构成历史文化的重要组成部分。历史事件标志是社会发展的标记，它们成为推动或阻碍社会发展的因素；而每个历史事件都会把某些人推到历史的舞台，他们扮演着不同的角色，他们的主张往往成为某个特定时期的社会旗帜。

积极的历史人物在特定的社会发展时期，承担着特殊的社会使命，扮演着与众不同的社会角色，推动社会的发展，在历史舞台上和文化舞台上都留下了深深的印记。在社会的发展中，这些人物已经不再是个体了，他们的名字、肖像和主张都已经成为文化中固定的一部分，是一个国家主体文化所推崇的对象，对人们的行为有着一定的指示意义。相反地，在历史舞台上扮演着负面角色的人物，必定是被主流文化所不能接受和鄙视的。

在话语交际中，指称历史人物的指示语已经不是单独的语言符号，他们承载着不同的文化取向。

例 3：

Martin Luther King Jr.'s family *outraged* over image used for "Freedom 2 Twerk" party Photo of King was put onto body of man with gold chain and "West side" hand gesture. King's daughter, Bernice King, called the promotion *"appalling."* *Insulting* flyer was for a "Freedom 2 Twerk" teen party in Flint, Mich. Event space owner quickly voided contract with *ignorant* promoters, Mid-Michigan Teen Parties.

（Dejohn, 2014）

在一本青少年的活动宣传册上，马丁·路德·金（Martin Luther King Jr.）的形象被篡改了，戴上了金项链，还做出了一个不太雅观的手势，立刻引起了美国民众的愤慨。"outraged""appalling""Insulting flyer""ignorant promoters"这些词反映出人们对这一行为的愤慨、对活动宣传者的批评。后续报道中又描述了其他人的做法，"The doctored image of Dr. King angered McEwen so much that he voided their contract and returned the $500 event fee that same day"。麦克尤恩（McEwen）是活动场地的所有者，在得知马丁·路德·金的肖像被篡改后，他退了订金，以自己的实际行动表明自己对维护马丁·路德·金的文化形象（民权运动的领导者）的态度。

马丁·路德·金是美国黑人解放运动的先驱，他的名字已经不是简单的对人的指称，而是成为一个文化指示语，是美国历史中的一个标志性指称，融入了马丁·路德·金所推崇和宣扬的和平与非暴力争取平等权利的民权运动的记忆。在美国大大小小的城市，你会发现"MLK"的路名或街道名，进一步证明了美国人对这位黑人领袖的尊重和爱戴。在这个文化里，这个文化符号首先应该被主流文化所接受并打上烙印。所以，在美国文化语境中，提到这个名字就会触发其所承载的一切文化信息，激发人们对主流文化的态度。历史事件和历史人物已经成为文化不可分割的一部分。语言中对历史事件或历史人物的指称语，在话语中的使用必会激发其所承载的文化信息，并且在文化语境的作用下，这些文化信息必然会被前景化，这也就是我们所说的话语指示语具有一定的历史文化取向性。

"马丁·路德·金"这个指示语激活了一个美国文化符号（形象），它所承载的全体美国人所信奉的"平等"理想和民族精神，是对"人人生而平等"的宪法精神的最好诠释。因此，歪曲或玷污马丁·路德·金的形象，就是对美国人"理想"和"信念"的诋毁，这是绝对无法容忍的。对这件事情的报道反映出报道者强烈的文化使命感和价值取向。

由此可见，文化指示语是社会某个特定阶段的产物，是随着社会文化的发展逐渐形成并积淀下来的，它所富含的文化意义也会随着文化和文明的发展不断发生变化。对于文化指示语的使用要结合话语产生的文化语境，才能保证交际的顺利进行。

（2）现实取向性

历史事件和历史人物是人类社会发展史上的标记，曾经履行过一定的历史使命。在现实生活中，只有当那段历史被提及时，它们才会出现在人们的话语中，它们所承载的历史文化意义才会被激活。多数时候，人们更会关注自己所生活的时代，关注代表现实社会风气和动向的文化现实。所以，尤其是在新闻报道中，文化指示语体现的更多是对现实社会、风气、动向的文化关切。

例 4：

Hitting Home: Victoria Soto, Sandy Hook Elementary School teacher. Her sister talks of the day her world changed:

Exclusive: Jillian Soto, 24, in her first extensive interview, told the Daily News about the morning her sister was mercilessly murdered along with 25 other helpless victims inside the suburban school.

Comments (1)

"I want to know that when my brother goes to school that I don't have to worry that what happened to my sister is going to happen to him," Jillian said. "It's nice to know that the President, *someone so high up*, recognizes that there's *something wrong here*."

（https://www.nydailynews.com/）

在康州桑迪胡克小学（Sandy Hook Elementary School）又发生了一次枪击事件，小学老师维多利亚·索托（Victoria Soto）与其他25 名受害者均死于这次事件。其姐吉利安·索托（Jillian Soto）在这里表达了对此事件所体现出来的社会问题的关注："高兴地知道总统也意识到某些事情是错误的。"在最后一句话中，当她提到总统时，她使用了第三人称指示方式："president"和"someone so high up"。我们知道，第三人称指示语通常是指示不在话语现场的人物，它们的使用远不及第一人称和第二人称来得亲切；而且在明明知道对方是谁的情况下，再次使用第三人称泛指指示语"someone"来指代总统，说话者在这里是表示对总统的强烈不满，对总统就枪支限制问题的不作为进行谴责。作者在这里没有直接提到枪击事件，相反地，她用"某些错误的东西"来指代它，就非常清楚地表明了自己的态度。在这个事件中，我们看到普通大众对现实的关心。同时，我们也不难看出，"枪支"这个指示语在过去的美国标志着"个人力量"，而在现在的社会现实中，"枪支"这个语言符号所激活和凸显的文化信息则是"某些错误的东西"——枪杀和死亡。所以，随着社会的发展和变化，文化指示语所承载的文化信息也在不断地变化。但是这种变化必然是和社会风气及动向紧密相连、相互映射的。

（3）未来取向性

"dream"是美国文化的关键词。对于个人和国家而言，"dream"都代表的是"信心"和"希望"，是实现未来目标的基础。在整个美国文化里，"美国梦"代表着一种积极的正能量，是个人和社会发展的动力，是不可缺少的。所以美国人宣传梦想，鼓励梦想，这是整个社会的一种趋势，也反映出人们面向未来，对自己、他人、社会、国家命运的关切和期望。同时，这一主流的观念也促使人们从未来的角度思考现实问题，探讨对现实问题的解决方法是否影响个人和国家未来的发展。

例 5：

"If the City is allowed to sweep verdicts such as this one under the rug, it will have no *incentive to change*," the lawyers wrote. "If the judgment stands, however, the City will have *the incentive to change* its practices. The City will have to convince future courts that (the decision) no longer applies because the Department has *made real changes*, thereby rendering this verdict inapplicable."

（Sweeney, 2012）

多年来，美国警察局内遵循着"沉默法则"。为避免被组织当作叛徒或告密者，组织内部成员自愿或非自愿地对一些重要信息秘而不宣，这就是"沉默法则"。正如报道里讲到的，两位人权法律师认为，"正是这种沉默法则，导致了一名警察下班后殴打一名酒吧女招

待，并全程录像的丑闻"。在这则报道里，说话人连续用了三个
"change"，表达了对警察不文明行为的强烈不满，以及对警察内部
改革的迫切关注。这种改变是对现实社会中不良现象的修正，是对
未来发展的一种促进。所以，在这个话语语境中，"change"这个词
具有了现实的文化意义。它代表了美国人民对社会丑陋现象的担心
和批判，体现出对未来的关切。

文化指示语的未来取向性不仅仅体现在对梦想的关注，更体现
在整个社会考虑现实问题，要面向未来，要对社会、他人、民族、
国家未来命运表示关切，要从未来的角度思考现实问题。

### 13.3.3 指示的空间文化取向性

段义孚（Yi-Fu Tuan）的文章《美国人的空间，中国人的房间》
就谈到了美国文化中对于空间的重视。美国的房子里多有落地大窗，
室内的风景无限延伸，与外部的风景融合在一起，空间视觉也无限
延伸。在美国文化里，首先重视的就是个人所拥有的物理空间，这
个物理空间在物质层面就是指他所居住的房子。一旦这个房子有所
归属，这个物理空间就和所有权、人权等文化概念相联系，变成神
圣不可侵犯的私人领土。美国法律严格捍卫这种对空间的所有权。
这也就不难理解当一个喝醉酒的女士无意间闯入一户人家，被枪击
受伤之后，还要追究她的法律责任。事故报道后，舆论一边倒地谴
责"私闯民宅"的女士，而没有因为她受伤而谴责开枪者。

例 6：

Drunk college grad shot after wandering into a stranger's house
21-year-old Zoe Ripple charged with felony for trespassing. No charges
were filed against the homeowners due to Colorado's *Make My Day*
*law, which gives homeowners the right to use deadly force when an*
*intruder enters their home and they feel threatened.*

（Neal, 2012）

"'Make My Day' law"（"我说了算"法律）是美国文化下的一个特定法律，这个词本身就成了一个富有文化内涵的指示语。"对于擅自闯入私家民宅的人，屋主如果感到生命受到威胁，有权使用可致命的方式。"所以，在美国文化中，"private house"（私人住宅）不仅指代一个人居住的物理空间，同时指代了一个人的自由安全和所有权，并用法律的形式保护了个人合法的空间，是对个人空间的一种尊重，也是对人身安全的一种保护。

在话语中，主体所在的位置就是话语的物理空间，但是话语主体进行交际时，所使用的言语就突出了主体的文化性，那么物理空间就变成了文化空间。这种文化空间可以具体体现在交际主体的个人空间、社交空间或是国家的疆界空间。特定的文化信息也凸显了语言的文化空间取向。

## 13.4 文化取向的作用

### 13.4.1 文化身份的建立

指示语的文化取向性，在一定程度上是由语言使用者借用语言，创造一定的文化语境凸显出来的。这种凸显的文化取向性是语言使用者有意识的一种行为，是为了实现特定的交际目的而做的。

克拉姆契（Kramsch，2000：65）指出，"一个社会团体成员所说的语言与其所在的社会团体的身份之间有着自然的联系。通过语音、词汇及话语结构，说话人能够表明身份并且能够被话语团体所接受"。语言是判断一个人身份的标准。一个人在说话交际时所使用的语调、词语及语法结构，可以表明他的社会身份，都体现出一个言语团体所共同具有的特征。而这些特征，也可以是团体其他成员用来判断说话人身份的根据。也就是说，在交际过程中，语言使用者可以通过语言的各种特征来建立自己的身份，而听众可以通过这些语言特征所激活的文化信息，来判断、理解或接受说话人所试图建立的身份，从而达到交际的目的。我们对语言和文化的理解很大

350

程度上是由我们的文化所限制的，实际上是有固定的模式的。

克拉姆契（Kramasch，2000：67）认为，"人的文化身份可以根据不同的评判标准，划分为民族身份、种族身份和国家身份，这些身份都是由国家的政府体制和每个人的自我归属所规定的"。文化身份的成因有外在的和内在的。国家的政府体制是外在成因，它是一个国家文化体系的重要组成部分；每个人的自我归属则和每个人的经历密不可分。一个人所接受的文化教育必然会对他的自我归属产生不可磨灭的印记。从这点来看，每个人的生活经历不同，使用同一种语言的人，必会有不同的文化身份；而且，他指出："同一个人会有不同的集体身份，这些身份不仅会在会话中随着时间的流逝而变化，同时不同身份之间也会有冲突。在社会生活中，一个人有不同的身份，这是由一个人所处的社会地位、所经历的文化教育所决定的，这些身份是隐性的，与他人是有交集的；但是到了会话中，在交际的目的和文化因素共同作用下，某个文化因素被激活，从而凸显了这种文化因素所代表的文化身份。这种凸显或是'前景化'则代表着说话人的交际目的。"

例 7：

"*It's nice to be a woman, and it's nice to be an Asian*," Meng told *National Journal* before last year's election. "*But what's more important is what I can bring back to my district.*"

（Camia, 2013）

孟（Meng）以亚裔女性的身份在 2012 年当选纽约皇后区代表，入选美国国会。在美国社会里，孟扮演着不同的角色，承担着不同的文化身份。在这个会话中，她首先介绍了自己的两个文化身份：女人（a woman）和亚洲人（an Asian），这两个身份分别是由性别和外貌可以判断出来的，是非常明显的，也是易于被她周围的人所识别的。尤其是在她的工作环境中，在以男性、西方面孔为主的美国国会里，一张亚裔女性的面孔无疑是非常突出的。而她的政治文化身份是易于被人们所忽略的，这是由于在美国文化中存在着对女性的一定的歧视。在短短的两句话中，语言使用发生了如下的转换：①文化身份指示语的转换。在前半句话中，孟直接用"a woman"（一个女人）和"an Asian"（一个亚裔）两个指示语来表明身份，但是对于她所要表明和强调的第三个身份却没有用"议员"这个指示语直接来表示，而是用"my district"（我的社区）来暗示自己的政治身份，强调自己对皇后区的一种归属感、一种主人翁的意识，从而拉近了自己和社区居民即选民之间的关系，增强了情感，同时弱化了"议员"这个指示语给人留下的高高在上、不可一世的负面的文化情感。②人称指示语的转换。她用了"I"和"my"两个第一人称指示语，取代前文中的第三人称指示语"it"，目的在于强调她和皇后区的关系是非常密切的。美国文化重视个人的发展、个人对社会的贡献，尤其是对于政治家来说，选民们最看重的是其作为领导人能为社区做怎么样的贡献。在这里，人称指示的转换，是有一定的文化动因的，是说话人为了迎合听话人的文化期待，建立符合文化期待的文化身份而有意识做的行为。③情感程度的变化。在前半句中用了两次"nice"这个词来修饰自己的两个不同的文化身份，目的在于说明这两个身份对于说话人而言在重要性上是一样的；在后面一句话中不再使用这个词，而且使用了比较级，是为了强调和突出第三个身份。

　　这些转换都是说话人在同一个话语语境下的有意识的行为。她意识到了自己不同的文化身份，并且非常清楚在自己所处的文化语境下，如何利用语言所承载的文化信息，创建并突出有助于交际的文化身份，从而达到交流的目的，实现自己的交际目标。这种在文化语境下的有意识的主体性的行为是一种"身份的文化行为"（Kramsch，2000：70）。

　　例8：

　　"I know we're all in this together, but it's great when he takes over like that," Celtics coach Doc Rivers said. "*He's the smartest point guard I've ever been around. He*'s a brilliant player like that."

（https://www.usatoday.com/）

这段发言是凯尔特人队主教练里弗斯的赛后采访。随着话语的进行，在谈到队员时，很自然地用到第三人称指示语"he"。但是当指他自己时，却在第一人称单数指示语"I"和复数指示语"we"中进行了转换。当他用"I"来指称自己时，目的是突出自己作为教练的身份。作为教练，在训练场上指导时，应该是个专业的个体，对队员应该有自己独特的评价，这也是队员和媒体希望他能够做到的；但是涉及球队的发展和球队的利益，他就很自然地弱化自己作为领导的身份，相反地，他使用"we"这个复数概念的指示语，从而把自己和球员都包括进去，强调自己和队员都是球队的一分子，强调了团体合作的精神。这种身份的转换，实际上是迎合了体育这一特定领域所推崇的文化精神。

### 13.4.2 暗示话语的文化态度/立场

在《新牛津英语大词典》中，"stance"的定义为"某人或某个组织对某件事情的态度"。这个定义指出"stance"产生的基本条件：主体对于物体/事件的看法。比伯和法恩根（Biber & Finnegan，1989：92）则给出了一个更加详尽和完善的定义。他们认为立场是对"关于某个信息的命题内容的态度、感觉、判断或是承诺的语言和语法的表达"。首先这个定义指出了立场的表达方式。立场不是抽象的、虚无缥缈的，人们可以通过具体的词和语法来表达自己的观点态度；反之，通过对词和语法的研究，我们可以解读言语行为者的态度和情感。其次，立场具体可以表现为态度、情感、判断或是承诺，不是单一的表现形式，在言语行为中体现出多样性；在个人情感和态度外，他们认为立场还包括价值观。从某一角度来说，这个定义从个人的感觉上升到群体的评价，情感和态度更加个性化一些，而价值观的形成则与社会和文化的联系更加紧密一些。再次，无论立场的具体形式是什么，它们一定和交际的信息有关系，它们是信息的载体，它们赋予词和语法言外之意，使交际所要表达的目的更加丰富。

杜波依斯（Du Bois，2007：141）指出，"选立场的过程可以启动和运用社会文化价值。通过选具体立场的行为，价值观得以凸显，并被赋予到某个特定的目标，同时，相关的价值（locally relevant values）也会被激活并为参与者行为的重要性提供解释框架"。恩格布雷森（Englebretson，2007：15）指出立场的三个基本特征是"主体性、评价和相互作用"。由此可见，文化立场的选择具有多么重要的解释价值。

莱昂斯（Lyons，1994：13）曾专注研究语言的主观性，他认为，"言外行为的主观性就是言语行为者（说话人或作者）在说话过程中对自我的表达；简而言之，言语的主体性就是使用语言来表达自我"。莱昂斯没有具体说明言语行为者要表达什么，但是，我们知道交际的目的不外乎是传递信息、表达情感、发表看法等。所以，言语行为者一旦实现了这些交际目的，实际上就是对某个信息发表了自己的看法，采取了一定的立场，实现了对自我的表达。所以立场的采用体现了主观性。罗伯特在解释立场不仅仅是身体的姿势，还包括人的信仰和态度时，引用了下面的例子。

例 9：

（Hold my breath SBC 035: 285.730-303-681）

1　Gail: they asked me some really weird［questions］though.

2　Maureen:［I know］.

3　I know［2=2］.

4　Patty:［2They2］［3did3］,

5　Gail:［3Like3］they—

6　I expected to go in there= and talk about,

7　you know my li=fe,

8　and what I wanted out of a schoo=l,

9　and what I expected from［the=m and,

10　Patty: [So what did they ask you].

11　Gail: (H)]They asked me... *what my stance was about-on abortion?*

12　..[2(H)2]

13　Patty: [2Boy that2] *was a dumb question,*

14　[3that's one—

15　Gail: [3Boom.

16　I was like.. (TSCH)3],

17　Patty: That's a contro3]versial question,

18　[4so I <X would X> think4] that's a dumb one to ask.

19　Gail: [4Well4],

20　Patty: It's contro[5versial5].

21　Gail: [5Well they asked me5] that,

22　.. a=[6nd they asked me,

23　Patty: [6And personal,

（Santa Barbara Corpus）

　　恩格布雷森（Englebretson，2007：9）指出，"在这段对话中，立场标记语出现在第十一行，'what my stance was about-on abortion?'这里的立场不是指身体的姿势，而是涉及说话人对于一个有争议性的、非常私人化的话题的信仰和态度"。但是，他对这段引用的分析不是很详尽。实际上，这段对话里涵盖了立场的很多方面。我们知道，在讨论立场的时候，"stance"这个词直接出现无疑会标记出话题讨论的开始，是一个显性的标记语。但是事实上，从对话一开始，作者就开始表明对自己将要讨论的问题的态度，尽管一开始没有直接地谈到话题。第一行中，盖尔（Gail）说道："they asked me some really weird [questions] though"。对于面试中的问题，盖尔的反应是这些问题是"really weird"。形容词"weird"体现出说话人对问题的评价，是一种感觉，而副词"really"则强调了这种感觉。当盖尔使用"stance"这个词来介绍他们讨论的话题时，却没有直接地介绍自己的看法，相反地，另外一个会话参与者发表了自己的看法。帕蒂（Patty）说道，"was a dumb question"。在随后的交谈中两人又都发表了对在工作面试中提到对"堕胎"问题的看法。所以在整个会话过程中，交际双方就"面试中提到了堕胎"这个事件互相发表了自己的看法，所用的形容词、句型重复的使用以及语调的变化，都反映出言语交际者对整个事件的立场，体现了立场的主体性。但是这种主体性不是孤立的，它是生长于一定的文化土壤中的。盖尔使用了"weird""boom""personal"这些词来表达对"面试中提到了堕胎"一事的看法，帕蒂使用了"dumb""controversial""personal"这些词来回应盖尔的态度。从这些词的使用我们不难看出，他们二人在这件事情上所持有的立场是一致的，都认为面试中提到如此有争议的、私密性很强的问题是不合适的。在美国文化中，堕胎、私生子等话题都是非常敏感、有争议的，而且日常会话中在陌生人之间也是不谈论这些问题的。美国很多人是基督教徒，在基督教里，堕胎是一种杀戮的行为，是基督教徒所不赞同的。所以，这个话题是不适合公开讨论的，也是很难与面试话题联系在一起的。盖尔和帕蒂在这个问题上立场的一致性，实际上是由共同的文化背景所驱动的，所以正如杜波依斯（Du Bois，2007：141）指出的："通常情况下，立场是由语言行为所实现的，这个语言行为也是一种社会行为。采取某种立场必会激发或多或少的直接或间接的评价，而这种评价反过来暗示由评价行为所体现的社会文化价值。"也就是说立场的采用是具有文化主体性的。

我们也不难得出这样的结论：话语中的立场是有一定的文化主体性的。语言研究的一个趋势就是从社会文化角度去研究立场。奥克斯（Ochs，1996：420）写道："指示认知和情感立场的语言结构是创建/实现社会行为和社会身份的基本语言来源。在社会生活组成中它们扮演着举足轻重的角色。"杜波依斯（Du Bois，2007：142）认为立场分为三种："评价立场、情感和认知立场、认同立场。"从语法角度来讲，表示评价立场的句子的主语通常不是说话人或听话人，而是所要评价的对象，以"that"和第三人称代词为主，比如说："He is great"；正如杜波依斯给出的定义，"评价就是立场采用者以评价物体为目标，赋予其特殊的质量和价值的过程"。

而表示认知和情感立场的句子多是以"说话人"为主语，从而表达说话者的情感和认知，多以第一人称指示语，比如说："I am happy to hear that"；而在表达认同立场的时候，说话者和听话人都会直接或间接地提到，主语也多是人称指示语，比如说："I quite agree with you"。三种不同的立场体现了语言使用者在言语交际中强调的重点不同。评价立场强调的是评价的事物本身，情感和认知立场则看重的是说话者本身的感觉，而认同立场则考虑说话者和听话者之间的关系。这三种不同的立场在实际运用中，并非完全独立使用。比如说，当我们评价一个人时，我们说"He is so great"。这个句子的意思体现出典型的评价立场。说话者或写作者认为"他非常棒"；同时我们不难看出，当你使用了褒义词"great"的时候，你对这个人的情感必定是肯定的，这体现出了一定的情感立场；同时，你肯定他的行为，必然是赞同他的行为，所以我们也可以说这句话表达了说话者对评价目标在某些方面的认同。

在实际交际过程中，只有认同立场似乎是不太可能的。如果更加具体地给立场分类，应该是分两条线的。

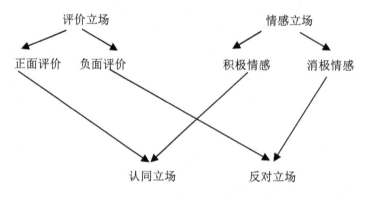

**图 13.1　立场分类**

例 10：

"*It's great to see* that *he's in good spirits*," teammate Jon Fogarty said. "His positive attitude and physical fitness will be *a huge asset* in his recovery. *I am just super grateful* that *he is okay* and *getting better. That is all that matters.*"

（https://www.usatoday.com/）

在这一段讲话中我们不难看出说话者采用了三种不同的立场表达方式，来抒发自己对队友身体恢复的看法。评价立场体现在句子或词组："It's great" "he's in good spirits" "a huge asset" "he is okay and getting better" "That is all that matters"。情感立场则体现在："I am just super grateful"。说话者在介绍队友的身体恢复状况时，很显然采用了正面的评价立场和积极的情感立场，从而体现出他对队友迅速恢复一事是持认同态度的。

例 11：

"Governor, the problem is that on a whole range of issues, whether it's the Middle East, whether it's Afghanistan, whether it's Iraq, whether it's now Iran, you've been all over the map," Obama said.

（Katz, Lemire, 2012）

而在这句话中，立场的表达并没有采用非常明显而典型的句型结构。句子中体现说话者评价一词是"problem"。奥巴马认为罗姆尼（Romney）所采取的政策都是有问题的，很明显，他是不赞同罗姆尼的政策的。所以，奥巴马实际上在这里是采用了负面评价，从而表达了自己的反对立场。奥巴马直截了当、毫不客气地批评自己的竞争对手也反映了美国的文化，具体而言是政治文化的特色。两个党派为了拉选票，不惜攻击对手，对对手批评挖苦。所以正如杜波依斯（Du Bois，2007：139）指出的，"立场有力量赋予感兴趣的物体一定的价值，能体现出社会行为者对这些物体的看法，协调不同立场采用者之间的关系，并唤起预先假定的社会文化价值体系"。也就是说，社会文化价值是通过言语行为者在采用立场过程中体现出来的。通过具体的立场采用行为，特定的目标会被赋予一定的价值，而赋予价值的过程反过来又体现出言语行为者的社会文化背景和交际目的。

### 13.4.3 提升话语的文化视角

法恩根（Finegan，1995：1）指出，"主体性就是对自我的表达及说话人视角和会话中观点的表达，这就是所谓的说话人的印记"。也就是说，主体性的表现形式之一就是在话语中，说话人通过选择一定的视角来表达自己的观点。视角不同、观点不同，交际目的也就不同。

《现代汉语词典》（第五版，2005）对视角的定义是："① 由物体两端射出的两条光线在眼球内交叉而成的角。物体越小或距离越远，视角越小。② 摄影镜头所能摄取的场面上距离最大的两点与镜头连线的夹角。短焦距镜头视角大，长焦距镜头视角小。③ 指观察问题的角度。"无论是具体意义还是抽象意义，这三个定义都包括了两个组成部分：① 人（观察者、摄像者、发表看法的人）；② 观察对象（物体、场面、问题）。也就是说，视角涉及人如何看待物体的方式。既然涉及人，那么视角的采用就体现了一定的主体性。岩崎昭一（Shoichi Iwasaki，1993：xii）认为，"视角可以分为三类：S-视角：当说话人或写作者描述自己的经历；O-视角：当说话人或写作者描述别人的经历；0-视角：描述中没有涉及有感知的人的经历"。视角的选取不是盲目的，说话者通过语音、词汇或是句法来表现出自己的视角，传递一些隐含的交际意义，从而凸显自己的交际目的。沙因（Schein，1992）指出，意义以信仰、价值和假定的模式嵌入文化的产物中，说话人由于所受教育背景不同、生活的环境不同、个人经历不同等，对同一事物必然有不同的看法，这不同的看法就体现出不同的视角。换句话说，说话人通过仔细选择的语言方式，表达自己的情感和评价，凸显出话语的意义；对同一事物，同一说话人在不同场合下发表的看法是不同的，所采取的视角也是不同的，这往往体现出文化的动因。在话语中，说话人采取特定的视角，是基于自己的交际目的、自己所处的文化环境和所接受的文化理念，但同时，他也应该具备对听话人的文化视角了解的能力；否则，他通过选择视角来传达意义的目的就无法实现，或者说听话人和说话人之间会产生理解上的差异，导致交际矛盾的产生。

美国是个多种族的国家，在其国家介绍中，曾经认为自己是个"melting pot"（大熔炉），意思是各种不同种族在美国这片土地上可以消除各自的差异，融为一体。而社会的发展证明，不同文化的种族是不可能按照一定的模式改变自己，达到统一的。后来人们又用"salad bowl"（沙拉碗）来形容美国社会的组成。沙拉是美国饮食文化中的重要组成部分，用此比喻再贴切不过了。在沙拉碗里，有不同的食材，这些食材靠沙拉联系在一起，彼此不同，却有交集。正如美国文化里，各种族的文化求同存异。但是主流媒体遵循着一定的主流文化。

在交际中，不同的视角传达不同的意义，由一定的文化所驱动。视角的文化主体取向在人称指示语的使用中得到了明显的体现。我们知道，由于人称指示语包含不同的指示对象，它们的具体意义和指称对象在很大程度上依赖于语境。同时，说话人可以通过选取不同的视角来设置具体的文化语境，从而限制或扩大自己所要指称的具体对象，丰富并传达自己想要表达的文化意义。

美国是个信仰基督教的国家，基督教也成为其文化的重要组成部分，基督教的理念、观点、信仰成为衡量一个人言行的重要标尺。基督教徒重视婚姻的神圣性，不赞成未婚先孕，反对堕胎，这些都已经成为美国文化中重要的组成部分。在例 12 的报道中，一个基督教学校的女教师未婚先孕，被学校开除；例 13 的报道是关于堕胎的争论。在这两篇报道中，作者都采用了第三人称的视角，选取主教教区基督教学校主管与教皇方济各的发言和评价。他们在各自的工作领域，都是信仰并遵循基督教义的，选取他们的发言必然是代表普遍基督徒的，也是比较有说服力的。

例 12：

Patrick Haggarty, the superintendent of Catholic schools for the diocese, said Tuesday that Butte Central teacher Shaela Evenson "made a willful decision to violate the terms of her contract," which requires her to respect the moral and religious teachings of the Catholic Church in both her professional and personal life.

（Butte, 2014）

例 13：

Pope Francis on Monday called abortion "horrific" and said it was part of a new "throwaway culture" he said wasted human life as easily as it wasted food—his strongest words yet on a practice that is a divisive political issue in the United States.

（Eric, 2014）

　　所以视角的选取，在一定程度上反映出言语行为者所持有的立场、所代表的文化背景，并凸显其交际的目的。在话语研究中，我们发现视角的选取不是一成不变的。随着话轮的转换、交际目的的转变，说话人会有意识地改变视角。

　　视角包括观察者和被观察对象。视角的转换可以通过观察者或被观察对象的变化来实现。语言使用者通过对词汇、句型等语言成分的选择，使语言的使用刻上了独特的印记，体现了非常强的主体性。在实际的话语中，指示语的使用就体现了说话人不同的视角选择。比如说，第一人称指示语的使用往往体现出说话人讲述自己的感觉或经历，采用的是 S-视角；第二人称或第三人称的使用就意味着说话人采用的是 O-视角。同时，说话人还可以充分利用人称指示语不同的指示范围，借用语境，包括或排除听话人，借以拉近关系或疏远对方。在实际交际中，说话人违背常用的指示原则，偏离常规，从而使某些特定的交际意义"前景化"。著名学者本维尼斯特（Benveniste，1971：226）指出，第一人称代词的使用是语言主体性最明显的例子。他认为，"第一人称不指代任何的概念或个人，而是指代每个单独的话语，在每个话语中指代说话人"。

例 14：

"Yes, *we*'ve seen some tough times and some setbacks. I know for some of *you, your* faith in *your leaders* is a little shaken," Kelly told supporters at a Matteson hotel. "*I* thank you for that and I promise I will work very hard not to let you down."

（Pearson, Ruthhart, 2013）

这段话选自民主党代表罗宾·凯利（Robin Kelly）当选议员后发表的演讲，演讲的对象是支持她的选民。在这个庆祝的时刻，作为刚刚当选的议员应该表明自己的感谢和为选民服务的决心。我们首先注意到凯利使用复数第一人称指示语"we"开始了这段讲话。我们知道，"we"作为人称指示语，可以：① 包括说话人、听话人和不在场的其他人；② 仅仅指说话人，不包括听话人或其他人；③ 包括说话人和听话人，不包括其他人。说话人在这里想强调的是"共患难"的感觉，所以她使用了复数概念，使自己和听话人处在同一个战壕里，容易引起共鸣，拉近相互之间的感情。林肯曾说过美国政府是"民有、民治和民享的"（of the people，by the people，for the people），这句经典名言也成为美国政治文化的重要组成部分，不论哪个党派执政，都会强调美国政府的这种核心。凯利也不例外。她强调了自己和自己所在党派的命运和人民的命运是息息相关的，也就是强调自己的党派和人民是一体的。在拉近关系后，她不再使用复数概念，而选用了"I"和"you"两个相对立的视角的人称指示语，使自己和听众及选民分离开，强调自己"会努力工作不让选民失望"，这就体现出"为大众服务"的这一宗旨。人称指示语本身是没有这些文化信息和交际信息的，说话人精心选择的视角，使潜在的文化语境被激活，文化信息便被植入这些人称指示语当中。对于听话人而言，首先也是需要有同样的文化背景，需要理解说话人的视角，才能成功地获取这些信息。

观察对象的改变，既能体现出视角的改变，也能凸显出新的信息。

例 15：

"I'm a new person. I'm a female. I'm only the second black female House member coming from Illinois. I'm a suburbanite. There are different nuances for me being in that seat," she said.

（Pearson, Ruthhart, 2013）

民主党代表罗宾·凯利当选议员后发表演讲。在这句话中，她用"I"来指称她自己，这点是毫无异议的。但是，对于描述她自己，她用了不同的指示词（如表 13.1 所示）。

表 13.1　不同人称指示方式及其视角

| 人称指示语 | 人称指示方式 | 视角 |
|---|---|---|
| I | a new person | 从"党派"视角 |
| I | female | 从"性别"视角 |
| I | only the second black female | 从"性别"＋"种族"视角 |
| I | suburbanite | 从"出身"视角 |

从表 13.1 中，我们很清楚地看到，凯利对自己不同的描述是由于她采用了不同的视角。这些不同的视角或是文化意义都有一个共同点，那就是"different nuances"是她成为国会议员的不同的微妙的差别。凯利发表这段话的背景是她刚刚作为民主党成员加入国会，这一政治文化背景赋予了那些广义的指示方式以具体的含义，或者说，这个政治文化背景把特定的一些文化信息植入普通的表达方式中。"a new person"是指她作为民主党成员加入由共和党控制的国会，这就体现出美国国家体系的特征：奥巴马是民主党，但是在国会选举中民主党一直输给共和党，导致奥巴马的很多政策无法实施，这也体现出美国政治文化中两个党派的纷争和所产生的弊端；同时

这个词也暗示了作为一个"新人"，她在国会里即将面临的处境。"female"当然是指她的性别，在男权当道的政治领域，这个词的隐含意义就是"弱者，不受欢迎"。"only the second black female"这个指示方式里面重复了前一个"female"，又加上了"black"。我们知道，在美国文化中存在着对黑人的种族歧视，虽然有所改善，但并未完全消除。这个指称语的文化含义就是"受歧视的弱者"。而"suburbanite"这个指示方式则表明她自己来自郊区，不像其他政客们出身显赫，它也含有"出身卑微"的含义。由此可见，说话人在充分理解自己所处文化环境的前提下，通过有意识地采用不同的视角，赋予了或是激活了人称指示方式的文化内涵。这些文化内涵大大丰富了她所要表达的意义，有助于实现自己的交际目的。

## 结语

指示语的理解和分析是离不开语境的，而文化指示语暗示了话语及言语行为的文化取向性，而文化取向性又进一步提升了话语或言语行为的品位和文化价值，是说写者文化用意的情境化方式。这种由情境出发层层推进的文化信息链条，极大地丰富了话语解释，同时也深化了文化指示方式的解释。

## 参考文献

Benveniste, E. *Problems in General Linguistics*［M］. Coral Gables, FL: University of Miami Press, 1971: 223.

Biber, D., Finegan, E. Styles of stance in English: Lexical and grammatical marking of evidentiality and affect［J］. *Interdisciplinary Journal for the Study of Discourse*, 1989 (1): 93-124.

Bois, J. W. D. *The Stance Triangle*［A］. In: Englebretson R. *Stance taking in*

*Discourse: Subjectivity, evaluation, interaction.* Amsterdam: John Benjamins Publishing Company, 2007: 139-182.

Buler, K. The Deictic Field of Language and Deictic Words[A]. In: Jarvella, R. J., Klein, W. *Speech, Place and Action—Studies in Deixis and Related Topics.* New York: John Wiley & Sons Ltd, 1982: 9-30.

Butte, M. Catholic school teacher fired over pregnancy[EB/OL]. [2014-02-05]. APNews, https://apnews.com/article/53f1ca74145c4867884d5987db398a45.

Englebretson, R. Stance taking in discourse: An introduction [A]. In: Englebretson, R. *Stance taking in discourse: Subjectivity, evaluation, interaction.* Amsterdam: John Benjamins. 2007: 1–25.

Fillmore, C. J. *Lectures on Deixis* [M]. Palo Alto: CSLI Publications, 1997.

Finegan, E. *Subjectivity and Subjectivisation: an introduction*[A]. In: Stein, D., Wright, S. Subjectivity and Subjectivisation—Linguistic Perspectives. New York: Cambridge University Press, 1995: 1-15.

Iwasaki, S. *Subjectivity in grammar and discourse—Theoretical considerations and a case study of Japanese spoken discourse*[M]. Amsterdam: John Benjamins Publishing Company, 1993.

Jarvella, R. J., Klein, W. *Speech, Place and Action: studies in Deixis and Related Topics*[M]. New York: John Wiley, 1982.

Kramsch, C. *Language and Culture*[M]. Shanghai: Shanghai Foreign Language Education Press, 2000.

Kristeva, J. *Language the Unknown: An Initiation into Linguistics*[M]. New York: Columbia University Press, 1989.

Levinson, S. C. *Pragmatics*[M]. Cambridge: Cambridge University Press, 1983.

Lyons, J. *Semantics*[M]. Cambridge: Cambridge University Press, 1977.

Lyons, B. J. *Deixis and Subjectivity: Loquor, ergo sum*[A]. In: Jarvella, R. J., Klein, W. *Speech, Place, and Action: Studies in Deixis and Related Topics.* New York: John Wiley & Sons, 1982: 101-124.

Lyons, B. J. Subjecthood and subjectivity[C]. In: Yaguello, M. *Subjecthood and Subjectivity: Proceedings of the colloquium 'The status of the subject in Linguistic Theory.* Paris: Ophrys, 1994: 9-17.

Ochs, E. Linguistic resources for socializing humanity［A］. In: Gumperz J. J., Levinson S. C. *Rethinking Linguistic Relativity.* New York: Cambridge University Press, 1996, 407–437.

Sweeney, A. Don't let city out of police 'code of silence' verdict, judge told［EB/OL］.［2012-12-12］. NY Daily News, https://www.nydailynews.com/ct-xpm-2012-12-12-chi-dont-let-city-out-of-police-codeofsilence-verdict-judge-told-20121212-story.html

何刚. 话语、社交、文化——文化驱动的社会语用视角［J］. 外语教学理论与实践，2011（3）：35-41，74.

何刚，温婷. 文化的语境化：文化信息的情境介入——兼论文化指示语的作用［J］. 语言教育，2013，1（1）：44-51.

中国社会科学院语言研究所词典编撰室. 现代汉语词典（第五版）［M］. 北京：商务印书馆，2005.

# 第 14 章  文化推理与指示方式

## 引言

语境化的推理是话语语用信息解读的唯一重要手段,是语用学研究的一种重要范畴。而文化推理更是文化语用学中解释的必要路径。文化推理是一个复杂的认知过程,涉及说话双方话语发生时的时空语境、社会语境及文化语境。那么文化推理需要涉及哪些认知过程?作为参考系的文化语境又包含哪些方面?文化指示语在解读文化信息的话语时又充当了什么角色?本章我们来探讨文化指示语与文化语境推理之间的关系。

## 14.1 文化设定与文化推理

### 14.1.1 文化设定

文化推理是文化语用学研究的一个重要领域,根据克里斯蒂安·弗雷德里克·布罗格(Christian Fredrik Brogger,1992)的定义,文化语用学研究文化设定和言语行为之间的体现关系。由此可见,文化设定在文化推理过程中起着重要的作用。那什么是文化设定(cultural assumption)呢?何刚(2006)认为,文化设定是围绕着一定事项而产生的文化语用共同体(cultural pragmatic community)在日常生活经验基础上形成的共同意识的一部分。文化设定大多来自文化语用共同体成员的生活环境、经验、历史、习俗、理念、价值、道德标准等诸多因素，一旦成为共同体成员的集体意识就会被确定下来，来指导成员的言语行为。如研究美国文化离不开对个人主义的探讨，因为它是美国文化模式的基本特征和其他文化价值的奠基石。所以，个人主义作为美国人的共同意识的一部分被确定下来，成为核心文化设定，指导美国人的日常生活中的一言一行等。

### 14.1.2　文化推理

众所周知，语用推理（pragmatic inference）历来是语用学研究的核心领域。文化推理属于语用推理的一个分支，需参考文化语境来解读话语的言外之意。那么文化推理和普通语用推理之间存在怎样的关系呢？

语用推理是解读自然话语中说话者意欲传达的言外之意的过程，我们耳熟能详的语用推理理论有格莱斯（Grice）的合作原则、利奇（Leech）的礼貌原则、新格莱斯主义的三原则、斯波伯和威尔逊（Sperber & Wilson）的关联理论等。这些语用推理只能解释一般话语（即不含文化信息）的语用推理。但事实上，由于语言与文化之间固有的密切联系，我们在解读某些话语时，有时还需参考特定文化语境才能明白言者未言尽之意。在这个解读过程中，话语背后的一个群体的文化设定起了重要的作用，它是来源于特定的文化共同体长期所共享的一套信念、价值观、态度等的集合，包含了一套关于周围世界、彼此关系、人际交往、个体行为等的设定。其中自然包括了言语行为的设定：该说什么，不该说什么；该怎么说，不该怎么说；怎样理解他人话语，哪些话语是文化优选的，哪些是回避的，以及说话和行动之间的关系。

了解了以上概念后，我们试图给文化推理下个定义：文化推理是需要借助文化语境才能理解、解读、解释、建构话语信息的语用推理过程。在特定文化语境中的文化推理必须依赖该文化特有的解释原则——文化语用原则，才能做出最为"关联"的（与话语意向信息最相吻合的）推导和解释，才能达成语用信息的复原。在文化推理过程中，对于话语接受者，文化语用原则提供有效的参照，使话语在最相关的情景中获得最相关的解释，以最省力的推导方式得到所预期的话语意图。换言之，文化语用原则能指引说话者说出最能影响听话者的话语，同时指导听话者在接受话语的瞬间，就能深刻地感悟、把握话语在特定文化情境中的特定行为信息，并做出最具相关度的反应。

例 1:

"I was trying to tell the truth, and look what happened," Colucci Jr. said. "I'm a loyal American and when they needed me to step up, I joined the service. Now we're penalized for not *playing the game*."

（https://www.nydailynews.com/）

此话语中的说话者是位美国越战退伍老兵，他在斯塔腾岛（Staten Island）上的家在飓风桑迪（Sandy）中遭到严重损坏，他向美国应急管理署（FEMA）请求经济补助，但却被拒绝。原因是飓风来袭时，他住在新泽西的儿子的家中，而未住在自己家里。这一点不符合应急管理署对房屋经济补助的严格规定。话语中"按游戏规则办事"（playing the game）是文化指示词，是美国文化优选的短语，因为美国文化强调公平的竞争。而公平的竞争就要讲究游戏规则，只有人人都按游戏规则办事，才有公平可言。于是，说话者称自己因未按游戏规则办事而遭到惩罚。那我们该如何理解"按游戏规则办事"与是否该"遭到惩罚"之间的关系呢？显然存在这样的关系。但从话语本身所提供的即刻语境（immediate context）中无法找到合适的线索，只有把美国核心价值观作为参考系才能解读出两者之间的关系。这里包含了一条美国的文化设定：遵守游戏规则是公平竞争的体现。这一文化设定已被大多数美国人所认同，并确立下来成为文化语用原则。而激发该文化语用原则的则是话语中的文化指示词"playing the game"。由此可见，文化设定和语用原则在解读含有文化信息的言语行为中是相当重要的。

例 2：

Carney said the GOP investigation of Benghazi is more about politics than fact-finding.

"I think efforts to refight the political battles of *the past* are not looked upon kindly by a majority of Americans," Carney said.

（Jackson, 2012）

句中说话者称重演过去的政治斗争是不被大多数美国人看好的。这里"past"是一个关键的文化指示词，指示美国文化中的时间观念。美国文化的主导价值观念是侧重未来的时间取向，于是长期以来就形成了这样一条文化原则，即无论过去多么辉煌或失败，最关键的是未来。有了这样一条文化原则，我们就能解读出该话语背后所激活的文化信息，也就不难解读出该句中的言外之意了，即为什么过去的政治斗争是不被大多美国人看好的。

例 3：

Cameron: Whatever. Honestly, I wish that tart would go back to *Columbia* and take her weird, little brown friend with her.

To Gloria who happens to eardrops what Cameron has just said. Gloria is from Columbia.

Cameron: So when I said "brown people," I-I wasn't talking about *your*, uh, *brown people*. I was talking about people who go to a university, Um, not *your people*. Not—not that *your people* couldn't go to college. Okay, now I'm hearing myself say *"your people"* a lot, so...

After hearing Cameron's explanation, Gloria is still furious.

（美剧《摩登家庭（*Modern Family*）》）

格罗丽娅（Gloria）来自哥伦比亚共和国，在美国算是外籍移民，多少受到主流社会的歧视。对话起初，卡梅隆（Cameron）所指的"Columbia"是"哥伦比亚大学"，而"brown"正巧是一个人的名字"布朗"。格罗丽娅无意听到后，以为卡梅隆在诋毁自己的国家和肤色，故很生气。卡梅隆好心想解释清楚误会，但无意识地使用了"your people"一词数次，这非但没有化解矛盾，反而更激怒了格罗丽娅。在此，我们需要理解卡梅隆到底说错了什么。显然，"your people"（你们／你们这些人）是人称指示语，光参考话语所提供的即刻语境无法给我们提供合理的解释。但在这则对话言语中，该指示语体现了说话者与听者的亲疏关系，因为第一人称是从本体出发，第二人称距离说话者较远，而第三人称谈及的对象最远。当这种人际疏近关系与美国种族歧视联系起来，就提供了解读这条话语最合理的参考语境。话语中原本并不带任何感情色彩的"your people"，在此激活了美国文化中种族歧视的文化信息框架，卡梅隆的"your people"让格罗丽娅觉得对方是故意歧视自己的民族，故意拉远了彼此的关系，这也就是为什么格罗丽娅听了后会越发生气的原因。

## 14.2 文化语境参照系

### 14.2.1 文化信息的层次结构

文化信息是一个包罗万象的系统，任何和文化搭边的东西都可叫作文化信息。但要使文化信息作为语用推理的参照系，那就必须对其层次结构做进一步的细分。否则，如此庞大的文化信息显得太笼统、无体系，对文化信息的认识只停留在笼统的、无的放矢的层面。这对文化语用的解释与推理帮助不大。

特朗皮纳斯和汉普登（Trompenaars & Hampden，1998）曾把文化信息描述为"文化洋葱"（cultural onion），由内至外共三层，分别为基本文化设定、文化规范与价值及文化外表，如图14.1所示。

文化外表（Explicit layer of culture）

文化规范与价值（Norms and Values）

基本文化设定（Basic assumptions about existence）

图 14.1　文化洋葱（Trompenaars & Hampden，1998）

何刚（2004）把文化语用信息分为三个层面：文化意识层、语用演算层及文化基础事实层。

基于以上学者的分类，这里我们也尝试把文化语用信息分为三层：文化设定层、会话互动层及文化事实层。

（1）文化设定层

众所周知，一个文化共同体成员是通过某些共享的基本文化设定来感知现实世界、感知自我存在的。所谓"文化设定"，指的是文化共同体关于人类一切活动的总的假设或约定。故基本文化设定可被理解为一套抽象的普遍概念，潜移默化地影响个人的观念和行为，从内部控制、指导、制约、解释言语行为的产生及理解过程。诚然，由于不同文化共同体成员对现实世界的感知不同，所以基本文化设定也各不相同。多数美国人对现实世界的感知是外在的、物理的、物质的，因此现实世界是没有灵魂的。但这些看似不言而喻的文化设定并不被其他文化共同体成员所共享。如在印度和东南亚国家，人们试图把自己与自然融为一体，因为他们认为这是自然界存在的一种关系——人只是一种生命形式，和其他生命形式一样，并无什么差别，这是他们的文化设定。在美国人的日常言语行为中，文化指示语常常能指向、激发特定的美国文化设定，如：

例 4：

Serial rape suspect Sharper promoted women's safety

"Money cannot buy the women we love everyday security, which men take for granted," Sharper wrote in the book. "So, it's going to take *strong, accountable* men to educate young boys and influence other men to deal with women *respectfully, honorably and fairly* at all times."

（Schrotenboer, 2014）

说话人曾经被指控强奸妇女,而如今他站出来为妇女安全问题说话。他提到"money"（金钱）并不能给妇女带来安全感；社会上"强壮而值得信赖的"（strong, accountable）的男性应该教育年轻一代该如何"尊重"（respectfully）妇女。这些看似普通的词语在话语特定的语境中却起到了文化指示语的作用,因为它们激活、关联了读者对当代美国人对待妇女问题的观念的改变,指向了美国特定的文化设定"尊重妇女""人人平等""金钱买不到幸福"等文化价值观。

（2）会话互动层

基本文化设定虽是抽象的、被文化共同体成员在潜意识中共享,但它可以作用于言语会话互动过程,对其制约、指导、控制。也就是说,基本文化设定在情景化的话语互动过程中就会优选一套文化信念、价值、态度体系,并衍生出一套文化优选的规范、规则、原则来维护及巩固文化价值体系。这一系列过程就是所谓的"会话互动层"。在美国,对老师、家长、领导基本直呼其名,把他们视为自己的朋友、同辈,而非上级、长辈关系。这就是一套美国文化优选的言语互动规则及原则。若一个美国人不对其朋友直呼其名,而改称其姓,那么这种言语行为会被认为是怪癖,甚至具有冒犯性。很显然,这套优选的言语行为互动方式、准则、原则是为了维护美国主流价值体系中"人人平等"的价值观。但若问一个美国人:"你们为什么主张'人人平等'?"他可能会瞠目结舌,无以言对。因为"人人平等"这种价值观深入人心、习以为常,很少有美国人会去质疑它。其实,这背后隐含了更深层的文化设定,即美国人对社会平等的感知强调人际关系的水平状态,而非日本文化中的垂直状态。

例 5:

Manny: I wanna tell Brenda Feldman I love her.

Jay: Oh, for God's sake.

Gloria: Honey, she's 16.

Manny: Oh, it's okay for you to take an older lover?

Jay: Hey! Watch it!

（美剧《摩登家庭（*Modern Family*)》）

曼尼是格罗丽娅年仅 10 岁的儿子，他喜欢上了一个比自己大 6 岁的女孩，想向她表白。格罗丽娅和前夫离婚后，改嫁给比自己大 20 岁左右的老公。在这则母子两人的对话中，我们注意到两人的说话方式是直来直去，甚至咄咄逼人的。曼尼认为自己母亲可以改嫁一个老男人，那自己为什么不能去追求一个比自己大 6 岁的女孩呢？故理直气壮，像对待朋友一样和自己的母亲辩论。这套优选的言语行为方式就很好地体现了美国文化中家长和孩子之间的文化设定，即平等关系。

（3）文化事实层

文化事实层是指"一个文化共同体通过共同生活所积累、流传下来的、承载着丰富的文化信息的那些物质的和非物质的事实或实在"（何刚，2013）。物质的事实包括建筑、历史遗迹、历史人物、生活方式等。例如，一提到华尔街、百老汇、自由女神、白宫、密西西比河、独立大厦等这些特殊名字，就会使人想到与其有关的文化含义。再如提到林肯、华盛顿、汤姆叔叔等历史或文学人物，我们也会联想到与他们相关的文化信息。非物质的事实包括风俗、习惯、格言、警句、基本生活方式、基本活动等。基本的生活和活动方式则更是不胜枚举，比如美国人需要很多活动空间（elbow room），他们注重自己周围的私人空间；许多美国人尤其是青少年，喜欢穿奇装异服，在身上纹身和穿孔；在葬礼上，美国人一般不号啕大哭，他们倾向把悲伤深藏心底；美国男性不对女性使用带有性别歧视的言语，不做任何体现男女不平等的行为；美国家长把自己的孩子视为朋友、平等的伙伴，他们不打孩子，但会以没收东西的形式来管教调皮的孩子等。在美国人的日常言语中，时不时地就会出现一些词，这些词指向了美国物质和非物质的事实，这些词即是指向文化事实的"文化指示词"。

例 6:

Phil: Honey, you got to focus. We've only got 20 minutes. Pretend...
pretend the mall's closing.

Haley: Dad, this is stupid. I watch TV on my computer. Why do I
have to learn this?

（美剧《摩登家庭（*Modern Family*）》）

父亲菲尔（Phil）尝试教会女儿哈利（Haley）如何使用家庭影院遥控器，而女儿对此的回答是："这太愚蠢了，我在电脑上看电视，我为什么要学这东西？"从中我们看到了美国青少年看电视的新方式，即在电脑上看。电视机对他们而言是可有可无的，这体现了当代美国年轻人独特的生活娱乐方式。

### 14.2.2　文化子系统的网状结构

文化信息的子系统分为信念、价值、态度、行为原则等，这些子系统是彼此联系的。文化核心信念影响或决定一个文化共同体的核心价值体系建构和价值取向；价值体系和取向又进一步影响或决定它的成员对待特定时间、行为和话语的核心态度和典型的回应方式。

（1）文化信念

所谓"文化信念"就是一个文化共同体所相信的物质与非物质的事实。例如，美国人都深信"人必须工作""机会总是有的""美国人是上帝的选民""人民行使主权""人性本善"等信念。约翰·哈蒙·麦克罗依（John Harmon McElroy，1999）在《美国信念》（*American Beliefs*）一书中系统研究了美国的核心信念体系，对信念进行了分类，包括主流信念、移民信念、边疆信念、宗教道德信念、社会信念、政治信念及人性信念。在这 7 大类信念中，作者列举了若干核心信念（core beliefs），具体见表 14.1。这些信念在美国人日常生活中潜移默化地指导、约束人们的言行举止。

表 14.1　美国的核心信念体系

| 信念分类 | 核心信念 |
|---|---|
| 主流信念 | 人必须工作。<br>人必须从工作中获利。<br>体力劳动受人尊敬。 |
| 移民信念 | 一切都可改善。<br>机会总是有的。<br>自由行动是成功的保障。 |
| 边疆信念 | 该做的事会教会你怎么去做。<br>每人应追求自己的幸福。<br>帮助别人就是帮助自己。<br>进步需要体制。 |
| 宗教道德信念 | 上帝造就了自然与人类。<br>上帝创造了是非之别。<br>做对的事情是幸福的保障。<br>上帝给予每人与生俱来相同的权利。<br>美国人是上帝的"选民"。 |
| 社会信念 | 社会是个体的集合。<br>个人的成功促进社会提高。<br>成就决定社会等级。 |
| 政治信念 | 人民行使主权。<br>最少的政府可能是最好的。<br>成文宪法对政府是必要的。<br>少数人服从多数人。<br>崇拜是一个道德问题。 |
| 人性信念 | 人性本善。<br>人有了权力就会滥用权力。 |

例 7：

"When it comes to *expressing yourself freely*, and *worshiping as you choose*, and *having open access to information*—we believe those are *universal rights* that are the *birthright* of every person on this planet," Obama told an audience of Chinese and U.S. students at the Stanford Center of Peking University.

（MacLeod, 2014）

前任美国总统奥巴马的妻子米歇尔访华期间，在北京大学的演讲中提到了言论自由（expressing yourself freely）、宗教自由（worshiping as you choose）及信息开放（having open access to information），并进一步强调这是普遍公认的权利，是每一个地球人与生俱来的权利。诚然，不同文化民族对人类与生俱来的权利有着不同的定义和界定，但在美国文化中，上帝给予每人与生俱来相同的权利，这是他们的道德宗教信念，深深扎根在每个美国人心中，在美国是无人质疑的。在谈到言论自由等话题时，米歇尔之所以相信这是普遍公认的价值观，是由于这些价值观是美国的基本信念，她不假思索地就会提及这些美国人认为理所当然的基本信念，并体现在话语中。

（2）文化价值

文化价值是一个文化共同体成员所普遍公认的概念体系。在该体系中，成员可以判断什么是对的/不对的、什么是恰当的/不恰当的、什么是重要的/不重要的、什么是可行的/不可行的、什么是有用的/无用的、什么是值得的/不值得的等。研究美国文化价值可以用来解释美国人的言语行为，虽然价值取向并非在任何情况下都有其特定的行为表现，但它们却能显示美国人评价事物的无意识基础。李惠萍（1997:19）归纳出了美国人的 13 种价值观，即"人胜环境、不断更新、着眼未来、勇于进取、机会均等、重视时间、付诸行动、尊重个人、自我图强、讲究时效、追求实惠、开诚布公、不拘礼节"。甚至有学者列举了 101 个美国文化特征。但我们觉得还是需要提炼出最核心的文化价值取向，因为：①过多的价值观体系显得复杂、琐碎，不适合作为言语行为诠释的参照系；②很多价值取向都是派生自若干核心价值观，把核心价值观搞清楚了，其他衍生的价值观自然是一脉相承的。基于上述分析，我们尝试总结出以下 6 条美国核心价值观：个人主义（Individuality）、自由（Freedom）、机会平等（The equality of opportunity）、竞争意识（Competition consciousness）、追求财富（Material wealth）、敬业进取（Professional enterprising）。其中，"个人主义"是美国文化的主导价值观，它可以衍生出许多其他的主流价值观。"个人主义"的定义中首先就包含了各种"自由"的价值取向，如美国人强调言论自由、行为自由，一个人不论其出身贫富，都有自由追求自己想要的东西的权利。"个人主义"还造就了美国人"自力更生"（self-reliance）的品质（Francis Hsu，1972）。此外，其他学者认为（Spindler & Spindler，1993），"个人主义"还和"平等""公平"齐头并进。美国人眼中的"平等"不是指人人都有相同的才能或天赋，而是指人人都有平等的机会参与国家政治、经济、教育体制中，故强调的是"机会平等"。此外，"个人主义"甚至还衍生了和空间与隐私相关的概念：美国人对个人及住宅周围的空间有很强的私人空间归属感，绝对不可随意侵犯。美国人"追求改变"的价值观也同样根植于"个人主义"，因为只有个人的行为才能改变自身及客观现实，他人是无权干涉的。这在某种程度上就是"改变"。美国人普遍认为"改变"是为了"改善"，而只有通过个人的努力奋斗才能改善生活、获得成功。于是在这么一种认同"改变"的文化共同体中，似乎任何改变，哪怕是为了改变而改变，都是被接受的，如衣着替换、汽车更新、科技进步等。总之，这一系列的主流价值取向是一脉相承的，彼此之间有着衍生和扩展的关系。

由此可见，建立一个美国核心价值观体系作为解释言语行为的参照系显得很有必要。有了这么一个体系，我们就可以很清楚地洞察到美国人话语中的价值取向，理解他们为什么有的话该说、有的话不该说以及该怎么说才是文化适当的。

（3）文化态度与言语行为原则

所谓"文化态度"是指怎么处理具体情景中发生的行为、事件、话语等方式信息：包容与排斥、喜好与厌恶、欢迎与回避、接受与拒绝、偏好与禁忌等。同时，对特定的情景，该采取怎么样的言语行为方式。文化态度与言语行为原则是具有"工具性"的，因为它对具体的言语活动具有操作性，其特征是：①反映出与核心信念、主导价值观、主流价值取向等文化设定一脉相承的关系；②明确、清晰、具体地解释、构建、指导、约束文化共同体成员之间具体的言语行为的方式、原则与规约；③对具体的言语互动行为具有一定的驱动作用。

在美国文化中，"平等"是主导的价值观，是美国人普遍的信念，《独立宣言》中明确指出，"毕竟，大家一样都是人"(We are all human, after all)。平等的观念贯穿美国的各种社会关系。虽然美国社会存在着不同的阶级，但大多数美国人却不以为然，他们喜欢将自己看作一名与他人平起平坐的中产阶级成员。当两个不同阶级的人之间发生接触，建立一种平等的气氛便成为各自潜在的愿望。于是在具体的言语行为中，就慢慢形成了一套体现"平等"价值观的文化态度和言语行为方式，如坦诚、直率的交流方式。美国人在与人交流时，惯常的社交关系是保持彼此的坦诚和直率，故曾经发生过争吵的双方照样能在大型的会议或社交聚会上互相友好地打招呼，问候对方："你最近怎么样？"或"在这见到你很惊喜"等。故在这种场合，该说什么、该怎么说这样具体的规则和范式都体现了具体的文化态度与行为方式。只有与文化相匹配的言语行为方式才能对具体的言语行为产生驱动性，维护每个参与者的角色、地位、行为，使言语互动过程得以成功进行下去。

### 14.2.3 文化特有的排他结构

按照文化社会学原理，"每个民族都有自己独特的文化，这种文化犹如一个人的思想和行为模式，多少具有一致性；每一种文化内部又都有其特殊的目标，而这种目标是其他别的社会所没有的，所以不同的社会有不同的文化模式"(司马云杰，1987：260)。

提及美国特有的文化特征，首当其冲的便是"个人主义"，它可谓是美国的第一信念及核心价值观。个人主义是托克维尔提出的，他在美国考察了 9 个月，于 1835 年发表了《论美国的民主》，在书中他第一次使用了"个人主义"一词。他认为，个体的存在先于社会的次序，自身利益即是个体的行为目的，而社会制度则起源于个体间的互动之中。托克维尔称："个人主义是一种新的观念，是一种只顾自己而又心安理得的情感，它使每个公民同其同胞大众隔离，同亲属和朋友疏远。个人主义是民主主义的产物，并随着身份平等的扩大而发展。"（托克维尔，1996：625-629）而真正代表早期美国个人主义思想的是本杰明·富兰克林（Benjamin Franklin），他在著作中提出了"自助者天助"的观点。总之，个人主义是一个新的表述，它强调个人权利，强调自己掌握自己，它的基础是民主、平等的思想。

此外，生活在同一地球上的人类虽在许多价值观和信念上都有很多共性，但由于长期生活在不同的文化共同体中，对具有共性的价值观和信念的诠释不同，体现在生活方式、社会关系、世界观及自我认识方面都不同。以下试就这几方面举例说明美国文化特征。

在生活方式上，就拿"诚实"这个核心价值观来说，我们相信这是各个民族都拥护的基本道德和人性，没有一个国家的文化会教唆自己的人民去撒谎。但在美国文化中，"诚实"的价值观在美国人日常生活的具体言语行为中有其特有的文化态度和言语行为原则，如简单、朴实的待人接物方式。美国人在交谈中对问候的表述十分简洁且常常显得敷衍了事。他们喜欢单刀直入，直接挑明自己的观点，在交际中很少有标志社会关系的繁文缛节。其他文化中反映社会结构的复杂称谓方式以及充满礼仪性的举止，在美国人的交际中是见不到的。

在社会关系方面，就"竞争"观念来说，美国人的竞争在公平的原则上，还强调合作精神。美国人的竞争是在相互合作的基础上进行的。那为什么美国人在竞争中要寻求合作呢？竞争离不开个人之间以及群体之间的相互配合与协调。美国人不会将自己全心全意地交付给哪一个群体或组织。他们在与他人合作的同时追求着自己个人的目标，而那些与他们合作的其他人同样也在努力实现着属于自己的目标。美国人加入群体，是为了个人的目标和利益，但如果他们个人的期望得不到实现，他们就会毫不犹豫地离开这个群体而加入另外的群体。所以，美国人的竞争合作在很大程度上是出于便利考虑，体现了主导价值观"实干"，这也是美国人做事的一条原则。

例8：

"The whole dialogue on the Affordable Care Act is about people fighting, causing gridlock and a mess, instead of working on something important like wellness," Snyder said, adding that he still has "a lot of issues" with the overhaul. "But it is the law, so I'm trying to work in that context."

"Before the election, it felt like *a cockfight*," Shumlin said, describing the debate over the law during the 2012 campaign. "Down there we were talking about ways we could *cooperate*."

（Melisa, 2014）

在这则政治报道中，大家在讨论奥巴马政府所许诺的医保法案的修正案，各方对此各持己见。由于彼此意见不合，故如同"斗鸡"（cockfight）般混乱（gridlock and mess）。但在这二位的言语中，我们都注意到了一些高频文化优选词"work"（干活）、"cooperate"（合作），这正体现了美国人特有的解决争议的方式，在维护自己立场和利益的同时强调合作，合作是为了更好地达到自己的目的和利益。

最后谈一下美国人对自我的认识。在美国文化中，对"自我"的定义主要取决于个人的成就，而非其出身或命运。这种特有的以成就来定义"自我"的信念潜移默化地使美国人可以分裂（fragment）自己或他人的性格。换言之，美国人不必全盘接受他人才能与其共事，即哪怕双方在政治观点、兴趣爱好、个人生活方式上差异很大，但两人仍然可以共事工作。这种把他人性格分裂化的特征也是美国人倾向在竞争中与人合作的原因之一。这种分裂化的结果是美国人在行为、思想和意图上也倾向分门别类地评估。然后，要知道在某些不区分行为、意图、思想的文化中，有时一个人犯了一方面的过错，则这个人会被全盘否定，免去职务，甚至遭人唾弃。

## 14.3 文化信息的话语存在方式

### 14.3.1 话语内部的文化信息

文化信息在很多情况下都存在于话语内部，即通过某些文化优选词、文化事实指示词等来传递特有的文化信息。在理解这些话语时，只有对那些文化优选词所折射的文化信息体系（包括信念、价值、态度等文化设定以及衍生出的言语互动方式、准则等）有所了解，对那些文化事实指示词所指代的具体文化事件、背景、意义有所洞悉，才能准确地明白说话者所传递的"未言尽"的文化信息。

在 14.2 中，我们探讨了文化语境的参照系，了解了美国文化的基本文化设定，其中包含信念、价值、态度、方式等。这些概念在日常会话中，往往会挑选某些词来使其巩固并沉淀下来，这些词就叫作"文化优选词"（culturally preferred terms）。通过分析"文化优选词"，我们也可对美国人的文化设定体系有所洞悉。例如，"自由""自主"是美国文化的核心价值观。由此，"free""make up your own mind""choice""decide by yourself"等表达自然就成为巩固、维系核心价值观的"文化优选词"，在美国人的会话互动中频繁出现，以起到其应有的文化功能。

例 9：

"One of the *big changes*, and one of the reasons that I am truly *optimistic* we will *get something done*, is that I am hearing support for gun safety in places I've never heard it before," Schumer told the Daily News.

（https://www.nydailynews.com/）

美国人凡事都讲究一个"做"字，"实干"是美国人占主导地位的活动方式。美国人对将要做的事总是持乐观积极的态度，相信事情是能做好的。可预见的未来（foreseeable future）取向以及对行动价值的充分肯定产生了一个原则：人能改善现状。这是美国文化中特有的一种付出式乐观主义（effort-optimism）的品行（C. Kluckhohn & F. Kluckhohn，1947）。对那些下定决心努力奋斗的人来说，没有遥不可及的目标，也没有无法跨越的障碍。文中"optimistic"及"get something done"充分体现了美国人的这种付出式乐观主义。

改变是美国文化的基本价值取向，美国文化的基本精神就是在变化中求发展，在生活方式上求新求变，所以"改变"一词是美国文化优选的词汇，反映了美国人乐于创新、谋求变革的价值取向。

例 10：

"We have strict security *protocols* in place to protect visitors to the 'Today' show and those *procedures* were followed and *effective*," it read. "We are very grateful for the actions of our security team and the NYPD that no others visiting the show were harmed in the incident."

（https://www.nydailynews.com/）

美国人的基本思维模式是一种相对笼统或具有操作性的归纳性思维。他们的想法是基于对现实或虚幻事物结果的预期，故这种思维模式在言语中的体现就是美国人喜欢使用模糊、笼统的词语，期待事情的结果并寻求衡量标准。于是，在美国人的言语中，"cost-benefits""productivity""make a profit""making the best of your time""change"等都属于文化优选的高频词（E. C. Stewart，1972）。这段话中，"protocols"和"procedure"体现了美国人注重规章、流程，是相对很笼统的概念，但却具有操作性，因为只有按流程、规章制度办事，才能更公平、有效地达成预计的结果。而"effectiv"一词体现了衡量事物成功与否的标准。在商务交际及日常生活中，该词总是挂在美国人的嘴边，这无疑反映了在美国人心中"万事重效率"的价值取向。

### 14.3.2　会话结构的文化信息

　　所谓会话结构的文化信息是指文化信息存在于说话双方的言语互动的方式、方法、原则中。换言之，在特定的会话情境中，受特定的文化约束，双方要以怎么样的方式说话，怎么讲才更符合文化要求，更能使会话顺利进行，使双方角色明确等问题都是有讲究的。

　　例 11：

Her advice was simple: drink lots of coffee and talk to everyone in town. That's what I was trying to do. So, coffee in hand, I approached the two women.

"Hello, *I'm Sonny Bono*." I smiled, "*I'm running for mayor*."

"You used to be married to Cher," one of the ladies said abruptly.

"That's right. A long time ago."

"Well, dear..." She considered for a moment. "I've got to tell you, that hair of hers and those clothes..."

"When she wears them," her friend interjected.

"I don't know about her," the first lady said. "I just don't know."

"I don't know what to say," I replied. "*I'm running for mayor*, did you know? I hope you vote for me." I gave them my best smile and moved on.

（Bono, 1991: 3-4）

　　桑尼·波诺（Sonny Bono）是一位美国家喻户晓的流行歌手，早期曾与雪儿（Cher，美国著名流行女歌手）有过一段婚姻史。在这段言语互动过程中，桑尼·波诺想要为自己竞选市长而拉票。初看这段对话，似乎很容易理解字面意思，桑尼·波诺的话语中用词也很普通，貌似无任何文化信息。但仔细研究，我们会发现文化信息其实存在于会话结构中。在美国文化中，诚信是人际交往的第一文化设定，该文化设定就会优选一套言语行为和互动方式，如美国人在交谈中不拐弯抹角，避免繁文缛节，就算同陌生人交谈也直截了当、开诚布公。于是，这些优选"规则"在慢慢地"沉淀"为语用共同体的普遍语用意识，指导或引导彼此之间的言语互动方式。在这段对话中，桑尼·波诺对两位陌生女士开门见山地做简单的自我介绍，很直截了当。他还两次坦诚提到"我竞选市长"（I'm running for mayor），并公开希望对方投自己一票。而对她们有关雪儿的论述，桑尼·波诺也是直接回答"我对此无言以对"。桑尼·波诺之所以以这种坦率、直接的方式说话，其实是受到文化设定的规约。换言之，文化设定会潜意识地指导文化语用成员的言语行为方式。我们可以想象，若桑尼·波诺是日本人或意大利人，恐怕他的言语互动方式就不会那么地直接、坦率了。

### 14.3.3 话语背后的文化信息

所谓话语背后的文化信息是指造成话语文化合适的原因。换言之，从某些话语的字里行间看并无任何文化信息，话语内部的词语显得很普通。其实，文化信息是存在于话语的背后，即该话语在特定文化语境能得到合适的文化解释，或能起到特定的文化功能。

例 12：

He claimed it was the second time power lines had fallen and set fires at the house.

"This time it killed my brother's family and him," Vego said. "I'd like to know why those wires fell and killed my family."

Steven Vego was a plumber, neighbor Gene Allender told the Riverside Press-Enterprise.

"*Great people. Nice people,*" he said.

（https://www.nbclosangeles.com/）

在这则话语中有两个正面评价别人的形容词"great"和"nice"，这是两个非常普通的形容词，脱离具体的语境是无任何文化信息可

言的。但在上述这则话语中，含这两个形容词的话语背后却隐藏了
文化信息。在维戈（Vego）一家遭受飞来横祸时，邻居对媒体说维
戈一家都是好人，了不起的一家。这属于一种正面鼓励，即使在灾
难或死亡面前，美国人都更倾向积极、乐观的正面鼓励，而非哀悼、
安慰。所以，邻居的话语在特定的语境中是文化适合的，能起到美
国特有的文化功能。

例 13：

Black construction workers, victims of some of the most repugnant
scrawls, were furious but said they don't dare complain when they see
the N-word.

"You ask any black person on the job, and they'll say, 'What can
you do about it?' " said an outraged Tyson Patterson, 35, of the Bronx.
"You talk and you get fired."

*"I have to be political and pretend it doesn't bother me."*

（https://www.nydailynews.com/）

该段话语的说话者是美国黑人建筑工，面对工地上侮辱黑人的
涂鸦，他只能选择沉默，否则就会被炒鱿鱼。他说：我只能选择（白
人主流）的政治派别，并假装安然无事。在这句话的背后隐藏着美
国历史悠久的种族歧视的传统。虽然在美国的主流信念里，"人人与
生俱来享有平等的权利"是深入人心的，载入《独立宣言》之中，
但现实和信念毕竟还是有距离的。这位黑人建筑工的话语背后折射
出美国种族歧视的现实，属文化事实。而他在媒体前只有那么说才
是美国文化合适的，他必须假装自己站在白人主流派别一边，只有
这样才能保住自己的工作。

# 14.4 文化指示语——文化信息检索的指引

## 14.4.1 文化价值指示

在 14.3 中，我们讨论了美国核心价值体系。其中，时间取向是文化差异中一个比较稳定的要素（F. Kluckhohn & Strodtbeck，1961）。人们根据其文化在时间取向连续体上的侧重点来确定自己的立场与指导自己的行为。美国文化的主导价值观念是侧重未来的时间取向。美国人倾向以一种既抽象又具体可行的眼光来审视现在，把重点放在诱发变化和导向未来发展的过渡阶段。

例 14：

"I am very *happy* with my decision and look forward to a wonderful and special year *ahead* both on The View and with ABC News," she said in a statement. "I *created* The View and am *delighted* it will last beyond my leaving it."

（https://www.etonline.com/）

这段话语是说话者退休离别时的话，其眼光还是放在未来（ahead），而不是过去的辉煌。说话者对这种侧重未来的时间价值观还采取了积极乐观的文化态度：我很高兴（happy）和欣慰（delighted）。"ahead" 这一指示词使我们在理解这则话语时必须联系起美国的时间价值观，才能更好地体会说话者之所以感到欣慰的背后的文化原因。

## 14.4.2 文化信念指示

文化信念是一种综合的、理性的、全面的文化精神。对于一个民族而言，文化信念代表了该民族在漫长的历史记忆和文化传承中的共性特征。文化信念是一个民族文化的根基。自美国殖民时期到独立解放再到当代美国，几百年来美国人在自己的历史记忆里传承了一些共同的文化精神，如清教徒的吃苦奋斗、马丁·路德·金所宣扬的"美国梦"、上帝面前人人平等基本核心信念。这些信念所提及的文化关键词如"hard work""American dream""God helps those who help themselves""being equal"等就是我们所说的"文化信念"指示词。

例 15：

Earlier, House Speaker John Boehner was among those who denounced the senior Republican congressman for using the derogatory word.

"Congressman Young's remarks were *offensive* and beneath the dignity of the office he holds," he said in a statement provided to Politico. "I don't care why he said it—there's *no excuse* and it warrants an immediate apology."

（https://www.nydailynews.com/）

这段话语中，说话人对共和党议员使用了侮辱性言辞表示抗议，称其言辞是冒犯性的（offensive）且别找借口（no excuse）。这一强烈的文化态度反映了美国信仰"人与生俱来有相同的权利"，即"在上帝面前人人平等"的核心信念。这一早期宗教信念已潜移默化地影响着美国人的思维模式、言行举止、处事态度及原则。故任何种族、性别、年龄、性取向等方面的诋毁、污蔑都是违法的，且在道德上不被接受。美国人对带有侮辱、歧视性的言语是极其敏感，强烈排斥的。

例 16：

"Overnight, this has become a whole new world for her. It's hard to know, at such a young age, whether to go to college and get an education, but you *have to* also *strike* while you're hot. There are just so many questions."

（https://www.chicagotribune.com/）

这段话语中的主角面临需要做出选择：是去读大学还是继续从事体育竞技。但无论选择什么，都必须（have to）努力奋斗（strike），趁热打铁。从说话者的坚定语气中，我们可以看到清教徒的教义，即凡心怀愿望且努力工作的人，必将得到成功的报偿。正是怀有这种坚定的文化信念，说话者才会在他人需要做出抉择时，说出这样鼓励的话语。

### 14.4.3 文化事实指示

我们知道，一个民族有其丰富的物质与非物质的文化遗产，涉及历史人物、文学作品、地理建筑、生活方式等。这些文化遗产以语言形式固定下来，代代相传。这些语言形式就是所谓的"文化事实"指示语，频繁出现在日常话语中，它们所指向的不仅是某个具体的文化事实，同时也传递了与该文化事实相关联的文化价值、信念、内涵。如"马丁·路德·金"这个名字不仅指向一个具体的历史人物，更重要的是它关联了美国人对梦想的追求；"林肯"让人想到美国种族歧视的存在以及平等自由的文化设定。

例 17：

"I heard maybe 20 shots," said Guy Pierre Louis, 50, who lives on Lenox Road. "I thought it was like the *Fourth of July*."

（https://www.nydailynews.com/）

7 月 4 日是美国独立日，是一个历史事件，这是一个文化事实的指示。这段话中说话人听到 20 下枪响，并把其与独立日联系起来，言下之意就是仿佛回到了当年枪林弹雨的硝烟战场。若没有这个文化知识，是很难理解说话者想要表达的意图的。

例 18：

"With *Mary Lou* in 1984, her popularity doubled the number of gymnastics participants in this country. I expect a similar effect with Gabby. She came out of nowhere and is now an explosion."

（Macur, 2012）

这段话中提及了玛丽·卢·雷顿（Mary Lou Retton）这个人物，是专有名词，故也指向了特定的文化事实。在美国，玛丽·卢·雷顿是家喻户晓的体操明星，她是第一位获得奥运会体操全能冠军的意裔女性运动员。她出身平凡，靠自己的努力最终获得成功，所以她所象征的是靠奋斗来实现"美国梦"的典范。这是该人物背后的文化意义。在这段话中，说话者相信加布丽埃勒·道格拉斯也能同玛丽·卢·雷顿一样，即加布丽埃勒虽出身平凡，但却也可像玛丽·卢·雷顿一样靠自己的努力来实现自己的梦想。

### 14.4.4 文化观念指示

文化观念是长期生活在同一文化环境中的人们，逐步形成的对自然、社会与人本身的基本的、比较一致的观点和信念。文化观念一方面是对活动方式的符号化，同时也是活动方式的基础，因此是文化系统中的核心要素。在美国文化中，美国人有自己独特的生活方式、活动方式、言行方式等。在美国英语中，凡是能体现、反映、关联这些活动方式的语言形式就是所谓的"文化观念"指示语。

例 19：

"These are *our* streets," her father says, his voice rising now as a loud hard rain blows across Broadway. "These streets belong to the people of the City of New York. But things like this keep happening. This time it happens to my daughter."

（https://www.nydailynews.com/）

空间归属感是文化观念中的重要观念之一，第一人称的代词和形容词表达了美国人强烈的个人空间归属感。在某些文化中，文化成员很少或基本不会说出"我们的街道"，但在美国人眼中，自己家附近的街道也是自己的私人空间领域，神圣而不可侵犯。这段话语中，说话者的女儿不幸遭受了枪杀，父亲对此伤心欲绝。在自己家附近的街道，女儿被枪杀，这好比在自己私人领域遭受侵犯，美国人对此是绝不容忍的。由此可见，美国人的私人领域不仅局限在自己的家中，家附近的公共领域也是私人领域。

指示代词"these"在美国英语口语中经常被用来区分群体，且大多带有贬义、排斥的感情色彩。例 20 中的"这些人"（these guys、these people）是指罪犯，说话者自然流露出了与他们之间的排斥关系，即与"这些人"格格不入、疏而远之。事实上，"these"经常在口语中用来传递隔属私人空间，反映了美国人特有的空间领域观。

例 20：

"I need people to help me fight for justice," Pak said. "If I don't do something drastic, sooner or later *these* guys are going to kill me anyway. I couldn't even pay rent this month."

"*These* people come with guns and shoot at anyone. They don't care if there are children around."

（https://www.startribune.com/）

"these guys""these people"体现了美国人特有的群体归类的观念，指向美国社会中那些拿着枪肆意妄为的人，反映出说话者对这类群体的文化疏远。

### 14.4.5 文化态度指示

文化态度指示语是指话语中说话人对事件的态度，常以形容词的方式出现。一个民族的文化态度受其文化信念、核心价值观的影响。故在一个文化共同体成员内，有怎样的文化设定决定了他们看待世界、事件、人物等的态度。尤其是在困难、矛盾、挫折、灾难等事件中，对事件的评价所选择的形容词指示语也表现出文化群体成员各自优选的文化设定，构建了各自的文化身份。

例 21：

"The *hateful* graffiti scrawled throughout the construction site at 1 World Trade Center is *despicable and offensive*," Quinn said. "There's no room for bigotry in our great city."

（https://www.nydailynews.com/）

这段话中说话者昆恩（Quinn）对世界贸易中心建筑工地上带有种族歧视的涂鸦表达了自己明确的态度"憎恨"（hateful）、"卑劣"（despicable）、"冒犯"（offensive）。说话者的这种态度确定了他反对种族歧视的文化立场。我们知道，美国的开国元勋们把"在上帝面前人人平等"的美国精神写进了宪法中，那昆恩之所以态度如此强硬也就能找到文化依据了。故这 3 个形容词激活了读者对美国种族歧视问题的文化信息及美国核心精神。

例 22：

Manny is the son of Gloria and Jay. Manny has just declared his love for a 16-year-old girl, but was refused.

Manny: She has a boyfriend.

Gloria: OHH, I'm sorry, minino.

Manny: I gave her my heart. She gave me a picture of me as an old time sheriff. That was pretty *stupid* of me, wasn't it?

Gloria: No miamore. It was *brave,* right Jay? Brave.

Jay: I... b... you'll know better next time. Come on! Let's get a pretzel.

（美剧《摩登家庭（*Modern Family*）》）

在这段会话中，儿子曼尼向比他大 6 岁的女孩告白却被拒绝，自然感到灰心丧气，觉得自己很"傻"（stupid）。但母亲格罗丽娅却觉得儿子的行为很"勇敢"（brave）。从这个形容词我们可以看到母亲的态度，即给予儿子正面积极的鼓励。会话中说话人的态度可反映说话者自身的文化身份，在美国文化中，父母给自己优先设定的文化身份是与孩子平起平坐的良师益友，而这样的文化身份又受核心文化信念和价值支配——人人平等。从文化层面上讲，有怎样的文化设定就会有怎样的文化态度，就会有怎样的文化身份设定，这些都是一脉相承的。

例 23：

"She is in critical condition," said Peter Rhee, emergency director of trauma and emergency care surgery at University Medical Center in Tucson, after neurosurgeons worked on the three-term representative.

"I'm *optimistic* about her recovery," Rhee said, "We cannot tell what kind of recovery, but I'm about as *optimistic* as you can get in this situation."

（http://backup.globaltimes.cn/）

这段话中，利希（Rhee）对病人的康复持乐观态度（optimistic）。事实上，美国人在任何困难前都显得乐观积极。这一文化优选态度源于美国的核心信念，即一切都可改善。虽然有时未来是未知的甚至残酷的，但丝毫不能动摇对未来改善的乐观主义文化态度在美国人心中的地位。利希自己也承认目前不知康复的过程是怎么样的（We cannot tell what kind of recovery），但对康复也充满乐观的期望。

# 14.5 文化推理方式

文化推理的过程就是明白话语的文化隐含之意（cultural

implicature），而要还原文化隐含信息需借助文化语境假设（cultural contextual assumption）。为了使该隐含的文化信息能成功传递给听话者，说话者须估计解读话语所需的文化语境假设是听话者能马上获得的，否则说话者想传递的文化隐含之意就无法被听话者理解，交际就会失败。

在文化推理过程中，文化语境假设的选择显得至关重要。在上几节中，我们专门探讨了文化语境的参照系及文化信息的存在方式。那么，在理解带有文化隐含的话语时，听话者是如何在庞大的文化语境假设中找到最合适的文化语境来解读话语呢？本节主要探讨的就是文化推理方式。

### 14.5.1　排他式推理

在排他式推理模式中，人们在理解话语隐含的过程中首先从即刻情景语境中寻求话语解释的线索。格莱斯在合作原则（Cooperative Principle）及会话原则中提出交际双方是本着合作的原则进行信息交流的。若一方违反了某一会话原则，那他一定是传达了某种隐含之意。斯波伯和威尔逊的关联理论（Relevance Theory）则强调在交际过程中双方本着最佳关联的原则交换信息。若一方的话语在语言层面上貌似不相关，那他也一定是传达了某种隐含之意。以上这两种会话原则理论都是基于人类一般、普遍的认知模式。说话者相信听话者在大脑中能立刻获得解读话语所需的假设，而此类假设可能是普遍的百科知识、双方互知的事实或互动过程中当场构建的信息。但在解读含有隐含文化信息的话语时，这类一般的认知推理模式就显得力不从心了，因为文化信息并不是人类普遍拥有的，不同的民族有不同的文化体系。所以，在即刻的情景语境中，普遍的会话原则若起不到诠释话语的作用，那听话者就会排除参照此类语境，而寻求其他的语境来解读话语的隐含之意。

例 24：

"That wasn't just a hug," she told the Albany Times Union. "He went for it and I kind of like was, 'Oh, the door is right there.' ... I was mortified that a woman who works here is going to come in and see.

(https://www.nydailynews.com/)

例 24 里，说话者指控纽约州州长在办公室对她进行性骚扰，按照州长自己的说法，那无非就是人们见面时表示友好的一个拥抱(非常短暂，礼节性)，但此处的说话者不这样认为，"那不仅仅是一个拥抱"指向通过拥抱带有性倾向的紧抱，而这种在跨性别同事之间，尤其是上下级之间，是一个越界的、侵犯(文化领地、空间)的行为。很显然，说话者所指的"that"(那个)，激活的不是直接语境的特征，而是令她深感困扰的那个文化犯规举动。也就是说，"that"指向了美国人关于彼此交往所需保持的、极具文化解释必要的社会人际空间和领地感。

## 14.5.2 递进式

在递进式推理模式中，人们遵循的是从即刻情景语境到社会语境到文化语境这样一个递进过程，来寻求解读话语的隐含之意。之所以遵循这样一个过程，是因为即刻情景语境是最普遍、最容易从语言层面上解读出来的。根据话语的字面意思并结合会话原则(如关联理论或合作原则)，调动大脑中一般的认识推理模式是最容易被听话者获得的。故一般的会话含意都可以这种方式寻求线索，理解说话者的言外之意。但若即刻情景语境无法给听话者提供合理的线索，就得寻求社会语境。可能话语被加上了"社会信息"的烙印，如参与者的权势关系、辈分高低、年龄长幼、社会阶层、教育背景等方面。这些社会信息在一定程度上有着普遍性，可用来解读话语的隐含之意，如礼貌原则和面子理论。但值得注意的是，社会语境有时也会带上文化色彩，毕竟不同的文化群体对社会体系的定义也不同。如同样涉及权势关系，美国人和日本人的观念就很不相同，前者倾向横向(如平等主义)，后者倾向纵向(如等级主义)。此外，在年龄长幼上，美国人和中国人的观念也不相同，前者虽然也注重尊老爱幼这一基本人类道德准则，但美国老人更倾向把自己视为独立的个体，与年轻人平起平坐。若被年轻人额外照顾或关怀，反而会使他们认为自己一无是处，产生自卑感。而中国传统文化中，尊老爱幼是千年流传的美德。小辈尊敬、关爱、呵护长辈是美德，长辈对此也欣然接受、备感幸福。

例 25：

"It really *bothered* my two kids," Majed Moughni, whose 7-and 9-year-old children attend Dearborn elementary schools, told the *Detroit Free Press*.

"My son was like, 'Dad, I really *don't feel comfortable* getting these flyers, telling me to go to church. I thought *churches are not supposed to mix with schools*.'"

（https://www.nydailynews.com/）

这则新闻讲述的是在美国一个叫迪尔伯恩（Dearborn）的城市的复活节"寻找彩蛋"活动，基督教长老会（Presbyterian Church）在公立学校里张贴宣传广告，来邀请孩子们参加这个基督教的传统节日活动。但在该地区却住着 4 万阿拉伯后裔的美国人，他们信仰的是伊斯兰教。于是就有了新闻中那位父亲所说的"这使我两个孩子深感烦恼"。可为什么这么一个传统的复活节活动会令这位穆斯林父亲的两个孩子感到不适呢？造成"烦恼""不适"的原因何在？后文中孩子说："我认为教堂不应该和学校混为一谈"，给出了他感到不适的原因。但我们在解读时，若光靠即刻情景语境所提供的信息，恐怕还是无法理解造成孩子"烦恼"与"不适"的原因是什么，因为话语中仅提及教堂不应和学校混为一谈。这时，我们就应该递进式地由即刻情境过渡到社会语境中。熟悉美国社会的人都知道，美国宪法中规定政教分离，不可混为一谈。所有美国人都熟知这一基本社会信念。而在迪尔伯恩，基督教长老会公然在伊斯兰教信徒较多的公立学校让学生们参加复活节活动（这些学生中不少都是信仰伊斯兰教的），这显然违反了基本的社会信念，并激怒了缴税的阿拉伯后裔美国人。在他们眼里，自己同其他人一样纳了税，但在宗教信仰上受到不平等待遇，因为学校怂恿自己的孩子去参加基督教节日活动。由此可见，光靠字面所提供的文本信息显然无法真正理解说话者的意图。这时，我们得参考话语发生的社会语境／文化语境，来明白说话者在该社会、文化语境下所要表达的真正含义。

## 结语

　　本章以美国主流报刊和美剧中的真实话语为语料，讨论了文化指示语所指向的文化信息的存在方式，并在前面几章论述的基础上总结了美国文化语境体系，为解读文化指示语及文化信息的话语提供了参照系。文化推理是解读含有文化信息话语的一种复杂认知过程，可分为排他式和递进式。文化指示语作为一种文化索引在推理过程中起到了灯塔的指引功能。只有以文化指示语为指引，参照话语发生时的时空、社会、文化语境，才能正确还原说话者隐含在话语中的意思，才能正确解读话语的真正交际功能。

## 参考文献

Bono, S. *And the beat goes on*[M]. New York: Pocket Books, 1991.

Brogger, Chr. F., *Lincoln and the Economics of the American Dream*[M]. Illinois: University of Illinois Press.1992.

Hsu F. American Core Value and National Character[A]. In: McGiffert M. *The Character of Americans*. Georgetown: The Dorsey Press, 1970: 231-249.

Jackson, D. Obama's New Issues: Investigations[EB/OL]. USA Today, https://www.usatoday.com/story/theoval/2013/05/12/obama-benghazi-irs-second-terms-investigations/2153253/.

Kluckhohn, C., Kluckhohn, F. American Culture: Generalised Orientations and Class Patterns[A]. In: Bryson, L. *Conflicts of Power in Modern Culture: Seventh Symposium*. New York: Harper and Bros, 1947: 311-317.

Kluckhohn, F. Variations in Value Orientations[M]. New York: Row, Peterson, 1961.

MacLeod, C. In China, Michelle Obama calls for universal rights[EB/OL]. [2014-03-21]. USA Today, https://www.usatoday.com/story/news/world/2014/03 /21/michelle-beijing-china-visit/6685835/.

Macur, J. America's Megawatt Sweetheart[EB/OL]. [2012-08-04]. The New York Times, https://www.nytimes.com/2012/08/05/sports/olympics/gabby-douglas-gold-medal-gymnast-rockets-to-stardom.html

McElroy, J. H. *American Beliefs: What Keeps a Big Country and a Diverse People United*[M]. Chicago: Ivan R. Dee, 1999.

Melisa, A. Governors: 'Obamacare' here to stay[EB/OL]. [2014-02-23]. USA Today, https://www.usatoday.com/story/news/politics/2014/02/23/governors-wash ington-obama-white-house/5766175/.

Schrotenboer, B. Serial rape suspect Sharper promoted women's safety[EB/OL]. USA Today, https://www.usatoday.com/story/sports/nfl/2014/02/ 18/darren-sharper-investigation-womens-advocacy-history/5582215/.

Spindler, G, Spindler, L. *The American Cultural Dialogue and Its Transmission*[M]. Bristol, PA: Falmer Press, 1993.

Stewart, E. C. *American Cultural Patterns*[M]. Chicago: Intercultural Press, 1972.

Trompenaars, F., Hampden-Turner, C. *Riding the Waves of Culture*[M]. New York: McGraw Hill, 1998.

何刚，温婷. 文化的语境化：文化信息的情境介入——兼论文化指示语的作用[J]. 语言教育，2013，1（1）：44-51.

何刚. 话语、行为、文化——话语信息的文化语用学解释[J]. 修辞学习，2004（5）：16-22.

何刚. 文化语境的建构——拟想的模型[J]. 中国外语，2006，3（5）：73-77.

李惠萍. 美国人的价值观[J]. 美国大观，1997（8）：19-22.

司马云杰. 文化社会学[M]. 济南：山东人民出版社，1987.

托克维尔. 论美国的民主[M]. 北京：商务印书馆，1996.

# 附　录　美国文化关键词

| | |
|---|---|
| Addict (drug-addict, heavy-smoker facts/drinker) | American culture |
| a government of the people, by the people, for the people | American beliefs |
| a law of right and wrong (doing what is right) | American beliefs |
| a written constitution | American beliefs |
| adherence to the Constitution | American ideas |
| advanced | Words to describe Americans |
| adventurous (risky, risk-taking) | American characters |
| alcoholic | American drinking culture |
| all change is for the better | American values |
| allegiance | American ideas |
| aggressiveness | American characters |
| American dream | American ideas |
| become whatever they might wish | American values |
| being different from each other | American characters |
| belief in progress and the future | American assumptions |
| bias(ed) | American attitudes |
| bold | Words to describe Americans |
| brave | Words to describe Americans |
| Broadway | American theater |
| budget (deficit) | American economy/style |

| Burger King | American fast food |
| buy used things (second-hand) | American characters |
| call by first name or nickname | American characters |
| capitalism | American values |
| change | American beliefs |
| charity | American ideas |
| Coco-Cola | American soft-drink |
| collaboration | American business culture |
| comfort and security | American ideas |
| commitment to ending wars | American ideas |
| common good | American values |
| commonsense | American rationality |
| community | American life style |
| competition | American values |
| competition within cooperation | American assumptions |
| competence | American assumptions |
| conflict/confrontation | American style of interaction |
| Constitution | American law |
| constructive | Preferred American attitudes |
| counterpart | American intl. politics |
| cooperation & share | American values |
| courage to try new things | American values |
| courageous | Words to describe Americans |
| creative | Words to describe Americans |
| credibility | American values |
| credit cards and checks | American characters |
| decentralized/competent government | American ideas |
| Disneyland | American leisure |

| | |
|---|---|
| diversity (religious, political, economical, social and ideological) | American values |
| drive-in | American beliefs |
| DOB (date of birth) | American public admin |
| elbow room (personal space) | American characters |
| elaboration | American expression |
| emphasis on facts and action | American assumptions |
| emancipation of slaves | American historical culture |
| entrepreneurship | American business culture |
| equal chance/opportunity | American ideas |
| equal rights of life | American ideas |
| equality | American values |
| ethnicity | American population |
| extended democracy | American ideas |
| face the music | American idiom |
| faith in capitalism | American assumptions |
| fear of Government-over-Man | American principles |
| feminism | American cultural movement |
| fluid | Words to describe Americans |
| follow the rule of law (law-abiding) | American characters |
| freedom | American values |
| free market | American assumptions |
| freedom of choice | American characters |
| freedom of speech | American beliefs |
| friendliness | American attitudes |
| future-orientation | American attitudes |
| fun-loving | American characters |
| generous/generosity | Words to describe Americans |
| getting along with others | American assumptions |

| | |
|---|---|
| intervention | American preferred diplomatics |
| intrepid | Words to describe Americans |
| isolationism | American foreign policy |
| jazz | American music |
| KFC | American fast food |
| keep strong emotions inside | American characters |
| leadership | American international role-play |
| leisure | American values |
| liberty | American ideas |
| limited government | American principles |
| local loyalty | American assumptions |
| look forward to (forward-looking) | American beliefs |
| look them in the eye | American characters |
| love pets (pet-loving) | American characters |
| make small talk | American conversation-style |
| Man Organizes Governments to Be His Tools | American principles |
| materialism | American values |
| McDonald's | American fast food |
| measurable achievement and quantification | American assumptions |
| minority groups (majority) | American ethnicity |
| MLK (Dr. Martin Luther King Jr.) | American icon |
| mobility (both physical and social) | American beliefs |
| modern | Words to describe Americans |
| move | American beliefs |
| moving from Rags to Riches (through hard work) | American ideas |
| multiculturalism | American ideas |
| mutual help/trust/understanding | American beliefs and values |

| | |
|---|---|
| MVP (most-valued player) | American preferred expressions |
| national interest/parks | American politics/tourism |
| native Americans | American Indians |
| naturalization | American immigration |
| natural wonders | American tourism |
| new technology | American values |
| non-interference | American assumptions |
| non-profit organization | American cultural fact |
| opportunity | American values |
| organization | American beliefs |
| order | American beliefs |
| partnership | American foreign policy |
| patriotism | American beliefs |
| personal achievement and success | American values |
| Photo-ID (Driving License) | American social administration |
| pop art/music/novels/fiction/songs | American arts |
| practicality | American values |
| preoccupation with the future | American orientation |
| privacy/personal space/ territory/distance | American values |
| private business | American assumptions |
| private property | American principles |
| public health/public administration | American social security |
| pursuit of happiness | American ideas |
| racismracial prejudice/discrimination | American ethnicity |
| reconciliation | American style of interaction |
| respectable work | American beliefs |
| responsibility | American beliefs |
| retaliation | American expression |
| revolutionary | Words to describe Americans |

| | |
|---|---|
| rights of the individual | American beliefs |
| realistic image | American ideas |
| retirement homes preference | American characters |
| security (safe) | American mentality |
| segregation (racial, slavery) | American racism |
| self-discipline | American values |
| self-reliance | American beliefs |
| self-sufficiency | American ideas |
| separation of sexes | American assumptions |
| share personal stories | American characters |
| share an apartment with an opposite sex | American characters |
| single-parent family | American social fact |
| sit-in | American social movement |
| sound judgment | American ideas |
| SSN (social security number) | American social administration |
| start-over | American ideas |
| strike (hunger-strike) | American expressions |
| slow (stupid, poor, inefficient) | American euphemism |
| speeding | American traffic rules |
| Starbucks Coffee | American brand |
| success | American values |
| super/superman/superwoman/supergirl | American images |
| talk easily to strangers | American characters |
| tattoos and body piercings | American characters |
| taxes—limited to Safeguard Liberty | American principles |
| technology solves problems | American assumptions |
| team spirit | American ideas |
| the chosen country | American beliefs |
| The Spiritual is Supreme | American principles |

| | |
|---|---|
| Time is money | American characters |
| unalienable rights | American beliefs |
| unilateralism | American preferred intl. politics |
| utilitarianism (pragmatism) | American philosophy |
| VAT (value-added tax) | American taxation term |
| veteran (Veteran's Day) | American retired soldiers |
| VIP (very important person) | American preferred expressions |
| volunteer | American-style social service |
| wait one's turn | American characters |
| wealth | American ideas |
| wear strange clothes | American characters |
| willingness to face challenges | American ideas |
| women writers | American expressions |
| work hard and play hard | American beliefs |
| work to live | American assumptions |
| yard-sale/garage sale | American cultural fact |
| YMCA/YWCA | American religious organizations |
| yuppies | American cultural fact |